中国区域差距与政府调控
——财政平衡机制和支持系统

张启春 著

商务印书馆
2005年·北京

图书在版编目(CIP)数据

中国区域差距与政府调控:财政平衡机制和支持系统/张启春著. —北京:商务印书馆,2005
ISBN 7-100-04642-4

Ⅰ.中… Ⅱ.张… Ⅲ.①地区经济—区域差异—宏观调控—研究—中国②财政政策—研究—中国
Ⅳ.①F127②812.0

中国版本图书馆 CIP 数据核字(2005)第 002980 号

所有权利保留。
未经许可,不得以任何方式使用。

中国区域差距与政府调控
——财政平衡机制和支持系统
张启春 著

商 务 印 书 馆 出 版
(北京王府井大街36号 邮政编码 100710)
商 务 印 书 馆 发 行
北京瑞古冠中印刷厂印刷
ISBN 7-100-04642-4/F·574

2005 年 12 月第 1 版　　开本 880×1230　1/32
2005 年 12 月北京第 1 次印刷　印张 11⅛

定价:20.00 元

序　言

　　政府如何通过财政调控手段缩小我国区域间的经济社会发展差距,实现区域间的统筹协调发展,是我国"十一五"乃至今后更长时期所面临的重要任务,也构成了区域经济和财政学界两大领域研究的重要课题。

　　张启春同志撰写的这本学术专著《中国区域差距与政府调控——财政平衡机制和支持系统》,正是围绕这一主题展开。本书是作者在其博士论文的基础上修改而成的。她多年一直从事高校财政学的教学工作,2002年考入中国人民大学公共管理学院,在区域经济与城市管理研究所攻读博士学位。鉴于其本人的学科背景,在三年的博士学习阶段,其研究和最后的博士论文选题确定在了两个学科的交叉领域。同时,她的论文选题还与我本人主持的国家社科基金项目《区域非均衡发展中的财政支持系统与财政防范机制》相关。

　　全书主要围绕两大线索,从三个方面展开。

　　一条线索主要是围绕政府区域调控机制、支持工具系统的分析和理论模型的构建展开;另一条线索是对中国政府区域调控实践的实证考察分析。

　　三个方面的内容和基本观点主要是:

其一,分别从对中国区域差距现实的客观描述和理论阐述两个角度论证了政府出面调控区域差距的必要性。首先,不同于传统经济学单一注重区域经济差距,而从地区经济、社会和政府财力差距三个不同视角对改革开放以来的区域差距分别进行了实证描述。然后,从公平和效率及其权衡角度阐述了政府调控区域差距的理论依据,比较深入地阐明了政府对公平和效率间关系进行权衡是各国尤其是实行赶超战略的发展中国家普遍面临的抉择,寻求在适度差距下的快速健康发展则成为政府追求的目标。

其二,借鉴公共部门经济学中的市场失灵理论,将其延伸到对政府在区域层面上的行为边界和目标的分析上,分析了政府调控的目标和边界。作者从公共财政学关于政府与市场分工的理论出发,结合中国政府制定的中长期发展规划目标,对 2000-2050 年期间中国的区域非均衡发展的演变走势作出了尝试性预测,据此,提出了政府调控区域非均衡发展的阶段性目标和作用边界。

其三,作为全书的重点,作者着重阐述了财政平衡的作用机制,尝试性构建了财政平衡理论模型,从理论与实证两个层面分析了三大主要支持系统。作者将政府的税收流量作为政府的调控强度指标,确立了一个包含政府间转移支付、中央直接投资及激励、政府财政扶贫在内的政府财政平衡机制和支持系统的综合分析框架。在借鉴巴罗模型的基础上,构建了一个含政府调控因子的内生经济增长模型。以税收流量为政府调控的强度指标,得出了政府调控与经济增长率之间的关系,并进一步探讨政府调控对地区差距的影响。结论是:政府支出规模只有保持在一定临界值范围内,即必须适度才能促进经济增长率的提高。由于各地区边际产出弹性的不同,中央政府对落后地区的转移支付和直接投资必须高于发达地区,这种支持是政府调控得以平衡地区差距的基础。

纵观全书,我认为,主要有以下突出特点:一是该书围绕区域差距缩小,建立了一个政府财政调控体系,主题线索清晰,逻辑结构紧密,内容系统全面。二是全书以理论与实证研究、定性和定量分析紧密结合,每部分总体上遵循概念框架、实证分析、结论和政策建议的研究范式,避免了只有理论阐述而没有实证检验,或只有统计分析而没有理论基础的缺陷。三是有良好的文献基础,对相关的国内外文献进行了综述和系统梳理,突出了理论研究的前沿性,也为进一步深入研究提供了良好的文献基础。这也反映出作者独立思考、深入钻研、严谨治学的学风。

本书的主要学术价值在于:

第一,综合运用区域经济学与公共财政学两大学科理论,系统地阐述了政府调控区域发展的财政平衡机制和支持系统的理论框架,拓宽了相关学科的研究领域,有一定的学术价值。

第二,在预测基础上,提出了短、中、长期政府调控的目标和任务,从定性和定量两个方面给出了政府调控区域非均衡发展的财政作用机制和模型等,具有创新性。

第三,在对中国改革开放以来三大手段在区域间的作用机制及效应进行系统总结的基础上,提出了有针对性的政策建议,有较大的参考价值。

本书也存在不足之处:在模型中财政扶贫只是作为专项转移支付形式处理,而限于政府预算约束假定,未考虑政府负债情况下的投资情况,因而国债投资的区域均衡机制未纳入理论分析框架。上述遗憾将构成她今后进一步研究的一个方向。相信张启春同志在今后的学术研究中会取得新的成果。

陈秀山
2005年7月于中国人民大学
区域经济与城市管理研究所

目 录

第1章 导论 ··· 1
  1.1 问题的提出 ··· 1
  1.2 相关概念与研究对象的界定 ··· 3
    1.2.1 区域差距、区域非均衡 ··· 3
    1.2.2 政府调控、财政平衡机制和财政支持系统 ···················· 5
    1.2.3 考察的时间和空间界定 ··· 7
  1.3 对相关文献的回顾与评述 ··· 8
    1.3.1 国外相关文献 ··· 8
    1.3.2 国内研究进展 ··· 20
  1.4 研究的基本思路与分析框架 ··· 29
    1.4.1 研究的基本思路 ·· 29
    1.4.2 本书的基本框架 ·· 29
    1.4.3 研究的主要问题与创新 ··· 29
  1.5 理论基础与研究方法 ··· 31
    1.5.1 理论基础 ·· 31
    1.5.2 研究方法 ·· 32

第2章 中国区域差距描述 ·· 33
  2.1 中国区域差距变动趋势描述(一):区域经济差距 ······· 36
    2.1.1 以人均 GDP 和人均收入分组排序衡量的

     区域经济差距 ·· 36
   2.1.2 以基尼系数与变异系数衡量的区域经济差距 ······· 43
   2.1.3 以塞尔指标衡量的区域经济差距 ·························· 46
 2.2 中国区域差距变动趋势描述(二):区域社会
   发展差距 ·· 49
   2.2.1 以人类发展指数(HDI)衡量的区域社会发展差距 ····· 50
   2.2.2 以健康风险指数(HRI)衡量的区域社会发展差距 ····· 56
   2.2.3 以主要经济社会综合指数衡量的区域社会发展差距 ··· 59
 2.3 中国区域差距变动趋势描述(三):各地政府
   财力差距 ·· 64
   2.3.1 各地人均财政收支差距 ··· 65
   2.3.2 各地人均预算外收支差距 ····································· 68
   2.3.3 各地人均财政总收支差距 ····································· 71
 2.4 小结 ·· 74
第3章 政府调控的依据、目标和边界 ······································ 77
 3.1 政府调控的理论依据:公平与效率 ·································· 77
   3.1.1 市场失灵与政府调控 ··· 77
   3.1.2 出于公平原则 ··· 81
   3.1.3 出于效率原则 ··· 86
   3.1.4 公平和效率的选择与权衡 ····································· 91
 3.2 政府调控和支持的目标和边界 ·· 97
   3.2.1 调控目标提出的依据 ··· 99
   3.2.2 未来区域差距演变趋势预测 ······························· 104
   3.2.3 主要发展阶段划分和目标 ··································· 110
 3.3 政府调控失灵 ··· 118

3.3.1 政府调控的意愿、能力与调控失灵 ………………… 118
　　　3.3.2 政府机构运转机制、公共选择的特点与政府
　　　　　 调控失灵 ……………………………………………… 122
　3.4 小结 ……………………………………………………………… 126
第4章 政府调控机制和理论模型 ………………………………………… 128
　4.1 政府调控：财政平衡机制 ……………………………………… 128
　　　4.1.1 政府因素与传统投入要素的综合作用 ……………… 128
　　　4.1.2 政府调控与财政平衡机制 …………………………… 134
　4.2 政府财政平衡理论模型 ………………………………………… 140
　　　4.2.1 文献综述 ……………………………………………… 140
　　　4.2.2 政府财政平衡理论模型 ……………………………… 143
　4.3 小结 ……………………………………………………………… 149
第5章 政府财政支持系统(Ⅰ)：政府间转移支付 ……………………… 151
　5.1 政府间转移支付的区域均衡机制 ……………………………… 151
　　　5.1.1 转移支付存在的理由、目标与区域均衡 …………… 151
　　　5.1.2 转移支付的不同形式与区域均衡 …………………… 157
　　　5.1.3 政府间转移支付理论模型 …………………………… 164
　5.2 中国政府间纵向转移支付模式与实证分析 …………………… 169
　　　5.2.1 我国现行纵向转移支付制度的构成及其特征 ……… 169
　　　5.2.2 中国纵向转移支付制度实证分析 …………………… 171
　　　5.2.3 纵向转移支付改革的对策建议 ……………………… 188
　5.3 中国政府间横向转移支付模式与制度设想 …………………… 194
　　　5.3.1 横向转移支付原理及国外经验借鉴 ………………… 194
　　　5.3.2 中国地方政府对口支援的实证考察
　　　　　 ——以全国支援西藏为例 …………………………… 203

5.3.3 建立中国政府间横向转移支付的制度设想 ……… 209
5.4 结论和政策建议：中国政府间转移支付的
模式选择和完善 …………………………………… 214
第6章 政府财政支持系统(Ⅱ)：政府投资及激励 ………… 216
6.1 政府投资及其区域均衡效应 ………………………… 216
6.1.1 政府投资及其分工 ………………………… 217
6.1.2 政府投资的区域均衡机制和理论模型 ……… 222
6.2 中国政府直接投资区域效应实证考察 ……………… 231
6.2.1 中央政府直接投资的区域分布及均衡效应分析 … 231
6.2.2 结论与对策建议 …………………………… 242
6.3 中国国债投资的区域分布及效应分析 ……………… 248
6.3.1 中国国债投资简况 ………………………… 249
6.3.2 中国国债投向及其区域均衡效应 …………… 253
6.3.3 结论与政策建议 …………………………… 263
6.4 投资激励与区域均衡 ………………………………… 267
6.4.1 区域税收优惠 ……………………………… 267
6.4.2 其他激励形式 ……………………………… 279
6.5 小结 …………………………………………………… 281
第7章 政府财政支持系统(Ⅲ)：政府财政扶贫 ………………… 284
7.1 财政扶贫与欠发达地区发展 ………………………… 284
7.1.1 财政扶贫的区域均衡意义 ………………… 286
7.1.2 财政扶贫的区域均衡机制 ………………… 294
7.2 中国财政扶贫的区域均衡效应 ……………………… 301
7.2.1 财政扶贫纵向进程结果考察 ……………… 301
7.2.2 财政扶贫横向规模比较 …………………… 308

7.2.3　中国财政扶贫存在的主要问题 ………………… 310
7.3　中国财政扶贫的战略调整思考 ……………………… 315
　　7.3.1　宏观调整：扶贫战略与国家综合发展规划 ……… 315
　　7.3.2　财政扶贫模式调整 ……………………………… 318
7.4　小结 …………………………………………………… 328
参考文献 …………………………………………………… 332
后记 ………………………………………………………… 340

第1章 导论

1.1 问题的提出

改革开放以来,持续扩大的区域差距与中国的经济增长一样,备受世人关注,并引发了争论。争论的焦点在于:面对持续扩大的区域差距,政府是否应该有所作为?如果政府调控是必需的,那么,政府调控的目标是什么?如何定位政府活动的边界?与此相关,政府的调控达到何种程度是适当的?是否要尽一切可能完全消除区域差距?政府调控仰赖何种手段?实际操作效果如何?虽然政府实施过一系列措施解决区域非均衡发展问题,为什么不能遏制区域差距持续扩大的态势?等等。我国学者大都认为政府调控是必要的,但对政府调控的边界、手段、效果等问题的理解存在较大差异。本书选择"中国区域差距与政府调控——财政平衡机制和支持系统"为题,拟对上述相关问题展开研究。

选择上述研究主题,基于以下目的:

第一,实现区域均衡协调发展是实现全面建设小康社会目标、构建和谐社会的前提条件和主要任务之一。没有区域间的协调发展就谈不上全面小康与和谐社会的建成。如何通过政府调控有效缩小区域间的经济及社会发展差距,实现区域间的公平协调发展,目前已成为亟待解决的现实课题。

第二,财政政策通常是政府宏观调控的主要手段之一,通过财政手段调节收入初次分配和进行资源再配置,包括区域间的收入分配、资源配置格局,也是政府财政的"传统"职能。而研究政府调控包括财政政策对区域非均衡发展的矫正,是各国区域发展政策的经典课题,两者虽密切联系却又分属于区域经济学和公共部门经济学这两个不同的学科领域。如何综合运用区域经济和公共财政理论,构建一个系统较为完整的"区域非均衡发展——政府财政平衡机制和支持系统——区域均衡协调发展"的分析框架,从理论上揭示它们之间的内在联系和作用机理,建立政府区域调控理论模型,并提出相应的政策设计,具有重要的理论价值。

第三,中国虽然不是存在区域差距的唯一国家,但中国的"个案"可谓极为典型。对中国这样一个区域差距巨大的发展中大国,政府如何构建和完善区域平衡机制和支持系统的个案研究,必将为丰富该领域的文献作出一份贡献。企望通过对中国区域调控实践所作的"国别研究",为建立一种"一般的"政府区域差距调控分析体系提供一份"实证研究"素材,启发一种新的研究思路。

第四,较为系统地阐述政府区域平衡机制下的政府财政支持系统,既丰富了区域均衡协调发展政策体系的研究,同时也是相关财政政策工具研究的延展。而对各种财政手段在中国区域调控实践中的实证效应的考察更具有现实价值。

上述分析表明,该选题是一个既有理论价值又具强烈现实意义的课题。

1.2 相关概念与研究对象的界定

1.2.1 区域差距、区域非均衡

区域经济研究的领域广泛,若以区内和区际的划分来界定,本书的研究主要集中在区际范围内。所以,区域差距、区域非均衡的提法均是指区际的差距或非均衡,省内差距不在本书研究的范围内。

关于区域差距或非均衡的定义和用法,国内理论界看法不一。韦伟在其较早的关于我国区域差异研究的著作中使用的是区域差距,对其的定义是一个区域与另一区域的差别与不同,即区际差异。他强调,区际差异概念本身并不含有价值判断的成分,它只不过是一个具有表述性意义的中性概念。当我们说区际差异过大、区际差异悬殊时,才包含我们对这一经济现象所作出的价值判断(韦伟,1995)。刘雅露在谈到其之所以选择"地区差距"为题时,引用相关文献对"均衡"、"不平等"和"地区差距"三个概念进行了比较分析。她也把"差距"当做一个中性的概念,认为"差距"只是对经济事物或现象的客观表述,本身不含有任何价值判断。"不平等"、"非均衡"都是以"差距"为基础,"差距"可以反映出经济现象或事物的不平等、非均衡的状况。与"差距"相比,"不平等"、"非均衡"还反映人们对地区差距的价值判断倾向。但同时她又认为,从规模收入分配的角度看,地区差距是一种缺乏公平的地区分配状态。这种状态,从福利经济学的角度来看,就是一种没有达到帕累托最优的地区间收入分配状态,是一种中观经济收入分配的非公平状态,属于"市场失灵"的范围。这种状态与属于微观经济的个人分配非公平状态有着密切的联系,

在理论上有着相通之处。①

国内理论界非常普遍的做法是,在客观描述时用地区差距概括。从杨开忠(1994),胡鞍钢(1995),翁君奕、许华(1996)到林毅夫(1998),王绍光、胡鞍钢(1999),以及王小鲁、樊纲(2003)等,在他们关于中国地区差距的实证分析中,在客观描述时均直接采用了"地区差距(差别)"的提法。但在涉及价值判断或应用西方文献与方法时,普遍使用"非均衡"、"不平衡"、"不平等"等概念。如王绍光、胡鞍钢(1999),王梦奎、李善同等(2000),黄佩华、迪帕克等(2003)。

本人认为,我国理论界存在的概念上的歧义和多种用法与对国外相关概念的理解和使用直接相关。在国外也有关系类似的概念:regional disparity、regional inequilibrium 和 regional imbalance,分别指区域差距、区域非均衡、区域不平衡。与上述概念相联系又稍有区别的还有 regional inequality,在国外区域经济文献中也经常被使用,其联系在于都反映区域间经济增长的非一致状态,而区别则在于它明显带有对区域间差异状态的价值判断,即对区域间差异的不公平的看法。② 类似的概念还有 regional inequity,其含义也含有价值判断倾向。

本书的研究重点在于政府的区域调控、平衡机制和财政支持系统,因此,在第 2 部分具体考察区域差异变动趋势时使用区域差距概念,在文章其他部分不区分"区域非均衡"与"区域差距",均指某一经

---

① 参见刘雅露:《缩小地区差距的财政政策研究》,经济科学出版社 2000 年版,第 17 页。

② 根据《牛津高级英汉大词典》的解释,disparity 的含义是不同,不等,指的是年龄、级别、收入、地位等方面的差距。equilibrium 是指平衡,均势;imbalance 是指非均衡,不平衡;而 inequality 是指(大小、程度、环境等)不均等,不平等,不平衡,不等量,尤其指等级、财富、机会等的不公平差异。inequity 是指不公正,不公平。

济体内各次区域之间,相对于某一标准而存在的非一致性,在本书中具体是指中国国内各次区域(不包括港澳台地区)之间在经济增长和社会事业发展以及地方政府财力上的非一致性。在主流经济学视野里主要讨论的是经济增长的差异,研究主要从两个方面展开,一是增长速率差异(通常用人均 GDP 增长率表示),或称为"β 趋异";二是由前者导致的增长最终结果(人均收入)的差异,或称为"σ 趋异"。国内学者在研究中国的区域差距或非均衡状况时,除考虑区域间的经济增长差异外,也将各地区之间的社会发展差异纳入了研究视野,并作了实证考察。在本书第 2 部分中将具体区分区域经济差距、区域社会发展差距和区域财力差距,对其产生及变动趋势作相应实证描述。

1.2.2 政府调控、财政平衡机制和财政支持系统

本书中的政府调控,是指政府对区域差距与非均衡发展状态的调节、控制、矫正和干预。政府对区域非均衡的干预和调节,通常会表现为区域经济政策的形式。狭义的区域政策仅指直接针对经济活动的空间结构问题而制定和实施的政策,是那些直接为指导、推动和协调地区发展,解决各种区域问题而制定的政策,也被称为"纯粹"的区域政策;广义的区域政策包括那些初始目标并非为了解决区域问题,但在实践中会产生明显的地区性效应的宏观经济政策,如金融、投资、外贸、价格、收入分配、人口与就业等方面的某些政策。[1] 所

---

[1] 参见王一鸣:《中国区域经济政策研究》,中国计划出版社 1998 年版,第 258 页;张可云:《区域经济政策——理论基础与欧盟国家实践》,中国轻工业出版社 2001 年版,第 27 页;陈家海:《中国区域经济政策的转变》,上海财经大学出版社 2003 年版,第 38 页。陈家海还进一步将广义的区域政策限制在政府已经意识到这些政策所隐含的区域功能和效应的范围内,如果政府未意识到,即使某政策隐含区域效应也不属此列。

以，政府对区域差距、非均衡发展的干预调节有较多的政策工具可以选择采用，但从政府与财政的关系来看，政府可以直接动用的只有财政政策和手段。严格意义上的政府调控指的就是财政调控，财政手段构成政府调控的核心手段，因为政府经济活动的过程、政府职能的履行也就是政府支出的过程。因此，作者在此所探讨的政府调控也仅指政府的财政调控，不包括其他机制和手段。

政府财政调控是通过财政本身具有的平衡机制和相应的财政支持系统实现的。

财政平衡机制，是指政府通过财政手段和政策对区域非均衡发展的平抑，是政府财政调控区域非均衡发展的实现途径、运作方式和作用机理。在本书中，是指政府（中央政府）通过财政手段（通常表现为中央政府的支出活动）缓解、缩小欠发达地区与发达地区之间的经济社会发展差距的活动过程和机理，是一种通过政府支出改变现有区域非均衡发展格局的作用过程。这种平衡机制通过政府围绕区域差距的收敛而进行的支出活动体现出一种弥平的作用机理，这里的"支出"是中央政府为平衡区域差距所采取的各种支出的总称，构成作者所说的财政支持系统的主要工具。

相应地，财政支持系统则包括能起上述作用的财政手段和政策，它是中央政府为平衡区域差距所采取的各种支出的总称。构成本书财政支持系统框架的主要工具，主要包括政府间转移支付、政府直接投资以及政府财政扶贫。

需要说明的是，本书涉及的政府调控、平衡机制和财政支持工具系统的主体，均为中央政府。相应地，政府间转移支付、政府直接投资以及政府财政扶贫，分别是指中央政府对地方政府的转移支付、中央政府对地方的直接投资和中央政府的财政扶贫。因为就地区发展而言，地方政府可能能够缩小其管辖范围内的地区差距，但是不能依靠地方政府缩小它们之间的地区差距。

1.2.3 考察的时间和空间界定

区域发展状况及其趋势的变动和政府的区域调控政策都与研究考察的时间期限和采用的地域单元划分方法密切相关，从而得出的结论也可能不一致。

本书考察的时间主要设定在从改革开放以来这段时期，具体为1978—2003年。不涉及新中国成立之前的区域状况，对新中国成立到改革开放前也较少涉及。

考察地域单元的选择可能会使地区差异衡量变得更加复杂。在我国理论界关于地域单元的划分有众多方法。包括两分法、三分法、东中西、七分法、九分法、三十一分法和2134分法。[①] 但就目前政府统计和理论研究所采用的口径来看，采用三分法，即东中西三大地带划分和三十一分法，即以省级单位划分这两种方法居多，资料也较易获取。因此，地域空间界定方面，本书交替采用省区市和三大地带作为观察值，个别地方根据研究需要将采用东部与中西部两分法。

关于三大地带以及所含省份的划分，最早是在"七五计划"(1986—1990)中正式提出的。后来，随着西部大开发战略的实施，国家把原属于东部的广西壮族自治区、原属于中部的内蒙古自治区也划归西部。调整后的三大地带，东部由原来的12省份变为11个；中部由原来的9个省份变为8个；西部则由原来的10个省份增加到12个。

---

① 具体内容可参见王绍光、胡鞍钢：《中国：不平衡发展的政治经济学》（中文版），中国计划出版社1999年版，第49—50页。

在本书的数据分析中,东部地区包括京、津、冀、辽、沪、江、浙、闽、鲁、粤、琼 11 省市;中部地区包括晋、吉、黑、皖、赣、豫、鄂、湘 8 省;西部包括蒙、桂、渝、滇、川、黔、藏、陕、甘、青、宁、疆 12 省市区。

1.3 对相关文献的回顾与评述

本书讨论的主题——政府对区域差距的干预和调控,具有跨学科性质,其研究涉及经济增长理论、区域经济学及公共财政理论等学科领域。这里笔者仅就其中有代表性的,且与本书研究主题相关的一些理论成果作简要回顾与评述。

1.3.1 国外相关文献

1.3.1.1 关于区域差距及其演变趋势

在欧美国家的文献中,西方经济增长理论、区域经济理论中区际理论以及公共财政学关于财政分权、联邦财政理论对中央政府与地方政府之间财政关系的探讨,有大量内容涉及区域差距与政府干预调控问题。根据笔者的体会,与本书主题相关的主要研究内容包括以下几个方面:

国家之间或一国范围内地区之间的差距及其变动趋势问题,构成自索洛、斯旺(Solow,Swan,1956)之后的西方经济增长理论最为关注的问题,[①] 也是区域经济理论中区际理论研究的核心问题。但在

---

① 因为地区差距问题是一个经济增长问题,但并不仅仅是一个经济问题,同时也是一个道德和政治问题。王绍光、胡鞍钢:《中国:不平衡发展的政治经济学》(中文版),中国计划出版社 1999 年版,第 227 页。

西方学术界却存在两派截然不同的观点,且至今仍未达成共识。

趋同[①](convergence)是新古典增长理论所作出的预测。该理论的核心思想是:区域经济发展在市场机制作用下通过区域内部资本积累过程和区域间生产要素流动,最终会自动趋向均衡。按照新古典增长理论,国家或地区间人均收入的差距是由于其资本——劳动比率(K/L)不同的结果。假定储蓄率不变,一国或地区最初的 K/L 越低,其 K/L 增长越快,其结果是穷国(地区)将比富国(地区)增长更快。如果地区间要素能够自由流动,那么,劳动力将由资本短缺的地区流向资本充裕的地区,资本的流向则恰好相反。因此,区际要素流动将有助于促进 K/L 比值的提高,进而促进人均收入水平的均等化。[②] 换句话说,区际要素的流动将会加快地区收入增长收敛的速度,地区趋同是"自然而然"的趋势。可是值得注意的是,上述趋同预测是建立在一系列严格的假说基础之上的,除了新古典通常的基本假设之外,这里还有两个附加的假设条件,即:(1)区域间生产要素完全自由流动,运输费用为零;(2)所有区域都是同质的,生产要素可以自由替代,存在同一的固定比例规模收益的生产函数。然而,现实能否符合新古典主义的那些前提条件是令人怀疑的。在新古典模型中,丢掉了区域(空间)的一个重要特征,即克服空间距离会发生运输费用。完全流动性假设等于排除了区域(空间)的作用。同样,完全信息假设也排除了距离远近不同的区域之间在信息获取、加工和利用方面存在差别的客观现实。所以,从一定意义上讲,新古典的区域经济均衡发展理论实际上是一种没有区域(空间)因素的理论。

---

① 或称收敛。
② 这里谈到的只是新古典的要素价格均等模型的含义,新古典主义趋同假说还有最早的"单一经济"模型和出口基地模型。

而以区域累积因果理论与中心—外围理论为代表的极化理论，则持趋异观点：市场力量的作用倾向于扩大而不是缩小区域间的差距。区域累积因果理论(cumulative causation theory)认为，不发达国家的经济中存在一种"地理上的二元经济"，即发达地区和不发达地区并存的结构。按缪尔达尔(Myrdal)的分析，不同地区在经济发展初期的差别，会由于所谓的"累积性因果循环"而逐渐增大，最终形成地区性二元经济结构。一个区域的发展速度一旦超过了平均发展速度，这一区域就获得了其他发展速度缓慢区域所不具有的累积性竞争优势。这种发达地区对落后地区增长产生两种影响——扩散效应(spread effects)和回流效应(backwash effects)。[1]由于总体上回流效应占据着主导地位，扩散效应相对不足，因此，市场作用是倾向于扩大而不是缩小区域间的发展差距。其后，卡尔多(Kaldor)、迪克逊(Dixon)和瑟尔沃尔(Thirlwall)等人将该理论进一步模型化。赫尔希曼(Hirschman)、弗里德曼(Friedman)等人先后借鉴普雷维什的中心—外围理论(Core-Periphery Theory)[2]，用来分析区域经济差距原因与政策，在全球引起巨大反响。赫尔希曼认为，经济进步并不同时在每一处出现，而一旦出现，巨大的动力将会使经济增长围绕其进一步集中，区域间的不平衡增长是增长本身不可避免的伴生物和条件，增长点或增长极的增长动力来源于核心企业家善于发挥聚集经济的优势

---

[1] 缪尔达尔认为，在一个动态的社会过程中，社会经济各因素之间存在着循环累积的因果关系。事物的常态是动态变化的累积倾向，而不是像传统经济学家所说的那样：经济因素之间总是由均衡到不均衡再恢复到均衡。Myrdal, G., *Economic Theory and Underdeveloped Regions*, London: Duckworth, 1957.

[2] 也译为核心—边缘理论，主要研究的是发达国家与落后国家间的中心—外围不平等体系及其发展模式和政策主张，其思想渊源可追述到马克思、恩格斯对落后国家资本主义发展的分析。

和"动态增长气氛"。与缪氏两大效应相对应,赫尔希曼也提出了"渗透效应"(trickling-down effects)和"极化效应"(polarized effects)的概念。与缪氏所持的悲观态度不同,赫尔希曼对此持乐观看法,认为在经济发展的初级阶段,极化效应占主导地位,区域差异会逐渐扩大,但从长期看,渗透效应会缩小区域差异。弗里德曼认为,任何国家的区域系统都是由中心与外围两个子空间系统组成的。当某些区域的空间聚集形成累积性发展之势时,就会获得比其他外围地区强大得多的经济竞争优势,形成区域经济体系中的中心。落后地区的发展受到抑制,不得不依赖于中心,这类地区构成外围。弗里德曼还明确将区域经济增长的特征与经济发展的阶段联系起来。他把区域经济发展划分为四个阶段,即前工业化阶段、中心—外围阶段Ⅰ(工业化前期阶段)、中心—外围Ⅱ(工业化成熟阶段)、空间经济一体化阶段(后工业化阶段)。中心—外围模型也认为区域经济发展的主要形式是,通过中心的创新聚集或扩散资源要素,引导和支配外围区,最终走向区域经济一体化。①

新经济增长理论也认为单凭市场的力量区域差距不可能缩小,随着时间的变化反而会增加。该理论通过修正新古典增长理论中技术进步由外部因素决定的观点,得出了与新古典增长理论相反的论点。罗默(Romer)和卢卡斯(Lucas)两人都把技术进步由外部决定变为由内部决定,且技术进步受经济发展本身影响,从古典生产函数出发,在其中加进一项因素(在罗默眼里是知识的积累,在卢卡斯那里

---

① 他后来又进一步把社会、政治因素引入模型,认为除了创新以外,中心还具有使外围地区服从和依附的权威和权力。J. Friedman, *Regional Policy: A Case Study of Venezuela*, MIT Press, 1966.

是人力资本)。[1]这一因素在经济增长过程中不是不变的,而是和资本一样可以积累。即生产要素的边际生产率呈递增状态。通过人们的学习,可以增加知识,增加人力资本。知识或人力资本的增加促进经济发展,经济的发展反过来又提供更多的学习机会。所以经济越发达的地区,知识或人力资本的积累越大,经济发展就越快。经济欠发达的地区,学习的可能性小,经济发展也就慢。因此,区域差距随时间的变化而扩大。

与上述两派观点不同的是,很多学者认为,绝对的趋同与绝对的趋异是理论上的两个极端。威廉姆森(Willianmson)和阿朗索(Alonso)通过系统的实证分析研究,分别提出了描述区域差距由不平衡到平衡的倒U型理论(reversed U-shaped theory)与钟型理论(bell shaped theory)。威廉姆森在1965年分析了世界上24个国家的国际横截面数据和10个国家的时间序列数据后,得出结论认为,国内地区间收入差异的长期变化趋势大致呈倒U型。即在经济发展的初期,随着收入水平的提高,地区间差距将逐步扩大,倾向不平衡。然后将保持稳定,当经济进入成熟增长阶段后地区差距最终会缩小,倾向均衡发展。[2]因为在经济发展初期,政府可能更愿意看到经济总量的增长,而不是地区的平衡发展。这样会进一步加剧市场造成的地区差距。当经济进一步发展了,决策者则被迫考虑落后地区的增长潜力,因为

---

[1] Romer, P., "Increasing Returns and Long-Run Growth," *Journal of Political Economy*, 1986, 94, 1002-1037.

Lucas, R. E, "On the Mechanics of Economic Development," *Journal of Monetary Economics*, 1988, 22, 3-42.

[2] J. G. Williamson: *Regional Inequality and Process of National Development: A Description of the Patterns*, *Economic Development and Cultural Change*, Vol. XIII (1965), No. 4, Part II, pp., 3-45.

如果国家不能充分利用落后地区的资源,很显然其经济前景就会受损。发展的高水平也可以让政府能够"有充分的余力实现地区间收入分配的平等并积极执行向贫困地区转移收入的政策"①,因此,在较发达的国家,刺激落后地区发展的公共政策很可能会加强扩散效应。威廉姆森区域收入趋同假说提出以后,在国际学术界引起很大反响和争议。一些经济学家利用各个国家更为详细的历史资料对其进行了实证检验,有的学者支持威廉姆森的理论。1980年,阿朗索在评述经济发展模式时进一步将其归结为"五种钟型曲线"②,钟型发展模式描述的仍然是经济发展从早期的不平衡经过国家一体化的转折点到经济成熟阶段的平衡的变化次序。同时也有学者在实证研究中发现了反对威廉姆森趋同假说的依据。1988年,小阿莫斯(Amos Jr.)研究发现,自20世纪20年代以来美国的地区收入差异在经历了一段时期的不断缩小后,近年来又开始趋于扩大。由此他提出了关于"在经济发展后期阶段地区收入趋异"的假说。③

进入20世纪90年代后,巴罗(Barro)和萨拉—伊—马丁(Sala-i-Matin)的进一步研究发现,绝对趋同是不存在的,但实际上广泛存在着一种所谓的"有条件趋同"④,即在控制了诸如人力资本禀赋、储蓄率、人口增长率等一系列影响经济增长的条件之后,各国经济增长率

---

① J.G.Willianmson: *Regional Inequality and Process of National Development: A Description of the Patterns*, *Economic Development and Cultural Change*, Vol. XIII(1965), No.4, Part II, p.9.

② W.Alonso, "Five Bell Shaped Curves," *Papers of the Regional Science Association*, 1980(45), pp.5–16.

③ O.M.Amos Jr.: "Unbalanceed Regional Growth and Regional Income Inequality in the Latter Stages of Development," *Regional Science and Urban Economics*, Vol.18(1988), No.4, pp.549–566.

④ 对于"convergence"国内学术界有两种译法,一是收敛,二是趋同。

表现出趋同趋势。他们及本·戴维(Ben-David)等人分别对 OECD 国家、美国国内各州、日本国内各县,以及欧洲一些地区的初始人均收入与随后的增长率之间关系进行检验,都发现明显的趋同证据(Sala-i-Matin,1996)。而对超过 100 个包括不同发展水平国家的检验则表明,并没有一种普遍存在的绝对趋同现象,绝对趋同只存在于最富裕的国家之间以及最贫穷的国家之间。[①]人们用"俱乐部趋同"来描述这种分组别性质的收敛或趋同特征。在这种趋同俱乐部内,收敛或趋同通常是绝对的,而在最贫穷的趋同俱乐部往往意味着贫困国家向"贫困陷阱"的趋同。

综上所述,无论是西方主流经济学还是区域经济学界,对国家之间或区域之间的差距及其动态变化趋势一直处在不间断地探讨之中,且并无定论,但是"有条件的趋同"及"俱乐部趋同"使我们看到了严峻现实下研究这一问题的意义和希望。

1.3.1.2 关于政府干预

对区域差距演变趋势及成因所持主张不同,围绕区域差距的政府干预[②]与市场作用问题在西方也存在很大分歧和争论。

新古典趋同假说的政策含义就是自由放任,让市场力量去解决地区差距问题,政府区域经济政策的任务应该是促使劳动力和资本的流动性提高,拆除行政障碍或市场进入壁垒等流动限制,并改善区

[①] Barro, R. J. and X. Sala-i-Matin, "Convergence," *Journal of Political Economy*, 1992, 100(2).
Ben-David, D., "Convergence Clubs and Subsistence Economies," *Journal of Development Economics*, 1998, Vol. 55.

[②] 与"政府调控"概念相比,在西方经济学文献中,更多地采用了"政府干预"的提法。

域之间的信息流动。如果区域经济政策仅限于上述任务而不渗入到经济运行过程之中,那么区域之间的经济增长与发展将自动趋向均衡。按照这一观点,在一定的前提条件下,经济发展会自动趋向帕累托最优状态,不恰当的区域经济政策只可能是干扰经济向帕累托最优状态的发展,并且导致福利损失。极化理论都引申出政府干预的主张。由于市场力量的作用是倾向于扩大区域间的发展差距,因此政府干预是必不可少的。特别是增长极理论出现后,曾一度成为发展中国家和欠发达地区区域规划中应用最广的一种战略。这种"集中的分散化"(concentrative decentralization)战略也得到联合国的提倡,并迅速地从西欧、北美传播到拉丁美洲、东南亚各国。虽然由于各地区在经济体制和发展等方面客观上存在差异,增长极理论在实践中应用的效果有所不同,但是新经济增长理论对人力资本、知识积累的重视和"有条件趋同"的发现向我们揭示出,政府在满足或创造加快落后地区的经济增长需要的条件方面是大有作为的。

西方文献中对这一问题的研究,除了政府是否应该干预外,还包括对政府作用范围和程度的讨论。一种观点是政府作用仅限于公共服务、市场秩序的建立与维护,新古典在这一问题上的主张最为典型。而另一派观点认为,政府的区域干预政策不仅限于公共服务领域,还应该渗入地区经济运行过程,充分发挥区域经济政策的"战略性功能"[1]。具有代表意义的有上述缪尔达尔的观点,他从其循环累积因果理论引申出政府应当采取不平衡发展战略,从而对经济结构的空间结构施加影响。还有在相关文献中常被引用的增长极和梯度

---

[1] "战略性功能"的提法是陈家海对政府区域干预政策的概括。陈家海:《中国区域经济政策的转变》,上海财经大学出版社2003年版,第13页。

推移理论。佩鲁(Perrour)的"增长极"理论和区域经济学家所提出的"梯度推移"理论[1],从政策功能角度看,都倾向于要发挥政府的区域干预作用,而且是战略性功能。同时,在西方公共经济学领域,对政府与市场分工、政府职能与公共支出关系的研究,均已形成了较为成熟的分析框架和理论。[2]

1.3.1.3 关于政府区域均衡机制分析框架

从欧美相关文献来看,对区域均衡的研究表现出以下特点。

首先,运用经典经济学方法,建立关于市场机制、区域要素流动与区域均衡之间的分析框架,从资本、劳动力等要素的跨区域流动来构建区域均衡模型,是西方学者研究的传统。这在较早的阿姆斯特朗和泰勒(Armstrong and Taylor)[3]的著作和萨缪尔森、克鲁格曼、迪克西特和斯蒂格里茨(Samuelson,Krugman,Dixit 和 Stiglitz)的论文,以及近期的巴罗、萨拉—伊—马丁、福知高雄、乌维瓦兹、布坎南以及格罗内沃尔德等人(Barro, Salla-i-Martin, Takao Fukuchi, Uwe Walz, Buchanan,Groenwold)的论文中都有体现。例如,阿姆斯特朗和泰勒将投入—产出模型运用到区域经济中,从新古典关于区域增长的模型出发,通过分析区域经济中产出与就业的决定,重点探讨了区域增

---

[1] 梯度推移理论的逻辑基础是哈佛大学的弗农(R. Vernon)等人首创的产品生命周期理论。

[2] 参见[美]鲍德威(Robin W. Boadway)、[美]威迪逊(David. Wildasin):《公共部门经济学》(第二版),中国人民大学出版社 2000 年版;[美]哈维·S. 罗森(Harvey S. Rosen):《财政学》(第四版),中国人民大学出版社 2000 年版;[英]加雷斯·D. 迈尔斯(Garreth D. Myles):《公共经济学》,中国人民大学出版社 2001 年版;[美]理查德·A. 马斯格雷夫、佩吉·B. 马斯格雷夫著,邓子基、邓力平编译:《财政理论与实践》(第五版),中国财政经济出版社 2003 年版;等等。

[3] Harvey Armstrong and Jim Taylor, *Regional Economics and Policy*, Philip Allan, 1985.

长中的出口导向模型,详细分析了区域间的贸易、要素流动对区域均衡的影响。萨缪尔森[1]讨论了在竞争性市场上从两区域到多区域的空间价格均衡和线性规划问题;克鲁格曼[2]从规模经济、产量分化与不同地区贸易类型的角度讨论了不同地区间的贸易及影响;迪克西特和斯蒂格里茨[3]则讨论了垄断竞争条件下区域最优产量的差异。

同时,不少文献在不同程度上考虑了政府干预的作用,或模型暗含政府政策含义。如:阿姆斯特朗和泰勒探讨的区域增长中的出口导向模型,还有在总结欧盟经验基础上提出的资本、劳动要素的重新定位、要素替代、工业区位选择控制等区域政策措施,含有明显的政府干预主张。乌维瓦兹(Uwe Walz)[4]以欧盟为例,通过建立一个包含内生技术变量的两区域经济增长模型,分析了区域政策的长期影响,以证明旨在支持欠发达地区的区域政策不仅改变生产区位,而且影响欧盟的整体增长业绩。不仅如此,他对区域政策的长期影响的讨论还专门分析了政府财政、基础设施投资的直接影响。布坎南、格罗内沃尔德等人(Buchanan,Groenwold)则从联邦财政区域间的转移支付角度探讨了区域均衡问题。[5]

---

[1] Paul A. Samuelson, "Spatial Price Equilibrium and Linear Programming," *The American Economic Review*, 1952(42).

[2] Paul Krugman, "Scale Economies, Product Differentiation, and the Pattern of Trade," *The American Economic Review*, December 1980, Vol. 70, No. 5.

[3] Avinash K. Dixit and Joseph E. Stiglitz, "Monopolistic Competition and Optimum Product Diversity," *The American Economic Review*, June 1977, 297 - 308.

[4] Uwe Walz, "Long-Run Effects of Regional Policy in an Economic Union," *The Annals of Regional Science*, Spring - Verlag 1996, 30: 165 - 183.

[5] Buchanan, J. M., "Federal Grants and Resource Allocation," *Journal of Political Economy*, 208 - 217, June 1952. Nicolaas Groenwold, Alfred J. Hagger and John R. Madden, The Effects of Federal Inter-Regional Transfers with Optimizing Regional Governments, *Journal of Public Economics*, 35(2), 229 - 240, 1988.

尤其值得一提的是,阿罗、库尔茨和巴罗(Arrow, Kurz, Barro),在政府直接干预模型的构造方面,做了开创性的工作。早在1970年,阿罗和库尔茨[1]将公共资本存量纳入生产函数,建立了包含公共资本存量的生产函数形式。巴罗则在1990年发表的论文[2]中正式提出了一个带有政府支出的内生增长模型。巴罗模型对中国学者在这一问题上的研究影响较大,对本书关于中国政府区域平衡机制的理论分析框架的构建提供了启发性思路,本人正是在此模型基础上构建自己的分析框架的。

1.3.1.4 关于政府间的财政关系

对政府调控的财政平衡机制和支持工具的研究直接涉及政府间的财政关系。

关于政府间的财政关系的研究,在西方发达国家已有相当成熟的理论研究,并有成功的政府实践活动可以借鉴,主要体现在联邦财政理论与实践中。联邦财政体制研究事实上构成西方公共财政学的一大主要内容。从西方传入我国并对我国财政学体系影响较大的财政学教材中可以看出,联邦财政体制都无一例外地构成其财政学体系的重要篇章。[3] 纵观西方财政分权理论研究脉络,他们的研究主

---

[1] Arrow, Kenneth J., Kurz, Mordecai. *Public Investment, the Rate of Return, and Optimal Fiscal Policy*. Baltimore: the John Hopkins Press, 1970.

[2] Barro, Robert J., "Government Spending in a Simple Model of Endogenous Growth," *Journal of Political Economy*, 98: 103 – 125. 1990.

[3] 从较早出版的阿图·埃克斯坦的《公共财政学》(1964年出版,1983年中文版),到在我国广为流传的理查德·A.马斯格雷夫、佩吉·B.马斯格雷夫的《美国财政理论与实践》(1973年问世,1987年首次出版中文版,2003年出版第五版中文版时,更名为《财政理论与实践》),及阿特金森和斯蒂格里茨合著的《公共经济学》(1987年出版国际版,1995年在我国出版中文版),再到近期出版的鲍德威和威迪逊的《公共部门经济学》(第二版)(2000),哈维·S.罗森的《财政学》(第四版,2000;第六版,2003),等等。

要集中在对联邦制内公共部门职能分割的经济学基础分析上。较为著名的理论包括斯蒂格勒(Stigler)关于最优分权模式的菜单、奥茨(Oates)的分权定理、布坎南(Buchannan)关于分权的"俱乐部"理论以及泰博特(Tiebout)的"以足投票"理论以及麦圭尔(McGuire)对其的补充和完善。[①] 归纳其讨论的内容,主要涉及:其一,对地方政府存在的合理性的论证,对地方公共产品的最优供给及多级财政原则的讨论。从物品相应于一个特定的地理位置的假定出发,分析在一个社区中公共产品的最优供应、社区间的移民、公共部门职能与适当级别政府的对应以及多级财政、财政联邦制、中央当局对地方政府实行干预的理由。其二,美国联邦财政体制的具体结构的介绍与总结。马斯格雷夫详细介绍了美国的联邦财政体制的具体构成和系统运作实践。其三,泰博特模型与区域间自由移民下的效率。泰博特的"以足投票"理论,着重分析纳税人对各地税收与公共服务提供水平的权衡及其居住区位的选择。其四,对联邦财政体制下的地方财政理论与实践的分析。如费雪(Fisher),从公共选择和联邦财政主义出发,从州和地方财政角度,详细探讨了流动性的公共选择、州和地方政府的组织、州和地方商品和服务的提供以及政府间的补助、地方举债等问题,是对多级政府和联邦财政体制的深化,其中关于州和地方政府存在理由以及与联邦政府间的收入转移的理论阐述非常有启发意义。[②] 其五,政府间转移支付理论。政府间的转移支付作为多级财政下各级政府预算联系和调节的途径,构成联邦财政体制的不可缺

---

① 对此国内学者平新乔作了较为系统的概括介绍。平新乔:《财政原理与比较财政制度》,上海三联书店、上海人民出版社 1995 年版,第 338—351 页。
② [美]费雪(Ronald C. Fisher):《州和地方财政学》(第二版),中国人民大学出版社 2000 年版。

少的组成部分,因此,对政府间转移支付的研究无疑也是西方联邦财政理论文献的重要内容。不仅如此,目前国外许多文献都很注重转移支付的区域均衡作用机制,他们一般是在联邦财政分权理论和泰博特模型基础上,从多方面、多角度对其进行延伸,试图探究转移支付的内在均衡机制问题。他们或从单一或几种财政因素(如联邦补助、地方财政、税收流出、财产和资源分配等)出发,或从一般均衡角度,甚至从财政竞争中的纳什均衡角度探讨了在联邦财政体制下,多区域间的均衡问题。[①]共同的不足是仅仅从资源配置角度而没有从稳定与收入再分配等角度去论证财政体制的设计原则,讨论的视野也基本局限在联邦财政体制之下,但为本书的研究提供了借鉴思路。

上述文献对我国的财政理论研究和实践产生了深远影响。不仅如此,西方财政理论文献提供的关于政府间财政转移支付的研究成果和制度实践经验也对我国具有重要的参考价值。

1.3.2 国内研究进展

在我国,有关非均衡问题的研究,先是从资源配置和经济运行机制角度开始的。[②] 随着我国经济发展过程中区域差异的扩大,区域

[①] Buchanan, J. M., "Federal Grants and Resource Allocation," *Journal of Political Economy*, 208 – 217, June 1952. Nicolaas Groenwold, Alfred J. Hagger and John R. Madden, *The Effects of Federal Inter – Regional Transfers with Optimizing Regional Governments*. Wildasin, D. E., "Nash Equilibrium in Models of Fiscal Competition," *Journal of Public Economics* 35(2), 229 – 240, 1988. Nechyba, T., "Computable General Equilibrium in Local Public Finance and Fiscal Federalism," in D. E. Wildasin (ed.), *Fiscal Aspects of Evolving Federations*, Cambridge University Press, Cambridge, 168 – 193.

[②] 在这方面的代表性著作主要是厉以宁的《非均衡的中国经济》(1991)和洪银兴的《非均衡经济运行和发展的秩序》(1993)。他们集中讨论的是转轨时期我国经济运行的非均衡问题。

发展不平衡问题受到研究者们的关注。纵观中国学者对这一问题的研究,总体上来说,较为活跃的是在改革开放以后,受西方相关文献影响较深,但也十分注重结合中国的特殊区域实践,研究涉猎广泛。

1.3.2.1 关于中国的地区差距研究

与对政府干预调控的研究进展相比较,中国学者对中国的区域差距的研究更为成熟,内容更为广泛。从最初的国外理论文献介绍、简单的差距现象描述到运用规范的经济学方法对中国实际区域差距进行实证研究,研究逐步趋于成熟。

国内学者对这一领域研究的核心问题主要是围绕对中国区域差距演变格局和趋势的考察和认识,尤其是对改革开放以来发展趋势的把握。承袭西方实证分析传统,中国有一批学者对中国区域差距尤其是改革开放以来的区域差距演变进行了实证分析。[1] 由于选择的指标和方法、考察的时段和空间界定不同,检验数据和结论也存在一些出入。但在区域总体演变格局和趋势的把握上却得出了基本一致的结论:改革开放以来我国区域间的经济差距总体上是呈先下降后上升的轨迹。80年代我国地区间的差距是趋于缩小的,而进入90年代以后,区域之间的差距趋于扩大。巴罗和萨拉—伊—马丁等人的研究及方法对我国理论界关于中国区域差距及其变动趋势的研究也产生了较大的影响。蔡昉、都阳等人以此对中国改革开放以来的区域经济差距演变作了实证检验,得出了类似的结论。[2] 即中国目

---

[1] 见杨开忠(1994)、胡鞍钢(1995)、魏后凯(1997)、林毅夫(1998)、蔡昉和都阳(2000)、王小鲁和樊纲(2004)、陈秀山和徐瑛(2004)等的研究。

[2] 蔡昉、都阳:"中国地区经济增长的趋同与差异——对西部开发战略的启示",《经济研究》,2000年第10期。

前的地区差距呈现出一种俱乐部收敛,即三大地带之间的差距呈扩大趋势,三大地带内的差距逐步缩小,对整体差距的贡献率下降,而在控制了初始人力资本、投资率等变量时,各地区间存在有条件的趋同。[①] 另外,有关中国区域发展差距问题也引起了众多国外学者的兴趣。[②]

除了对中国区域差距总体趋势的实证研究外,还涉及与此相关的如下问题的研究:

(1)区域划分与区域差距测度指标和方法的选取等基础性研究。就区域的划分来看,大多数学者采取的是包含特定省份的东、中、西三大地带的划分和相应的差异。但三大地带各自包含省份却存在变动。[③] 随着西部大开发战略的实施,关于西部地区所含省区市的范围已很确定,含12个省区市,但关于中部地区所含范围目前争议较大,从中部五省、六省到八省、十省等各种提法众多。近些年来中部地区相对地位的下降,特别是统筹城乡发展要求的提出引起理论界对以传统农业为特征的中部地区的关注,相应地,对中部划分的讨论也正在进行。[④] 对我国区域差距的测度指标和评价方法主要是借用发展经济学的相关指标和关于收入分配差距的测算方法。目前,已从单一过分注重经济指标转向经济与社会指标并重,测度方法以变异系数和基尼系数的运用较多,近年来也有学者采用塞尔系数分解

---

① 见世界银行(2003)及国内林毅夫(2003),蔡昉、都阳(2000,2001)等人的研究。
② 参见 P. Aguighier, Yong Dali(1990), Thomas P. Lyons(1991)和 Kai Yuen Tsui(1991), World Bank,1995,Chen 和 Fleisher, Albert Keidel(1995)等人的研究。
③ 较早有东部12,中部9,西部10的划法;目前采用东部11,中部8,西部12的较多。
④ 参见刘光杰(1998)、叶裕民(1999)、林毅夫与陈剑波(2003)、张可云(2004)等的相关研究。

法研究区内和区间差距对整体区域差距的贡献率。①

(2)区域差距不良影响、成因及对策的研究。对区域差距影响的考察,围绕两条线索(政治层面和社会福利函数)展开。从政治层面,区域差距常常引发地区冲突,并由此破坏民族团结和国家统一。② 从社会福利函数与社会选择的角度,则依据社会对非均衡的态度来说明区域差距对社会福利的影响。③ 凡涉及区域差距研究的,毫无例外地都用大量笔墨对区域差距的成因作了分析,并在此基础上提出了缩小区域差距的对策。④ 概括而言,形成区域差距的原因包括地理、资本、人力资本、科学技术、经济结构以及市场化进程、工业化和农村现代化程度以及政府政策环境和财政因素。值得注意的是,较之资源性因素,理论界近些年的研究更为偏重对市场化程度、政府政策因素影响的定量分析。许多人认为,改革开放以来各地的市场化进程、政府向东南沿海地区倾斜的区域非均衡政策是改革开放以后区域差距扩大的主要原因之一。罗默和卢卡斯对人力资本、知识

---

① 参见林毅夫、蔡昉、李周(1998),蔡昉、都阳(2000,2001)等人的相关研究。

② 如王绍光、胡鞍钢认为,日益扩大的地区不平等不仅在道义上说不过去,还可能蕴含着经济停滞、政治动荡、国家分裂的危险性。王梦奎、李善同认为地区差距的扩大可能会引发社会不稳定,引起对共同富裕原则的怀疑,损害中西部地区自身发展能力。1994年,国家计委的一份报告甚至提出了严正警告,如果由日益扩大的地区差异造成的问题得不到恰当解决,总有一天它们会威胁中国的社会稳定和国家统一。参见王绍光、胡鞍钢:《中国:不平衡发展的政治经济学》(中文版),中国计划出版社 1999 年版,第 227 页;王梦奎、李善同等:《中国地区社会经济发展不平衡问题研究》,商务印书馆 2000 年版,第 22—23 页;国家计委国土规划研究所:《中国区域经济协调发展研究》,中国经济出版社 1994 年版。

③ 翁君奕、徐华:《非均衡增长与协调发展》,中国发展出版社 1996 年版,第 20—24 页。

④ 认为出现地区趋同的人把地区差距的缩小归功于市场的力量,如 Jian, Sachs and Warner,因此,在政策响应上,主张缩小地区差距只是个时间问题,市场机制足以应付,不必由政府代劳。

积累对经济增长作用的重视也带动了国内对人力资本因素、教育及劳动力市场因素的重视和研究。① 在怎样才能缩小地区差距问题上,许多学者认为中央政府的调控是必需的。②

(3)由单一的注重经济差距的研究转向对包含经济、社会发展差距在内的人类指标差距的关注。近年来,国内学者如胡鞍钢、邹平等对中国的区域社会发展差距按 31 类指标作了详细分析考察。③ UNDP 每年一度的《中国人类发展报告》也公布各省市区的 HDI 指数排名,④ 并且日益受到政府、理论界和社会公众的关注。世界银行(1990)对中国的社会发展指标给予了持续的关注,充分肯定了中国的成绩。⑤

1.3.2.2 关于政府的区域调控研究

国内理论界对这一问题的研究主要集中于政府的区域政策和规划。而改革开放以来财政界虽然十分重视财政政策的作用,但研究视野主要放在财政政策对宏观经济运行的调控作用上,少有学者注意到财政政策对区域这一中观层次的调控问题。⑥ 纵观国内学者对

---

① 参见蔡昉、王德文、都阳:"劳动力市场扭曲对区域差距的影响",《中国社会科学》,2001 年第 2 期,第 2—14 页。
② 参见王绍光、胡鞍钢:《中国:不平衡发展的政治经济学》(中文版),中国计划出版社 1999 年版,第 35—37 页。
③ 参见胡鞍钢、邹平:《社会与发展——中国社会发展地区差距报告》,浙江人民出版社 2000 年版,第 249—265 页。
④ 参见 UNDP:《中国人类发展报告》(《人类发展与扶贫》,中国财政出版社 1997 版;《经济转轨与政府的作用》,中国财政经济出版社 1999 版;《绿色发展必由之路》,经济出版社 2002 年版)。
⑤ 参见世界银行:《1990 年世界发展报告》,牛津大学出版社 1990 年版,第 74 页。
⑥ 参见刘溶沧、夏杰长(1998)、马拴友(2003)、刘雅露(2000)等人的研究。

这一领域的研究,体现出以下特点:

(1)整体研究内容偏重于政策操作层面。从现有文献来看,国内学者更多地是将注意力集中于对改革开放以来政府的区域政策和规划的评述和解释分析,以及对策建议,少有人从理论角度阐述政府调控的相关问题,如理由、目标和边界定位,以及建立系统的分析框架。这与长期政府主导型发展模式相关,在中国,政府调控似乎是不言而喻、毋庸置疑的,对区际关系更是如此。

(2)从对政府的区域调控分析框架的研究进展来看,国内已有龚六堂、邹恒甫、娄洪等学者分别建立了关于最优税率和转移支付、公共基础设施投资与经济增长的政府干预模型。龚六堂将政府分为地方政府和中央政府,将公共资本流量纳入生产函数和效用函数,得出各种税率与经济增长率之间的数量关系。[①] 娄洪则分析了多个地区不同的公共基础设施流量对经济增长的影响,认为政府基础设施资本的外溢效应扩大了两地区的经济增长率。[②] 主要问题在于,研究往往是将政府干预调控的某一方面(如公共资本投资、转移支付等)单独代入生产函数,得出经济增长与其的函数关系,没有纳入统一的分析框架同时合并考虑政府调控的各种支持手段对区域发展的综合影响。

1.3.2.3 关于财政平衡机制和支持系统的研究

财政平衡机制和财政支持系统的研究是分不开的。一定的财政

[①] 参见龚六堂、邹恒甫:"最优税率、转移支付与经济增长",《数量经济技术经济研究》,2002年第1期,第63—67页。

[②] 参见娄洪:《公共基础设施投资与长期经济增长》,中国财政经济出版社2003年版,第144—155页。

平衡机制首先取决于政府间的财政关系制度,然后必须通过政府的一系列区域财政政策和具体的财政工具的作用来实现。政府间的转移支付制度是政府财政平衡机制的主要手段,同时,政府的财政平衡还可以通过政府的公共支出政策作用来实现。在政府大规模发行国债的背景下,国债资金的投向也应该考虑在内。

从国内这一领域的现有研究成果可以发现,受学术界各自学科视野的限制,财政学界更多地把注意力集中在传统财政理论所涉及问题上,较少注意财政相关工具在区际问题上的效应和应用,而区域经济理论体系本身还处在建构过程之中。因此,国内关于财政平衡机制和支持系统的研究主要是对单一财政工具的分散研究。从目前的文献来看,国内学术界对政府间财政关系、各种财政工具本身的探讨,包括对政府间财政转移支付、直接投资以及对税收优惠、政府区域政策和扶贫政策的分别专门研究,已较为深入和系统。研究也涉及对它们的区域均衡效应的单因素分析和实证考察。如苏明、马拴友、曾军平、刘溶沧等的实证分析都是分别从转移支付或直接投资的区域均衡效应角度讨论的。[1]

国内对政府间转移支付的研究起步较晚。严格说来,我国政府间的转移支付制度理论探讨与实践始于1994年分税制财政体制的实施,但由于实践的迫切需要而受到前所未有的重视,短短十几年成

---

[1] 参见刘溶沧:"重建政府间转移支付制度的总体构想",《管理世界》,1996年第4期;曾军平:"政府间转移支付制度的财政平衡效应研究",《经济研究》,2000年第6期;马拴友、于红霞:"转移支付与地区经济收敛",《经济研究》,2003年第3期;苏明:"政府财政投资的定位及其投资方向和重点",《经济研究参考》,2002年第85期;马拴友:"中国公共资本与私人部门经济增长的实证分析",《经济科学》,2000年第6期;马拴友:"政府支出类型结构:比较与启示",《经济研究参考》,2000年第52期;张中华:"论我国财政投资效率的制约因素及其对策",《财政研究》,2002年第8期;马拴友:"税收优惠与投资的实证分析——兼论促进我国投资的税收政策选择",《税务研究》,2001年第10期。

果丰富。研究由最初的对国外转移支付的简单介绍逐步深入到对我国现行转移支付制度的实证考察与建议,涉及政府间转移支付的各个方面:政府间转移支付存在的理论依据和转移支付的目标;政府间转移支付的具体形式;各国政府间转移支付模式及效应;政府间转移支付的区域均衡机制等等。[①] 无论是转移支付的构建原理、模式选择还是对现行转移支付制度过渡性特征的评价、实证检验的结果,都不存在大的分歧。但在关于转移支付的功能与作用程度上存在争议。一种观点是将转移支付与缩小区域差距直接挂钩,等于是认为转移支付具有缩小区域差距的功能和作用,因此在政策设计上也可以将转移支付制度作为实现区域均衡协调发展的直接措施,持这种观点者在理论界占多数;另一种观点认为政府间转移支付的最基本功能是保障各地最低标准的公共服务和满足最低收入人群的生存需求,转移支付应该以此作为目标,因而难以直接惠及"地区差距"这一概念所包含的其他内容,赋予转移支付直接缩小区域差距的重任过分夸大了转移支付的作用。[②] 本人认为,两种观点并非水火不容,因为后者强调转移支付有可能缩小地区间在公共服务供给和个人收入水平方面的差距,而公共服务的改善,人均收入水平的提高不仅本身就标志着区域差距的缩小,而且间接地通过对投资和人才的吸引,带动经济增长,提高就业率,从根本上可以促进区域差别的缩小。

至于政府投资的研究,在我国受计划经济时期沿袭下来的建设型财政的影响,长期受到关注,研究较为系统、成熟。但直接涉及支

---

① 参见马骏(1998)、钟晓敏(1998)、蒙丽珍(1996)、杨灿明(2000)、刘小明(2001)、杜放(2001)、曾军平(2000)、刘溶沧、焦国华(2002)、马拴友(2003)等人的研究成果。

② 参见朱玲:"转移支付的效率与公平",《管理世界》,1997年第3期,第30—35页。

出的区域投向及均衡效应的专门研究不多，可以参考的文献较少。[①]其中，对国债的研究在20世纪90年代渐趋活跃。但我国国债的研究一直存在一个明显特点，即注重国债的宏观经济拉动效应，讨论热点一直集中在国债的"收"的过程，主要是关于国债规模及财政风险、国债运行机制和管理制度等，而对国债的"支"的过程——国债资金的使用过程缺乏应有的关注。对国债投资尤其是国债投资的区域分布及影响的研究十分薄弱，统计资料也难以获取。与此相反的是，与投资相关的各种激励措施的理论与实践在改革开放以后曾一度十分活跃。政府的区域实践中也大量运用了以税收的地区优惠为主的投资激励。[②]

另外，适应我国扶贫开发的需要，从20世纪80年代中后期开始，国内外学者开始关注中国的扶贫问题，有关政府扶贫的进程、方式与效率等的讨论一直在进行。国际社会也给予了极大关注，对中国政府扶贫开发的成就和存在的问题的争论也一直在继续。[③]

这种专门分散研究为将各种工具手段纳入统一框架提供了前期基础。本书的主旨是在现有国内外文献基础上，试图将政府调控区域非均衡发展的主要支持工具综合起来考虑，建立一个统一的分析

[①] 参见苏明："政府财政投资的定位及其投资方向和重点"，《经济研究参考》，2002年第85期；马拴友："中国公共资本与私人部门经济增长的实证分析"，《经济科学》，2000年第6期。

[②] 参见陈耀：《国家中西部发展政策研究》，经济管理出版社2000年版，第214—217页；贾康、白景明：《中国发展报告 财政与发展》，浙江人民出版社2000年版，第183—187页。

[③] 参见孟春：《中国财政扶贫研究》，经济科学出版社2000年版，第140—181页；UNDP驻华代表处：《扶贫和小额信贷》，中国社会科学院社会科学文献出版社2003年版；UNDP：《中国：人类发展报告——人类发展与扶贫，1997》；世界银行：《中国：战胜农村贫困》，2001年。

框架和理论模型,并系统阐述各支持工具的不同平衡机制,对各支持工具在中国的运用作实证分析考察,提出进一步完善的思路和建议。

1.4 研究的基本思路与分析框架

1.4.1 研究的基本思路

本书的线索是循着"为什么—是什么—怎么办"的思路展开的。首先,是政府"为什么"调控的问题。从现实的角度提出政府调控区域发展的理由——区域经济社会发展以及各地政府财力差距的实证描述;同时借助于公共财政理论阐述政府调控区域非均衡的理论依据。其次,是政府调控"什么"?——从政府调控区域非均衡的理论依据出发,界定政府调控区域经济的合理范围与边界。最后,是"怎样"调控的问题。分两个大的层次,首先,作者力图给出政府调控区域发展的财政平衡机制和理论模型。然后,在此基础上,进一步提出和探讨政府调控区域非均衡的诸多工具及其协调——财政支持系统,包括理论分析和中国实证考察。

1.4.2 本书的基本框架

本书的基本思路和框架如图1-1所示。

1.4.3 研究的主要问题与创新

本书的宗旨是在现有研究基础上,综合运用区域经济学与公共财政学理论,对财政在解决区域非均衡发展中的平衡机制和诸多政

```
┌─────────────────┐              ┌─────────────────┐
│ 为什么调控:现实要求 │              │ 为什么调控:理论依据 │
│ 中国区域差距的描述 │              │ 政府调控区域非均衡的│
│                 │              │     理论依据      │
└────────┬────────┘              └────────┬────────┘
         │                                │
         └──────────────┬─────────────────┘
                        ▼
              ┌──────────────────┐
              │    调控什么:      │
              │ 政府调控区域非均衡的│
              │   边界和合理范围   │
              └────────┬─────────┘
                       ▼
              ┌──────────────────┐
              │    怎么调控:      │
              │ 政府财政调控机制和 │
              │     理论模型      │
              └────────┬─────────┘
                       ▼
              ┌──────────────────┐
              │    财政支持系统    │
              └────────┬─────────┘
         ┌─────────────┼─────────────┐
         ▼             ▼             ▼
  ┌──────────┐  ┌──────────┐  ┌──────────┐
  │政府间财政  │◄─┤政府投资及 ├─►│政府财政扶贫│
  │转移支付   │  │  激励    │  │          │
  └──────────┘  └──────────┘  └──────────┘
```

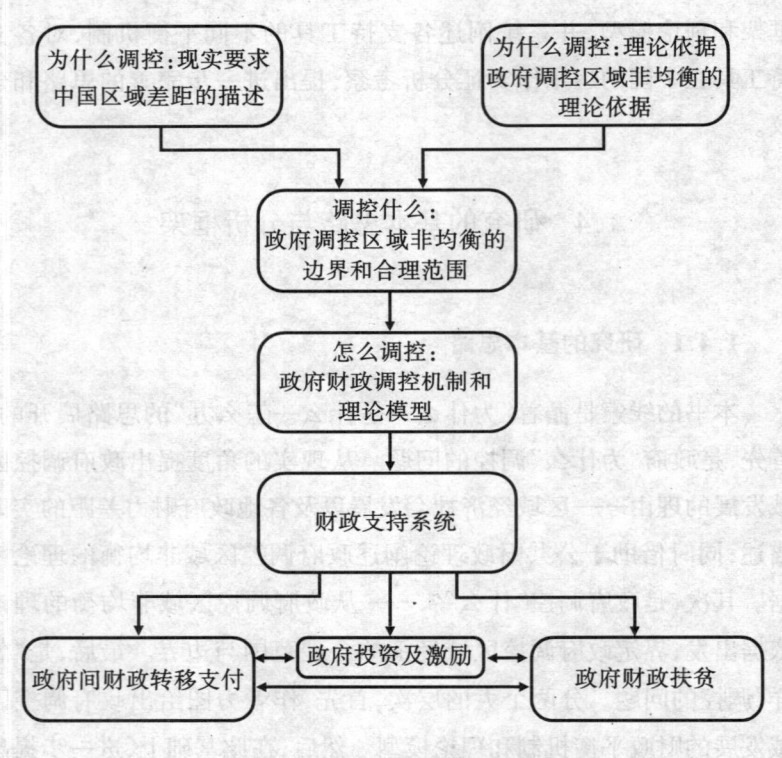

图 1-1　本书的基本思路和框架

策工具作一个较为完整而系统的阐述。在此过程中,拟回答以下问题:

第一,从中国区域格局的现实要求和理论根据两个方面出发,说明政府调控区域差距的必要性与合理性。

第二,从定性和定量两个方面给出政府调控区域非均衡发展的最适度。一方面从政府与市场分工理论出发,进一步探讨两者各自的活动边界和范围;另一方面,通过构建政府调控理论模型及数据模拟,尝试性地给出政府调控区域差距的最优度取值。

第三,阐述政府调控区域非均衡发展的财政作用机制。包括总体政府调控因子以及政府间转移支付、政府直接投资和财政扶贫各自的作用形式、路径探讨和分析框架的建立。

第四,系统阐述在政府财政平衡机制中,政府依赖的主要财政支持工具的区域均衡效应,延伸政府调控总模型,并对中国政府采取的政府间转移支付、政府直接投资和政府财政扶贫等主要支持手段进行实证分析。

本书的初衷是企望在以下方面有所发掘和突破:

一是试图在巴罗等人研究的基础上,纳入政府调控因子,在考虑转移支付和直接投资两种工具和政府税收约束的条件下,建立一个政府平衡区域差距的理论模型,并在此基础上分别延伸出政府转移支付模型和直接投资模型。

二是从政府对区域非均衡的调控角度,在将政府间转移支付、财政投资以及财政扶贫等纳入一个政府调控总体框架系统的基础上,分别探讨政府间转移支付、财政投资以及财政扶贫等作为财政平衡手段的作用机制和程度。

三是对财政支持诸工具的区域均衡效应和影响力分别进行实证分析和考察,并提出相关对策建议。

1.5 理论基础与研究方法

1.5.1 理论基础

由于该课题的研究涉及区域经济学、公共财政学和福利经济学等学科,所以研究的主要理论基础是区域经济学理论、公共财政学和福利经济学理论,本人将综合运用区域经济学的区域非均衡理论及区域政策理论,公共财政学的理论包括联邦财政、公共选择理论、政府支出、国债以及政府收入理论,以及福利经济学关于社会福利函数等方面的理论,以回答本课题研究要解决的问题。

1.5.2 研究方法

由于本书研究的是中国这样一个特定国家在一定时期内的区域均衡问题,因此,在研究方法的选择上主要采取的是实证分析和规范分析两种方法的结合,但在具体运用过程中,会严格区分两种方法,以避免混淆。例如,对政府干预区域非均衡的理论依据、范围和边界的确定,采取的是规范分析的方法,而对新中国成立后各阶段的区域差异状况的描述、1994年分税制后政府间转移支付制度实施的区域效应的分析等,则采用实证分析的方法。与此相应,还将结合运用定性分析与定量分析方法:运用定性的分析方法建立政府干预与区域经济发展各变量之间的基本关系和理论模型,用定量分析的方法对部分模型或理论进行经验检验。

本书还将综合运用系统分析与逻辑分析的方法,总体结构将循着具体——抽象——具体、实践——理论——实践的逻辑次序展开,并试图建立一个分析政府财政平衡机制的概念性框架和系统的政府财政支持体系。

第 2 章　中国区域差距描述

中国自 1978 年改革开放以来所基本形成的具有"帕累托改进"性质的渐进式改革道路,在经济增长上取得了举世瞩目的成就,已经得到广泛认同。但是伴随着整体经济发展水平的快速上升,区域差距在经过 20 世纪 80 年代的短暂缩小之后一直呈持续扩大趋势。本章的主要目的是依据区域差距的相关度量指标和方法,对改革开放以来中国的区域差距演变轨迹作归纳性描述。

比较研究区域差距的一个重要前提,是要量化某一地区发展状况,从而涉及度量指标和方法的选取,需要把一系列相互联系的数量和质量指标结合在一起,并采用一系列度量区域差距的方法。度量区域差距的指标包括经济指标[①](最常用的是 GDP 和人均 GDP)、社会发展指标[②](UNDP 的 HDI 影响较大),在财政界,各地政府财力指

---

① 经济指标包括:(1)经济总量指标,如 GDP、GNP、国民收入、社会总产值以及资本形成总额、固定资产投资、进出口额、外商投资等,目前使用最多的是 GDP。人均地区生产总值(人均地区 GDP)是衡量某一地区在一定时期内人均创造产品和服务的价值尺度。各地人均 GDP 的差异表明不同地区生产力的差异,进而形成地区间收入的差别。(2)产业指标:分部门的总量指标,如三次产业的产值等。(3)发展速度指标:各个地区各项总量指标的相对变化比率,可以体现地区发展差距的动态。(4)人均经济指标:各个地区总量的人均值,更能体现各个地区的差距。(5)家计指标:一种分层平均指标,分城市居民家庭人均可支配收入和农村居民家庭人均纯收入等,可以用来反映城乡居民收入水平。

② 国际上通用的测度不同经济体之间经济社会差距的指标包括:(1)人类发展指数(Human Development Index, HDI)。联合国发展计划署在《1990年人类发展报告》中制定,由

标(人均财政收入和支出)也受到重视。而区域差距的测度方法主要包括绝对差异指标①(标准差和极差等)和相对差异指标②(变异

人均收入、人口寿命和教育三个主要指标构成。根据人类发展指数可把所有国家分为三组:低水平的人类发展(0.0 – 0.50);中等水平的人类发展(0.51 – 0.79);高水平的人类发展(0.8 – 1.0)。(2)物质生活质量指数(Physical Quality Life of Index, PQLI)。PQLI 最早由 M.D.莫里斯(M.D.Morris)提出,是衡量一个经济体的人民经济福利和生活水平的综合性指标,它是由人口出生时的预期寿命、婴儿死亡率和成人识字率三个指标组成的一个综合指数。PQLI 指标既直接反映一国居民生活福利状况,又直接反映了一国居民之间的分配状况。另外还有世界银行所使用的基本需求满足度(由实物、健康、卫生、供水、住房等方面的十余项指标构成)、美国社会卫生协会的 ASHA 指标法(旨在衡量各发展中国家执行满足基本需要发展战略情况的指标法,也是由就业率、识字率、平均预期寿命、人均 GDP 增长率、人口出生率、婴儿死亡率等多项指标按一定方法合成的综合指标)以及哈根(E. E. Hagen)、尼维阿罗斯基(N. H. Niweiaroski)、联合国社会发展所等个人或机构提出的用于评价各国经济发展水平的指标体系。我国关于地区间经济社会发展差距的测度指标体系,较有影响的当属中国社会科学院社会学所提出的"社会指标"体系和著名区域经济学家刘再兴提出的综合指标体系。目前文献中较多采用的是 UNDP 每年发布的中国的人类发展指数(HDI)。

① 标准差。$S = \sqrt{\dfrac{\sum_{i=1}^{n}(x_i - \bar{x})^2}{n - 1}}$*,$x_i$ 表示 i 地区的样本值(如人均 GDP、人均收入等);$\bar{x}$ 表示各个地区的均值;n 表示地区个数。标准差是样本中的各变量值与其均值的离差平方的平均值的算术平方根。它能精确反映各地区经济指标的离散程度,各地区经济指标绝对差距越大,标准差就越大。而且这个指标用到了所有地区的数据,所包含的信息量相对比较充分。极差(R)就是一组数据中两个极端数值之差。极差 = 最大标志值 – 最小标志值。

② 变异系数(V_{uw}),即标准差系数,实际上就是总体单位标准值的标准差与平均值的比值,即离散系数或变异系数 = 标准差/平均值,可用来反映差距的变动。该指标越大,则表示区域间考察指标的变异程度越大,即地区间差距越大。考虑到样本空间中数据的重要性不同,通常采用加权平均的形式,即加权变异系数(V_w)。首先由美国经济学家威廉姆森应用于度量区域差距,所以也称为威廉姆森系数(Williamson, J. G., 1965)。加权变异系数用于测算在考虑地区间经济总量或人口规模情况下地区经济的相对差距。洛伦茨曲线借助于一个正方形内指标累计比率的曲线的曲拱程度或与对角线间的面积表示某种现象在地区间、阶层间的均衡或不均衡程度。在测度区域差距时,只需作稍微一点改造,即将通常横轴的"人口(家庭)百分比"用"各地区人口百分比"替代,纵轴换成"各地区 GDP (或国民收入)占全国的百分比"。洛伦茨曲线主要有两个作用:一是,它可以直观地显示地区人均经济指标(如人均 GDP)分布的集中或离散程度,反映地区经济的相对差距;二是,反映各地区在区域经济差距变化中的贡献,展示地区经济差距的空间特性。由此,我

系数、基尼系数以及塞尔指数)。改革开放以来,我国一直十分注重用经济指标来衡量全国和各地区的经济状况与差距。目前为止,GDP 仍是大家公认的反映一国经济活动的最概括、最重要的指标。随着发展观的转变,社会发展指标方面的差距在我国已日益受到重视。同时,从数学上来说,只要一个国家内地区间的相对经济差距趋于缩小,其长期的绝对经济差距变动趋势就会缩小,尽管在短期内绝对差距可能有明显的扩大。因此,仅用一种指标特别是绝对指标来衡量我国的地区经济和社会发展差距,得出的结论可能会出现偏差,必须两类指标结合起来考察。

本章对区域差距的分析中,除了有选择地运用上述经济、社会发展主要指标外,同时独立列出反映各地财力状况差距的政府财力指

们可以根据各地区在区域经济差距变化中贡献大小进行地区分组,用洛伦茨曲线的横轴表示按人均 GDP 由小到大排列的地区个数累计百分率,用纵轴表示与地区排列相对应的各地区人均 GDP 的累计百分率。基尼系数是洛伦茨曲线的数学表达式,二者的逻辑思维完全一致。塞尔(Theil)指标的具体计算方法如下:

U_1、U_2、U_3 分别是反映东、中、西地带内部不平等性的指标,U_4 是反映东、中、西地带间不平等性的指标,U_5 是塞尔指标。

第一步:计算 U_1、U_2、U_3,以 U_1 为例。

$$U_1 = W_1 \times \sum i(W_i/W_1) \times \ln(W_i \times P_1/W_1 \times P_i)$$

其中,W_1 是东部的 GDP 占全国 GDP 的比重,W_i 是东部内 i 省份的 GDP 占全国 GDP 的比重,P_1 是东部地区人口占全国人口比重,P_i 是东部地区 i 省份人口占全国人口比重。

第二步:计算 U_4。

$$U_4 = W_1 \times \ln(W_1/P_1) + W_2 \times \ln(W_2/P_2) + W_3 \times \ln(W_3/P_3)$$

第三步:计算塞尔指标。

$$U_5 = U_1 + U_2 + U_3 + U_4$$

塞尔指标和其他衡量差异性的指标(基尼系数、变异系数)相比,有其更吸引人的特点:它测度出的整体差异可以分解为组间差异和组内差异两部分。利用塞尔指标这个特殊的用途,我们可以分解出地带间差距和地带内差距,观察和解释组间差距和组内差距各自的变动方向和变动幅度,比较二者对于整体差距的贡献。这是基尼系数和变异系数难以实现的。

标,将分别选取主要绝对和相对指标对中国改革开放以来的区域经济差距、社会发展差距和政府财力差距变动趋势进行实证考察和描述。

2.1 中国区域差距变动趋势描述(一):区域经济差距

从本节开始,将分三节分别从区域间的经济、社会发展和政府财力差距三个方面对中国转轨期间的区域差距变动轨迹进行描述。[①]此节的任务是描述区域经济差距的变动及趋势。主要考察改革开放以来中国各地区人均 GDP 的分组状况、基尼系数和变异系数,并运用塞尔指标分解法把全国整体的人均 GDP 地区差距具体分解为:东、中、西三大地带内部差距和三大地带间的差距。同时,也将对各地区人均收入差距作适当考察。[②]

2.1.1 以人均 GDP 和人均收入分组排序衡量的区域经济差距

2.1.1.1 以人均 GDP 分组状况衡量的区域经济差距

将各个省市区按其人均 GDP 分组,得到下表:

---

① 本人在统计资料收集和计量方面的能力和时间有限,且目前理论界对区域差距的测度大多是由较为稳定的课题团队协作完成的,所以本书将主要引用国内较为公认的数据资料,必要时作相应补充,但这样的安排并不影响本章及全书中心任务的完成。
② 王一鸣认为,从总体上说,20 世纪 80 年代初期以来,我国中西部与东部地区居民收入水平差距扩大幅度大于发展水平差距扩大幅度,这是导致人们心理平衡变化的直接原因。因此,主张改变目前以人均产出水平(人均 GDP 或 GNP)为主要指标的做法,而以人均收入水平、人均消费水平为主要指标,以人均产出指标为辅助指标考察地区差距,调控地区差距的重点应该放在缩小中西部与东部地区收入水平和生活水平的差距上。

表 2-1 各省市区按人均 GDP 分组

>20 000 元	上海、北京、天津
15 000—20 000 元	浙江
10 000—15 000 元	广东、江苏、福建、辽宁、山东、黑龙江
<10 000 元	河北、新疆、吉林、湖北、海南、内蒙古、湖南、青海、河南、重庆、山西、西藏、江西、宁夏、安徽、四川、陕西、云南、广西、甘肃、贵州

注:各组内,各个省份按人均 GDP 高低从左至右排列。
资料来源:国家统计局,《中国统计年鉴》(2003 年)。

从表 2-1 可以看出中国地区差距的一个基本特点:地区之间呈现一种金字塔式的地区差距模式。落后地区构成庞大的塔基,最发达地区——三个直辖市构成尖锐的塔尖。这种金字塔式模式直接反映了我国多数地区普遍落后的状况,不同于两头小、中间大的纺锤形地区收入构成模式:大量存在的中等发达地区和中等收入阶层构成维护社会稳定的基础和中坚力量。因此,理论界认为,在分地区的收入构成中,这种金字塔模式是非常危险的。当基座还不是非常巨大,分裂力量还不足以导致社会裂变时,这种模式是可以维持的。但是,一旦基座膨胀,基座与塔顶的差距进一步扩大,分裂力量将增大到系统难以维持的地步,从而导致整个社会的裂变、重构。所以虽然目前的地区差距模式还没有引发严重的经济、社会危机,各地区之间维持着相对稳定的关系,但是这种金字塔式的区域差距模式已经潜伏了很大的危机。[1]

胡鞍钢等参照世界银行对世界各收入组的划分,根据购买力平

---

[1] 参见陈秀山、徐瑛:"我国地区差距的基本特征与完善转移支付制度",《经济学动态》,2004 年第 11 期。

价(PPP)计算的人均 GDP 水平,把中国人口划分为四类收入组,即所谓的"四个世界"。如表 2-2 所示。按他的推算,以购买力平价衡量的相当于世界中高水平收入的第一和第二世界在中国只占 25%,集中于东部沿海和其他省份的大中城市;而第三和第四世界占全国人口的 75%,且集中于中西部,特别是西部。地区间也呈金字塔形。

表 2-2　各省市区根据购买力平价计算的人均 GDP 分组

以人均 GDP(PPP)分组	包含地区	占全国总人口的比重
第一世界: ＞8 320 美元	北京、上海、深圳等东部发达城市	约 5%
第二世界: 3 960—8 320 美元	浙江、广东、江苏、福建、辽宁、山东;中部的黑龙江以及其他省份的一些大中城市	约 20%
第三世界: 1 790—3 960 美元	东部的河北、海南以及中西部的发达地区	约 25%(估计 3.3 亿人)
第四世界: ＜1 790 美元	中西部贫困地区、少数民族地区、农村地区及边远地区	50%(约 6.3 亿人)

注:8 320 美元(PPP)是世界上中等收入国家平均水平,3 960 美元(PPP)是世界下中等收入国家平均水平,1 790 美元(PPP)是世界低收入国家平均水平。

资料来源:根据胡鞍钢"走向区域协调发展"(学说连线,www.xslx.com,2004 年 5 月 17 日)整理得出。

2.1.1.2　以人均收入衡量的区域经济差距

表 2-3 与表 2-4 分别是各地区城镇和农村居民家庭人均年可支配收入排序情况。从中可见:(1)无论是城镇还是农村,历年排名前 5 位的均为东部省市,西部 12 省区除西藏外,均排名靠后。(2)城镇排序中,20 世纪 90 年代以来广东省收入排序连续多年超过上海和北京、天津三大直辖市,处在第一位,反映了改革开放以来中央向珠江三角洲地区政策倾斜的明显作用。(3)农村居民人均年纯收入

排序居前5位的也全在东部,依次是上海、北京、浙江、广东和江苏。西部地区位居最后。(4)西藏自治区城镇收入排名靠前,进入前十名,而农村收入则位居最后,这与西藏本身内部的差距和全国对口支援西藏政策的实施直接相关。

表2-3 各省市区城镇居民人均年可支配收入排序

地区	1990	1991	1992	1993	1994	1995	1996	1997	1998	1999	2000	2001	2002	2003
北京	3	4	5	4	3	3	3	3	3	2	2	2	2	2
天津	8	7	8	9	6	5	6	5	5	5	5	5	5	5
河北	13	17	19	16	17	17	17	13	14	15	15	16	17	17
山西	26	28	27	26	28	25	27	27	29	31	31	28	24	22
内蒙古	30	30	30	29	30	29	29	28	21	22	22	23	29	20
辽宁	12	12	16	17	19	19	20	19	19	21	19	20	19	16
吉林	27	25	25	27	29	27	23	21	27	28	29	30	22	21
黑龙江	29	27	26	25	27	22	25	23	26	26	27	27	27	28
上海	2	2	2	2	2	2	1	2	1	1	1	1	1	1
江苏	9	9	9	8	10	9	7	7	8	8	8	8	7	7
浙江	4	5	3	3	4	4	4	4	4	4	4	3	3	3
安徽	21	22	21	19	20	18	15	18	18	19	20	21	30	26
福建	7	8	7	7	11	10	8	6	6	7	6	6	6	6
江西	28	29	29	28	23	21	24	24	23	23	25	24	20	24
山东	11	11	14	12	13	11	13	11	12	12	9	9	9	9
河南	25	26	28	24	26	26	26	22	26	27	30	31	23	23
湖北	18	18	18	13	14	14	18	17	17	18	17	17	16	14
湖南	14	15	11	10	9	8	9	10	11	10	12	11	13	12
广东	1	1	1	1	1	1	2	1	2	3	3	4	4	4

地区	1990	1991	1992	1993	1994	1995	1996	1997	1998	1999	2000	2001	2002	2003
广西	10	10	10	6	7	6	10	12	11	13	14	13	10	11
海南	6	6	6	5	8	7	12	14	16	16	18	19	15	15
重庆	—	—	—	—	—	—	—	9	9	10	11	12	12	10
四川	17	13	13	15	15	15	16	16	13	14	15	15	18	19
贵州	22	24	17	18	16	16	19	20	20	20	24	26	31	30
云南	15	14	12	11	12	13	11	8	7	9	10	10	11	13
西藏	5	3	4	—	5	—	5	—	—	6	7	7	8	8
陕西	20	21	23	22	24	23	22	25	25	25	23	25	21	25
甘肃	24	20	24	23	25	28	30	30	30	29	26	29	26	29
青海	23	23	22	21	22	23	21	26	24	24	21	18	25	27
宁夏	19	19	20	19	21	28	29	28	27	30	28	22	28	31
新疆	16	16	15	14	18	12	14	15	15	17	16	14	14	18

表2-4 各省市区农村居民人均年纯收入排序

地区	1990	1991	1992	1993	1994	1995	1996	1997	1998	1999	2000	2001	2002	2003
北京	2	2	2	2	2	2	2	3	2	2	2	2	2	2
天津	4	4	4	5	4	5	5	6	5	6	5	4	4	4
河北	19	18	18	17	16	11	12	11	10	10	9	9	10	10
山西	21	23	22	22	24	21	21	20	21	22	20	22	18	17
内蒙古	20	27	20	19	20	20	19	19	17	18	16	20	22	18
辽宁	7	7	7	8	8	9	9	9	8	9	10	10	9	9
吉林	8	10	12	13	12	12	10	12	11	11	17	16	16	14
黑龙江	10	11	9	9	9	8	8	12	13	14	13	13	13	15
上海	1	1	1	1	1	1	1	1	1	1	1	1	1	1

地区	1990	1991	1992	1993	1994	1995	1996	1997	1998	1999	2000	2001	2002	2003
江苏	6	6	6	6	6	5	5	5	6	5	6	5	5	5
浙江	3	3	3	3	3	3	3	2	3	3	3	3	3	3
安徽	26	30	27	21	19	18	18	18	20	20	19	18	19	22
福建	9	8	8	7	7	7	7	7	7	7	7	7	7	7
江西	15	15	14	15	13	13	13	13	15	14	15	14	15	16
山东	13	9	13	11	10	10	11	10	9	8	8	8	8	8
河南	28	25	26	24	23	19	20	21	19	19	18	17	17	19
湖北	14	19	18	18	14	15	14	14	12	11	11	11	11	12
湖南	16	16	16	16	15	17	15	15	15	12	12	14	13
广东	5	5	5	4	4	4	4	4	4	4	4	6	6	6
广西	18	17	17	12	17	16	17	17	18	22	23	23	23	24
海南	11	12	10	10	11	14	16	16	16	16	13	15	12	11
重庆	—	—	—	—	—	—	—	23	24	24	22	21	21	21
四川	24	20	21	23	22	23	22	22	22	21	21	19	20	20
贵州	29	28	22	29	29	25	26	28	30	30	30	30	30	31
云南	25	22	23	25	28	27	27	26	29	28	27	27	27	27
西藏	17	13	11	14	18	22	24	30	31	31	31	31	31	28
陕西	27	26	28	27	27	29	29	29	27	28	29	28	29
甘肃	30	29	30	30	30	30	30	31	28	30	29	28	29	30
青海	23	24	24	26	25	26	28	27	26	26	26	26	26	26
宁夏	22	21	25	28	26	28	23	24	27	23	24	24	24	25
新疆	12	14	15	20	21	24	25	25	25	25	25	25	25	23

资料来源：中经网数据中心统计数据库(http://cedb.cei.gov.cn/yinan.htm)。

进一步考察各省市区城乡居民全年可支配收入的分组状况,可以发现相同的地区间差距状况。以 2003 年城乡居民平均每人全年可支配收入为例。表 2-5 是 2003 年各省市区城镇居民人均年可支配收入分组情况,从左至右按照收入从高到低的顺序排列。虽与各地区人均 GDP 排序有所差异,但仍基本表现出金字塔式的格局。位于塔尖的除三个直辖市外,就是浙江和广东两个沿海省份,居中的省份也很少,除重庆和西藏外,均为东部沿海省份,且西藏和新直辖市重庆情况特殊。位于塔基的省区数目较多,包括除西藏和重庆之外的所有中西部省份和东部的海南省。表 2-6 是各省市区农村居民家庭平均年纯收入分组情况,由比较可见:(1)城乡之间在收入上存在巨大的差距,这在两表的级距划分中表现明显,表中城镇居民人均年可支配收入最低级距(8 000元)也远远高于农村居民人均年纯收入的最高级距(5 000元)。(2)各地区之间农村居民年纯收入差距较各地城镇居民人均收入差距更大。最高的上海市(平均6 653.9元),是最低的贵州(1 564.7元)的 4.253 倍;(3)各地区农村居民人均年纯收入分组也表现出明显的金字塔格局,同样是少数东部省市位于塔尖,人均在5 000元以上的省市只有上海、北京和浙江。中间过渡省份较少,居中的收入在3 000-5 000元之间的仅有天津、江苏、广东和福建、山东5省市。中西部地区尤其是西部地区省区构成庞大的塔基。表 2-5 与表 2-6 反映出与城市居民相比,我国农村地区居民的普遍低收入或较低收入状态和巨大的地区收入差距。

表 2-5 各省市区城镇居民人均年可支配收入分组

>10 000元	上海、北京、浙江、广东、天津
9 000-10 000元	福建、江苏
8 000-9 000元	西藏、山东、重庆

<8 000元	广西、湖南、云南、湖北、海南、辽宁、新疆、河北、四川、内蒙古、吉林、山西、河南、江西、陕西、青海、安徽、黑龙江、甘肃、宁夏、贵州

资料来源：根据中经网数据中心"城镇居民家庭平均全年可支配收入表"整理得出。

表2-6 各省市区农村居民人均年纯收入分组

>5 000元	上海、北京、浙江
4 000-5 000元	天津、江苏、广东
3 000-4 000元	福建、山东
<3 000元	辽宁、河北、海南、湖北、湖南、吉林、黑龙江、江西、山西、内蒙古、河南、四川、重庆、安徽、新疆、广西、宁夏、青海、云南、西藏、陕西、甘肃、贵州

资料来源：根据中经网数据中心"农村居民家庭平均每人全年纯收入表"整理得出。

2.1.2 以基尼系数与变异系数衡量的区域经济差距

表2-7是1978年后人均GDP基尼系数和加权变异系数情况。

表2-7 1978-2003年中国人均GDP基尼系数和加权变异系数

年份	基尼系数	加权变异系数	年份	基尼系数	加权变异系数	年份	基尼系数	加权变异系数
1978	0.249	0.767 3	1987	0.227	0.520 4	1996	0.247	0.531 5
1979	0.234	0.698 2	1988	0.228	0.509 2	1997	0.249	0.559 2
1980	0.236	0.693 7	1989	0.226	0.496 9	1998	0.252	0.592 9
1981	0.226	0.652 1	1990	0.216	0.466 7	1999	0.256	0.624 1
1982	0.22	0.613 5	1991	0.229	0.499 9	2000	0.245	0.677 3
1983	0.217	0.587 7	1992	0.242	0.552 2	2001	0.263	0.686 2
1984	0.22	0.563 5	1993	0.251	0.515 5	2002	0.267	0.721 8
1985	0.223	0.557 4	1994	0.254	0.514 2	2003	0.271	0.747 1
1986	0.226	0.542 1	1995	0.253	0.524			

资料来源：①基尼系数转引自陈秀山、徐瑛，"我国地区差距的基本特征与完善转移支付制度"，《经济学动态》，2004年第11期。
②全国加权变异系数1978—1992年数据来源于魏后凯等著《中国地区发展——经济增长、制度变迁与地区差异》，第59—66页，1992—2003年数据来源张可云、李文静的计算。

图2-1与图2-2是根据历年的基尼系数和加权变异系数变动绘制成的折线图。

如表2-7和图2-1、图2-2所显示的，基尼系数和加权变异系数的基本变动轨迹大致相同：基尼系数与加权变异系数的变动过程均表现为先下降后上升的两个阶段。基尼系数显示：1978年开始，基尼系数出现了明显下降，并且在1992年之前都维持在一个比较低的水平；从1992年开始，基尼系数又开始上升，中间略有小幅波动，但是这个阶段的基尼系数一直维持比较高的水平。特别是2001和2002年的基尼系数都已经超过0.26，分别接近和超过1970年以来历史最高水平（1976年的0.276）。这与理论界许多人的结论相吻合。而加权变异系数的变动过程和基尼系数的阶段划分基本吻合：1978年为最高水平；1978—1990年，加权变异系数一直呈下降趋势，到1990年已经降到了很低的水平（0.4667）；1991年至今，明显呈上升趋势。

这两个指标都勾勒出改革开放以来我国区域经济差距相同的变化趋势。即改革开放以来，我国的地区经济差距呈现出先缩小后扩大的总体趋势，在改革开放的70年代末到整个80年代均呈缩小趋势，而进入90年代以后，确切地说，是在1991—1992年之后，区域经济差距呈持续扩大趋势。

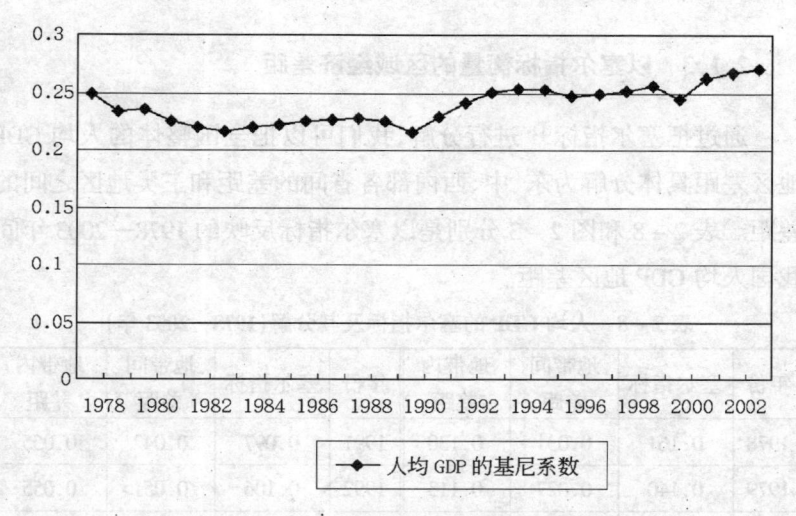

图 2-1 人均 GDP 的基尼系数(1978—2003)

资料来源:同表 2-2。

图 2-2 人均 GDP 的加权变异系数(1978—2003)

资料来源:同表 2-2。

2.1.3 以塞尔指标衡量的区域经济差距

通过把塞尔指标[①]进行分解,我们可以把全国整体的人均 GDP 地区差距具体分解为东、中、西内部各省间的差距和三类地区之间的差距。表 2-8 和图 2-3 分别是以塞尔指标反映的 1978—2003 年间我国人均 GDP 地区差距。

表 2-8 人均 GDP 的塞尔指标及其分解(1978—2003 年)

年份	塞尔指标	地带间差距	地带内差距	年份	塞尔指标	地带间差距	地带内差距
1978	0.161	0.031	0.130	1991	0.097	0.042	0.055
1979	0.140	0.027	0.113	1992	0.106	0.051	0.055
1980	0.140	0.029	0.110	1993	0.112	0.059	0.053
1981	0.126	0.031	0.095	1994	0.113	0.063	0.050
1982	0.115	0.030	0.085	1995	0.111	0.064	0.047
1983	0.109	0.028	0.081	1996	0.107	0.061	0.046
1984	0.106	0.030	0.076	1997	0.110	0.061	0.048
1985	0.104	0.032	0.072	1998	0.113	0.063	0.050
1986	0.102	0.033	0.069	1999	0.115	0.067	0.048

[①] Hu、藤田(1997)曾采用比较简洁的地区划分方法(划分为沿海和内陆地区),通过采用塞尔指标,将总体地区经济差距分解为沿海和内陆地区之间的经济差距和沿海与内陆地区内部各省之间的差距,但将重点放在分析地区内部的省之间经济发展差距对于地区和全国总体经济差距变化的动态影响方面。参见 Hu、藤田:"Regional Disparity in China 1985 - 1994: Effects of Globalization and Economic Liberalization" UNI/ IAS Working Paper No.22。林毅夫(1998)对中国地区差距问题分别按三次产业对人均 GDP 的基尼系数和按地区分东中西内部和三大类地区之间对人均 GDP 差距进行了更加全面的细分化研究,得出的结论是三大地区之间的差距始终居第一位。林毅夫等:"中国经济转型时期的地区差距分析",《经济研究》,1998 年第 6 期。

年份	塞尔指标	地带间差距	地带内差距	年份	塞尔指标	地带间差距	地带内差距
1987	0.098	0.036	0.062	2000	0.105	0.061	0.044
1988	0.096	0.039	0.057	2001	0.119	0.070	0.049
1989	0.093	0.041	0.052	2002	0.122	0.072	0.049
1990	0.087	0.036	0.051	2003	0.125	0.089	0.035

资料来源：转引自陈秀山、徐瑛，"中国区域差距影响因素的实证研究"，《中国社会科学》，2004年第5期。2003年数据由作者计算补充。

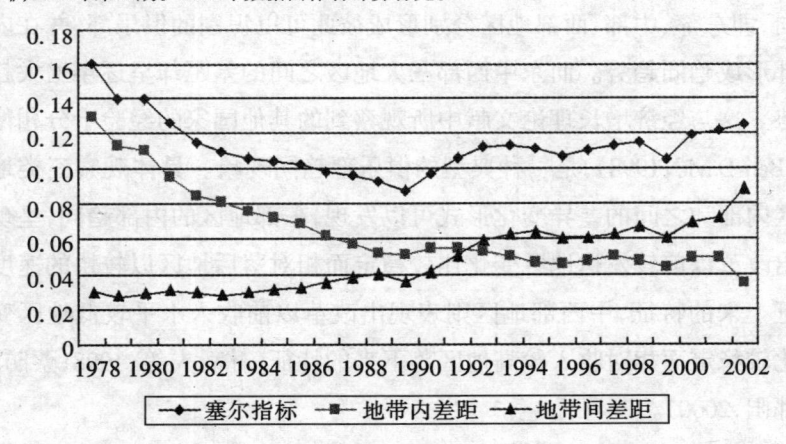

图2-3 人均GDP的塞尔指标及其分解(1978—2003年)

资料来源：同表2-3。

表和图明确显示，(1)在1978—2003年间，以塞尔指标衡量的整体地区差距经历了一个先下降、后上升的过程。从数据结果可以看出，塞尔指标的变动阶段以及变动过程和基尼系数、加权变异系数的变动轨迹比较接近：改革后，区域差距开始逐步缩小，到1991年，降到历史最低水平，但1992年后塞尔指标又开始上升。这说明，改革初期区域差距是明显缩小的，随着改革的推进，区域差距又开始扩大。三大指标所显示的区域差距阶段性变化基本一致。(2)三大类地区内部的差距均明显呈逐年持续下降趋势,从改革之初的 0.130 下降为 2003 年的 0.035。(3)东中西三大类地区之间人均 GDP 差距即地带间差距却呈明显的持续上升趋势,从 1978 年的 0.031 上升到 2003 年的 0.089。从阶段性指标来看,从 1992 年开始,地带间差距对于塞尔指标的贡献超过了地带内差距,开始成为我国区域差距的主要影响力量。

由此可以看出我国区域差距演变格局中的一种俱乐部趋同倾向,即东部、中部、西部地区分别形成彼此可以识别的俱乐部,并在内部形成趋同趋势。而东中西部三大地区之间的差距却呈逐年增大趋势。这与经济增长理论文献中所观察到的其他国家的经验十分相像(Ben-David,1998),是一种典型的俱乐部趋同现象。具体观察三类地区内部和之间的差异变化形式可以发现,东部地区的内部趋同,呈现出改革以前较发达地区变化比较稳定而相对落后地区以较快的速度赶上来的特征,中西部地区则表现出改革以前收入水平较低地区变化较稳定而相对收入较高地区落下来的特征(林毅夫等,1998;蔡昉、都阳,2000)。

总之,以人均 GDP 和人均可支配收入对各地进行分组和排序衡量,地区差距呈现出金字塔模式,这种模式直接反映了我国多数地区普遍落后的状况,不利于社会稳定,潜藏着社会危机。而以基尼系数、加权变异系数衡量的地区差距在改革开放以后均呈现出先缩小(80 年代末期)、后扩大(90 年代初期)的趋势,而塞尔指标分解显示,在中国的整体地区差距中,地带内部差距的贡献份额呈下降趋势,地带间差距的贡献份额则逐年上升,进入 20 世纪 90 年代以后,逐渐取代地带内差距,占据了主要份额,表现出一种俱乐部趋同态势。上述地区差距特征提醒我们,极少数地区的富裕和大多数地区的普遍贫穷,且地区差距呈长期持续扩大,不利于社会和政局稳定,潜藏着社会危机。尽管三大地带内的差距不容忽视,但三大地带间的差距确已成为影响我国区域总差距的最主要因素,已发展到了应该引起我们高度重视和警觉的地步。

2.2 中国区域差距变动趋势描述(二):区域社会发展差距

地区间的社会发展差距构成中国各地区发展差距的重要方面,它既与各地经济发展程度高度相关,同时也表现出不同于地区经济差距的独立特征。

关于中国地区间的社会发展差距,也早已引起国内外学者以及相关国际组织和机构的注意。国内外学者和研究机构从众多方面和角度作了大量实证考察,较有代表性的是胡鞍钢、邹平等人以及世界银行、联合国开发计划署相关团队的研究。[①] 王绍光、胡鞍钢在《中国:不平衡发展的政治经济学》中较早从人类福利角度,选用城市化、可支配收入、消费、获得信息条件、贫困、教育、技术能力、健康等项目指标作了初步分析。随后,胡鞍钢、邹平在《社会与发展——中国社会发展地区差距研究》的课题研究报告中,分别从人口、教育、科技、文化、卫生、环境、基础设施这7个方面的相关指标对中国各地区的社会发展差距进行了实证分析。上述学者的研究在国内目前这一领域中是最为详细完整的,也为国内这一领域的进一步研究奠定了基础。国际上,世界银行对中国的社会指标发展给予了持续的关注,世

---

① 参见胡鞍钢、邹平:《社会与发展——中国社会发展地区差距报告》,浙江人民出版社 2000 年版。黄佩华、迪帕克:《中国:国家发展与地方财政》,中信出版社 2003 年版,第 175 页。

界银行(1990)认为,发展中国家作为一个整体,其过去30年的社会指标已反映出巨大的进步,但是,这种进步在地区间以及在一个国家内部的不同经济集团间的发展并不平衡。其中,中国的成绩是一个例外。在过去的25—30年时间里,中国的生育率、婴儿死亡率大幅度下降,预期寿命不断提高。世界银行认为中国的这些成果并不是由某一单一因素促成的。中国的成绩告诉我们一个重要的、具有普遍意义的道理:只要确定广泛和持久的政治方面的承诺,并且一贯将重点置于预防措施和基本的医疗设施上,大幅度改善人民体质是可以实现的。① 世界银行黄佩华、迪帕克等人的独立研究认为,依赖于计划经济时期人力开发方面的良好投资所奠定的基础,中国的社会指标令人瞩目。然而,与此同时,家庭、地区收入的不平等也以惊人的速度发展,尽管市场化改革有望消除计划经济陈旧古板的平均主义并拉大收入差距,但令人担忧的是这一显著的发展并没有给中国的社会指标带来相应的改善,特别是中国的医疗状况(黄佩华、迪帕克等,2003)。联合国开发计划署运用人类发展指数进行长期跟踪研究,每年发表的人类发展报告在这一领域影响越来越大,日益受到国际社会和各国所重视。鉴于社会发展指标所涉及的浩繁的统计和本书的篇幅限制以及本书的中心论题要求,本人将主要以UNDP公布的人类发展指数来描述中国的地区社会发展差距情况。

2.2.1 以人类发展指数(HDI)衡量的区域社会发展差距

建国以来,中国在社会发展指标的主要方面取得了惊人的成就,为世人所瞩目。这些成就可以用一连串的人文社会发展数据的变

---

① 参见世界银行:《1990年世界发展报告》,牛津大学出版社1990年版,第74页。

化,比如婴儿死亡率的降低、平均寿命的延长、文盲率的下降、儿童入学率的上升、公共卫生条件的改善、广播电视电话覆盖率的大幅提升等等和社会公众的亲身体验予以证明,联合国开发计划署也运用人类发展指数(HDI)给予了长期跟踪研究。从20世纪90年代起,该署每年发表《人类发展报告》,并根据世界170多个国家和地区的收入、教育、人均寿命和卫生保健状况确定人类发展指数排名。据联合国开发计划署最新公布的2004年联合国开发民生发展报告显示(如表2-9所示),中国的HDI指数为0.745,世界排名第94位,远高于同为发展中大国的印度(第127位),属于世界中等人类发展水平(2004

表2-9 部分国家(地区)HDI与人均GDP排名情况

HDI排名	国家或地区	HDI指数	人均GDP(美元)	人均GDP(或PPP)的世界排名与HDI指数世界排名之差
1	挪威	0.956	36 600	1
2	瑞典	0.946	26 050	19
3	澳大利亚	0.946	28 260	4
4	加拿大	0.943	29 480	5
8	美国	0.939	35 750	-4
9	日本	0.938	26 940	6
23	中国香港	0.903	26 910	-6
25	新加坡	0.902	24 040	-3
94	中国	0.745	4 580	5
127	印度	0.595	2 670	-10

资料来源:2004年联合国开发民生发展报告,http://finance.tom.com/1001/1002/200484-80371.html。

年世界平均人类发展指数为 0.729),较中国的人均 GDP(或 PPP)排名要前 5 个位次。较中国 2003 年 HDI 指数(0.721)的排名(104 位)上升 10 位。可见,改革开放以来,中国迅速地缩小了同发达国家的经济发展与社会发展差距。

对于中国在人类发展指数方面的成就,联合国开发计划署一方面给予了充分肯定。该署在《2001 年人类发展报告》中指出:"中国是属于中等发展水平。去年在 174 个国家里,中国排名是第 99 位。当然我们除去了 12 个国家,所以这个排名不可相比。但可以从我们得到的可比的数据来看整个发展趋势。从 1975 到 1999 年来看,中国的人类发展指数是在不断地增长,而且增长的幅度挺大。粗略计算了一下,1975 年到 1999 年,中国人类发展指数增长了近百分之四十。可以看到收入的增长也变化很快,尤其是 20 世纪 90 年代以后。从 1975 年到 1990 年,再到 1999 年,收入一共增长了近 5.6 倍。人的平均寿命也令人鼓舞。1975 年到 1990 年平均寿命从 64 岁增长到 70 岁。从教育方面来讲,中国发展也很快。比如说成人识字率,从 1975 年的 58%增长到了 1999 年的 84%。这些都对中国的人类发展指数的水平产生了很大的影响。从这点上来讲,我们觉得受到很大的鼓舞。尤其是从人类发展指数和平均收入水平来看,在这 162 个国家里,中国的收入是排第 94 位,可是人类发展指数本身是排到第 87 位。总体上讲,由于教育、健康方面进步很大,发展也很快,所以总的人类发展指数相对来讲还比较不错。"在该年的人类发展报告中,香港作为一个地区被排在第 24 位。该署公布《2003 年人类发展报告》时说,中国是消灭贫困的世界典范。中国的人类发展指数为 0.721,属于中等人类发展水平,在 175 个国家和地区中名列第 104

位。中国香港特区人类发展指数为 0.889,属于高人类发展水平地区,在 175 个国家和地区中名列第 26 位。报告还特别指出,1990 年至 1999 年,中国的贫困人口由 33% 下降到 18%,1.5 亿人摆脱贫困,取得了人类在消灭贫困方面最大的成就。

但另一方面该署也指出,中国各地区人类发展指数在世界上的排位差距十分显著。用人类发展指数来衡量,中国最富和最穷省份之间的差距几乎相当于西方发达工业国与最贫穷国家之间的差距。因此,中国不仅存在地区经济发展差距,地区社会发展差距同样存在,值得我们关注。

该署发表的《1994 年人类发展报告》(UNDP,1994)就指出,中国是世界上社会发展地区差距比较悬殊的四个国家之一(其他三个国家是巴西、尼日利亚和埃及),建议中国政府对此问题应予以关注和谨慎处理。《1996 年人类发展报告》(UNDP,1996)曾列出世界上人类发展指数地区差距较大的国家,中国排在巴西之后,居全球第二位。《1997 年人类发展报告》再次指出,在发展中国家中有三个国家——巴西、中国和印度——显示了人类贫困指标(Human Poverty Index,HPI)地区差别十分明显。中国西部地区 HPI 指标达到 44%,贵州为 55%,在 78 个发展中国家排倒数第 5 位,沿海地区为 18%,北京不到 10%,在 78 个发展中国家排第 5 位。[1]

1997 年中国的人类发展指数在世界上 174 个国家和地区的排位为第 98 位,其中上海和北京分别位居世界第 25 位和 27 位,而西藏、

---

[1] 转引自胡鞍钢、邹平:《社会与发展——中国社会发展地区差距报告》,浙江人民出版社 2000 年版,第 34—35 页。

青海分别为第 147 位和第 135 位。北京、上海和香港的 HDI 已经远远超过了 0.8，进入高水平行列，而西藏的 0.452 和青海的 0.528，分别位居低水平和中等水平行列，其差距完全类似于世界最穷与最富国家间的差距。具体数据见表 2-10。

表 2-10　中国人类发展指数(HDI)的地区差距(1997 年)

	HDI	世界排名	人均平均预期寿命(岁,1990 年)	成人识字率(%)	总入学率(%)	调整后真实人均 GDP(1990 年美元)
全国	0.701	98	69.80	82.90	69.0	3 130
上海	0.877	25	74.90	89.80	67.4	14 471
北京	0.867	27	72.86	92.36	67.4	9 404
青海	0.528	135	60.57	56.38	50.6	2 285
西藏	0.452	147	59.64	45.94	38.5	2 794
香港	0.880	24	78.50	92.40	65.0	24 350

注：人均 GDP 总值根据购买力平价公式计算并调整后，以 1990 年美元标明；在世界排名是指在 174 个国家和地区中的排名。

资料来源：UNDP,《1999 年中国人类发展报告》，中国财政经济出版社 1999 年版，第 56 页。

该署 2002 年对中国大陆 31 个省、区、直辖市的人类发展指数和环境指标作的量化排名显示(见表 2-11)，在我国 31 个省、区和直辖市中，上海市的人类发展指数排名第一，为 0.8528；预期寿命指数为 0.8412，男性预期寿命 73.46 岁，女性 77.48 岁，平均寿命 75.47 岁；教育指数为 0.8837；收入指数为 0.8336。而位于前十名的其他省市依次是北京、天津、广东、辽宁、浙江、江苏、福建、黑龙江和山东。除黑龙江外，均属东部地区。

表 2-11 中国各省市人类发展指数(HDI)及其构成(1999年)

HDI 排名	省市区	HDI	预期寿命	教育指数	收入指数
1	上海	0.852 8	0.841 2	0.883 7	0.833 6
2	北京	0.845 3	0.856 8	0.918 8	0.760 2
3	天津	0.800 8	0.813 3	0.865 1	0.724 0
4	广东	0.770 8	0.819 4	0.820 5	0.672 4
5	辽宁	0.763 5	0.787 8	0.855 5	0.647 2
6	浙江	0.758 4	0.813 2	0.785 5	0.676 7
7	江苏	0.750 0	0.806 6	0.786 8	0.656 5
8	福建	0.732 6	0.779 0	0.760 0	0.658 6
9	黑龙江	0.731 8	0.766 0	0.828 1	0.601 3
10	山东	0.723 9	0.809 3	0.740 3	0.622 0
11	河北	0.722 9	0.781 5	0.802 6	0.584 6
12	吉林	0.720 4	0.741 4	0.850 0	0.569 7
13	海南	0.710 5	0.789 1	0.771 6	0.570 9
14	山西	0.710 1	0.788 3	0.821 3	0.520 7
15	新疆	0.706 8	0.734 9	0.812 4	0.573 1
16	湖北	0.697 3	0.727 8	0.789 9	0.574 2
17	河南	0.685 6	0.767 2	0.763 0	0.526 5
18	重庆	0.683 8	0.731 6	0.795 7	0.524 2
19	湖南	0.682 9	0.703 8	0.811 3	0.533 6
20	陕西	0.680 2	0.759 9	0.783 8	0.497 0
21	广西	0.679 9	0.754 0	0.786 8	0.498 9
22	内蒙古	0.679 0	0.724 8	0.770 9	0.541 4

HDI 排名	省市区	HDI	预期寿命	教育指数	收入指数
23	安徽	0.674 7	0.767 3	0.736 8	0.520 0
24	江西	0.673 0	0.709 6	0.791 1	0.518 4
25	四川	0.671 1	0.731 6	0.771 0	0.510 7
26	宁夏	0.659 6	0.754 9	0.712 3	0.511 5
27	云南	0.632 3	0.675 3	0.710 8	0.510 7
28	甘肃	0.632 2	0.709 6	0.708 8	0.478 4
29	青海	0.624 9	0.692 6	0.663 7	0.518 4
30	贵州	0.602 0	0.687 2	0.706 2	0.412 8
31	西藏	0.521 2	0.642 1	0.418 1	0.503 4

资料来源：转引自《2002年中国人类发展报告》，第109页，附录表A.1。

这一排名与1997年UNDP的排名(为1995年各省市人类发展指数)相比，前十位和后十位的位次变化很小。1995年前十位分别是上海、北京、天津、广东、浙江、江苏、辽宁、福建、山东、黑龙江，变化的只是辽宁的位次上升2个；最后十位(31—21)依次是西藏、贵州、青海、甘肃、云南、陕西、宁夏、江西、内蒙古、四川，变化最大的是陕西，由1995年的25位上升到1999年的第20位，另外，1995年的排名没有重庆市的独立资料。但总体上来说，HDI 排名在前的均为东部省份，排名在后的为西部和少数中部省份，三大地带的各省差距悬殊。

2.2.2 以健康风险指数(HRI)衡量的区域社会发展差距

联合国开发计划署一直用HDI监测世界发展的进程。但HDI以预期寿命、教育水平和收入三个指数为基础，并不直接包括健康和环境因素，因此有人建议应该建立另一种指数。2002年，UNDP首次在《中国人类发展报告》中使用了中国各省市区健康风险指数（HRI）[①]。它以空气污染、水污染、营养状况和卫生服务可及性等四项内容为基础，这一指标在某种程度上是对HDI指标的弥补。该署对中国的实证研究发现，HDI与HRI呈相反关系，前者下降时，后者则上升，但比例并非1:1，而是1:2。进一步观察究竟是哪些因素影响指数变化，就HDI而言，收入水平的影响最大，其对指数的影响远远超过教育水平和预期寿命。就HRI而言，水污染和营养状况对指数的影响最大，其次是卫生服务可及性，最后是空气污染。而且观察显示，环境质量、营养状况以及健康水平的改善，与收入的增长成正相关关系。表2-12是2002年UNDP公布的中国各省市区的健康风险指数，它从另一个侧面反映了中国各地的社会发展差距。

表2-12 各省市区健康风险指数（HRI）概览

省市区	空气污染	水污染	营养不良	卫生保健服务可及性	HRI
上海	0.61	0.03	0.00	0.12	0.19
北京	0.69	0.15	0.03	0.06	0.23
江苏	0.23	0.17	0.10	0.47	0.24
新疆	0.30	0.15	0.21	0.39	0.26
天津	0.74	0.07	0.04	0.22	0.27
辽宁	0.43	0.23	0.13	0.27	0.27
河北	0.23	0.07	0.28	0.50	0.27
广东	0.25	0.15	0.16	0.50	0.27

---

① 其指数的计算方法见UNDP：《2002年中国人类发展报告》，经济出版社2002年版，第148—149页。

省市区	指　　数				
	空气污染	水污染	营养不良	卫生保健服务可及性	HRI
福建	0.20	0.19	0.20	0.47	0.27
内蒙古	0.32	0.18	0.19	0.43	0.28
湖南	0.35	0.12	0.20	0.53	0.28
海南	0.00	0.20	0.36	0.56	0.28
山东	0.33	0.21	0.13	0.50	0.29
吉林	0.34	0.11	0.36	0.36	0.29
湖北	0.31	0.17	0.19	0.52	0.30
黑龙江	0.44	0.29	0.09	0.38	0.30
安徽	0.18	0.26	0.20	0.54	0.30
四川	0.23	0.21	0.20	0.60	0.31
山西	0.26	0.30	0.24	0.53	0.33
青海	0.51	0.00	0.45	0.37	0.33
江西	0.20	0.20	0.40	0.50	0.33
陕西	0.36	0.26	0.31	0.43	0.34
广西	0.15	0.36	0.38	0.43	0.35
浙江	0.25	0.35	0.11	0.76	0.37
云南	0.17	0.41	0.63	0.46	0.42
甘肃	0.35	0.36	0.44	0.52	0.42
河南	0.21	0.67	0.48	0.51	0.47
贵州	0.52	0.36	0.48	0.72	0.52
宁夏	0.39	0.37	1.00	0.46	0.56
西藏	0.58	1.00	0.49	0.91	0.75

资料来源:《2002年中国人类发展报告》,经济出版社2002年版,第152页。

从表中可见,与 HDI 指标反映的地区差距类似,总体上东部各省市的排名靠前,西部地区省区排名靠后,呈东、中、西的排列格局。但也有一些特例值得注意,在排名前十位中,包括西部的新疆和内蒙古,分别位居第 4 和 10 位,而东部的浙江居 24 位,即倒数第 7 位。

2.2.3 以主要经济社会综合指数衡量的区域社会发展差距

联合国开发计划署也发表了他们对中国不同地区社会发展差距的研究成果。见表 2-13。

表 2-13 不同地区主要社会和经济发展指数(差异系数)[a]

指数	1978	1980	1982	1985	1990	1995
经济指数						
人均 GDP(元)[b]	99.3	96.8	93.8	88.2	83.6	88.9
人均 GDI(元)[b]	74.7	88.8	94.4	122.7	112.3	121.5
个人收入,农村(元)[c]					33	55
个人收入,城镇(元)[c]					37	46
人口指数						
出生率(‰)	23.5	23.3	16.3	22.5	20.3	29.1
死亡率(‰)	14.9	14.8	17	20.4	11.4	13.3
人口自然增长率(‰)	33.4	34.9	22.4	31.1	28	46.3
总生育率(‰)			31.3		26.8	
教育指数						
适龄儿童入学率(%)	3.7	5.4	7.9	11	6.8	7.2
小学毕业生升学率(%)	9.9	15.9	21.1	20.2	14.9	8.9
初中毕业生升学率(%)	32.7	32.9	34.6	30.9	40.6	33.9
卫生指数						

指数	1978	1980	1982	1985	1990	1995
每千人拥有的医生数	51.1	52.5	52.2	52.8	49.3	47.3
每千人拥有的病床数	36.9	31.7	37.9	32.9	36.9	38.6
法定传染病报告发病率(%)		65			36.8	36.4
科技指数						
每千人中从事科技人员数				84	77	54.6
每千人职工中从事科技人员数				20.9	19	17.1
每千人中专利批准数				164.5	154.7	149.9
文化指数						
人均报纸印数			65.8		61.7	62.1
人均图书印数			76.5		100.7	106.1
广播覆盖率(%)			39.4		24.3	15.2
电视覆盖率(%)			44.9		16	11
环境指数						
每亿元 GDP 工业废物产生量(万吨/亿元)[b]				66.8	59	63.1
每亿元 GDP 废水排放量(万吨/亿元)[b]				37.4	36.6	32.5
基础设施指数						
人均发电量(千瓦小时/人)	105.8	92.8	89.5	82.8	67.8	55.9
每百万人口公路里程	120.4	144.1	141.8	132.3	124.2	114.3
每百万人口铁路里程	74	81.6	76.3	104.6	107.6	110.1
电话普及率(%)	83.7	80.9	81.6	87.7	96.1	89.7
人均邮电业务总量(元)[b]	140.6	135.3	113.7	122.5	130.6	110.3
人类发展指数						

指数	1978	1980	1982	1985	1990	1995
人口平均文化程度(年)			24.3		20.6	19.7
成人识字率(%)			9.5		9.2	8.3
成人预期寿命(年)			5.1		5.2	
人类发展指数			9		10.2	

注:(a)差异系数(cv)是相对于中间值的离中趋势值,等于中间值除以标准偏差值。这里,结果被乘以100,以中间值百分比表现。如中间值和标准偏差值都增加,cv不变。(b)根据各地区1978年不变价格计算。(c)1990年的数字实际上是1988年的。

资料来源:转引自 UNDP,《1999年中国人类发展报告》,中国财政经济出版社1999年版,第57页,表4.5。

根据他们研究得出的结论,改革开放以来,中国的社会发展地区差距变化相当复杂。但仔细分析,我们可以发现一些对政府政策制定有益的规律。

首先,数据显示,主要社会发展指数的地区差距一般都低于人均国内生产总值的差距,即各省在人类发展水平方面的不平等程度低于在生产领域内的不平等程度。最突出的表现是人口、教育指数的地区差异比人均GDP地区差异小得多,健康、文化、基础设施和环境指数差异也小于人均GDP总值指数的差异。其次,法定传染病报告发病率和人均发电量指标,在各省之间的分布要平衡得多。这提示我们,解决地区社会发展差距或许可以保持相对独立性,缩小地区间社会发展差距可以先于缩小地区经济发展差距。但同时也要看到,另外一些指数,如出生率、人口自然增长率、学龄儿童入学率、人均图书、报纸印数和每千人专利批准数的地区差别则明显增加。基础设施指数和以每千人从事科技人员数表示的科技指数、以每千人拥有医生数表示的卫生指数地区差异则较为明显。

国内外学者的分类研究结果则可以更深入细致地对此作出解

释。胡鞍钢等分六大类31个指标作了详尽统计分析，进一步表明：中国改革开放以来，在六大类31个主要社会发展指标中，相对差异系数呈下降趋势的有19个，占61.3%；呈上升趋势的指标有9个，占29.0%；变化不大的有3个，占9.7%。[1]

  黄佩华等针对中国的教育、卫生等作了专门独立调研。[2] 他们认为进入20世纪90年代后，特别是过去10年来对教育部门的批评在增加，主要集中在两个相关的问题。一是贫困地区不能为学龄儿童提供足够的教育机会，而且国家九年义务教育的目标还远远没有实现；二是各地区教育质量的差距十分大，而且越来越大。造成这些问题的根源就在于在基础教育筹资地方化之后，在地方政府自身财政收入匮乏的情况下，没有中央政府足够的均等化转移支付相配套。由于县、乡镇政府之间的职责缺乏明确的划分，在财政收入匮乏的情况下尤其对农村基础教育产生严重的影响。这从1996年制定的"九五计划和2010年教育发展规划"对1986年《义务教育法》提出的2000年全面实现"普九"义务教育目标的被迫调整可以看出。1996年的"九五计划和2010年教育发展规划"规定到2000年要实现以下目标：按省级政府制定的实施义务教育标准，在占85%的人口地区普及九年义务教育，在其余10%的人口地区普及5—6年小学教育，5%的人口地区普及3—4年初级小学教育。但这一调整后的目标，要在比较贫困和偏远的山区实现还有很大的挑战。到2000年底，在约500个县（超过1亿人口）还没有实现普九。教育部在1999年进

---

  [1] 参见胡鞍钢、邹平：《社会与发展——中国社会发展地区差距报告》，浙江人民出版社2000年版。
  [2] 黄佩华、迪帕克：《中国：国家发展与地方财政》，中信出版社2003年版，第153—196页。

行的调查估计,另外还有600个县需要更多的资金巩固其普九成果(黄佩华、迪帕克,2003)。至于中国的医疗卫生,他们认为,由于建国后国家高度重视人民群众的健康问题,在计划经济体制下建立了三级医疗卫生保健网,发挥了积极的作用,因此,卫生事业的地区差距,小于人均GDP地区差距,也小于其他一些社会发展指标(UNDP, 1999),卫生部门在与本国相对应的发展水平上成功地达到了很好的健康指标。但是,市场化改革以来,经济的高速增长并没有给中国的社会指标带来相应的改善,其中特别是中国的医疗状况。从总体医疗质量看,他们援引《世界卫生报告》(2000)的排序,当年中国在191个国家中列第61位,但在财务分配公平性方面中国仅列188位,医疗体系总体绩效方面列144位。后两项排名中国位于大多数非洲国家之前,落后于其他的发展中大国,如印度、孟加拉国和印度尼西亚。

综上所述,与进入20世纪90年代后各地区经济发展差距呈持续扩大趋势相比较,同期大部分社会发展指标相对差距却有不同程度的缩小,从全国总体或人均水平看,我国主要社会事业发展已达到世界中等水平,少数沿海地区已达到世界较高水平。尤其可喜的是,人口、教育、卫生、文化等指标的相对差异系数都大大低于同期人均GDP的相对差异系数,这反映了我国居民在享有公共服务方面的地区差异性小于各地的经济发展差距。但同时要看到,改革开放以后的社会发展成就有某种程度上的"吃老本",而随着市场化改革的不断深入和受分权化财政体制的直接影响,贫困地区的重要公共服务如基础教育和医疗卫生,已经开始出现严重供给不足。尽管目前没有出现迫在眉睫的"医疗危机"或"教育危机",但如果要遏制对中国已经取得的人力开发方面的显著成绩的侵蚀,就需要政府采取适当的对策,以缩小贫困地区由于收入支出不匹配和均等化补助不足导致的财政资金缺口。所以,这种地区社会发展差距小于经济发展差距但蕴含危机的格局决定了我国在缩小地区发展差距的过程中,可以通过政府作用,先缩小社会发展差距,然后缩小经济发展差距。实现前一个目标,既具有可行性,又能为实现后一个目标创造必要的条件。因此,从政府政策意义来讲,政府可以考虑把缩小地区社会发展差距和公共服务能力差距作为中央政府今后长期发展政策的重点之一,这既能促进中西部地区的经济发展,又能促进这些地区的社会进步。1998年以来积极财政政策中发行公债向西部基础设施建设的连续大规模倾斜,2000年开始实施的西部大开发战略,对于缩小地区间的社会发展差距,特别是在基础设施、公共卫生应急机制以及社会保障体系的建立等方面将产生较为深远的影响。

2.3 中国区域差距变动趋势描述(三):各地政府财力差距

各地政府的财政能力差距既是各地区经济差距的集中表现,同时又直接影响区域的社会发展状况。一个地区政府财政能力的衡量是一个较为复杂的问题,经济学既可以从结果角度,也可以从机会角度理解。从国际经验来看,有的国家如加拿大对各州财政能力的衡量主要考虑的是各州的财政收入能力,而澳大利亚则既考虑各州收入能力也包括以客观标准衡量的地方政府的支出需求。[①] 当然,同时考虑各地政府的收入和支出能力比简单地以收入能力衡量更为全

---

① 参见马骏:《论转移支付论——政府间财政转移支付的国际经验及对中国的借鉴意义》,中国财政经济出版社1998年版,第19—28页。

面,鉴于本书第 2 章主要是对改革开放以来中国区域差距变动轨迹包括政府财力变动的客观描述,因此,在此采用衡量结果的指标,分别从各地人均财政收支、预算外收支及包括预算内外的总收支三个方面考察各地政府的财力差距。

2.3.1 各地人均财政收支差距

对于财政包干体制下(1988—1993 年)的各地人均财政收支差距,学术界已经有学者作了分析考察。刘溶沧、焦国华的结论是,在财政包干体制下,我国各地区人均财政收支差距均有所缩小,并且人均财政支出差距较人均财政收入差距缩小幅度更大。[①] 表 2-14 和图 2-4 是分税制财政体制实施以来,各地区人均财政收支差距状况的相关测算指标数据和折线图。各地人均财政收支为地方本级财政收支。

表 2-14 各地区人均财政收入支出差距(1995—2003 年)

指标	1995	1996	1997	1998	1999	2000	2001	2002	2003
各地区人均财政收入最大值(元)	1 551.7	1 976.6	2 281.9	2 600.4	2 849.1	2 899.5	3 776.2	4 777.2	5 179.6
各地区人均财政收入最小值(元)	110.61	139.13	154.97	178.63	200.17	239.21	262.57	282.2	321.85
各地区人均财政收入均值(元)	312.75	388.52	431.22	501.03	557.93	605.94	750.74	966.09	942.25
各地区人均财政收入标准差(元)	298.26	381.04	441.76	516.25	589.59	621.03	829.35	1 190.3	1 091.5

---

① 参见刘溶沧、焦国华:"地区间财政能力差异与转移支付制度创新",《财贸经济》,2002 年第 6 期。

指标	1995	1996	1997	1998	1999	2000	2001	2002	2003
各地区人均财政收入变异系数(%)	95.37	98.07	102.44	103.04	105.67	102.49	110.47	123.21	115.84
各地区人均财政收入最大值/最小值(倍)	14.03	14.21	14.72	14.56	14.23	12.12	14.38	16.93	16.09
各地区人均财政支出最大值(元)	1 837.5	2 348	2 805.9	3 210.7	3 619.7	3 635.4	4 387.5	5 307	6 361.4
各地区人均财政支出最小值(元)	225.97	278.34	307.66	347.42	409.41	481.34	532.27	654.51	741.28
各地区人均财政支出值(元)	506.02	602.05	669.55	777.66	904.94	1 017	1 296.7	1 502.4	1 671.6
各地区人均财政支出标准差(元)	346.65	434.19	522.72	600.63	699.7	722.38	899.64	1 043.4	1 232.1
各地区人均财政支出变异系数(%)	68.51	72.12	78.07	77.24	77.32	71.03	69.38	69.45	73.71
各地区人均财政支出最大值/最小值(倍)	8.13	8.44	9.12	9.24	8.84	7.55	8.24	8.11	8.58
各地区人均财政收支样本个数(个)	29	29	30	30	30	30	30	30	30

注:①根据中经网数据中心整理的《中国统计年鉴》(1995—2003)、《新中国五十年统计资料汇编》、分省统计年鉴各年份数据整理计算。
②本表收支为自然口径的地方本级收支决算数。
③1997年以前的四川省含重庆市,1997年以后设立重庆直辖市,撤原重庆市,四川省不含重庆市;因西藏省情况特殊,在测算中剔除。

④相关计算公式:标准差 $S = \sqrt{\dfrac{\sum_{i=1}^{n}(x_i - \bar{x})^2}{n-1}}$;变异系数 = 样本标准差/样本平均数。以下相同。

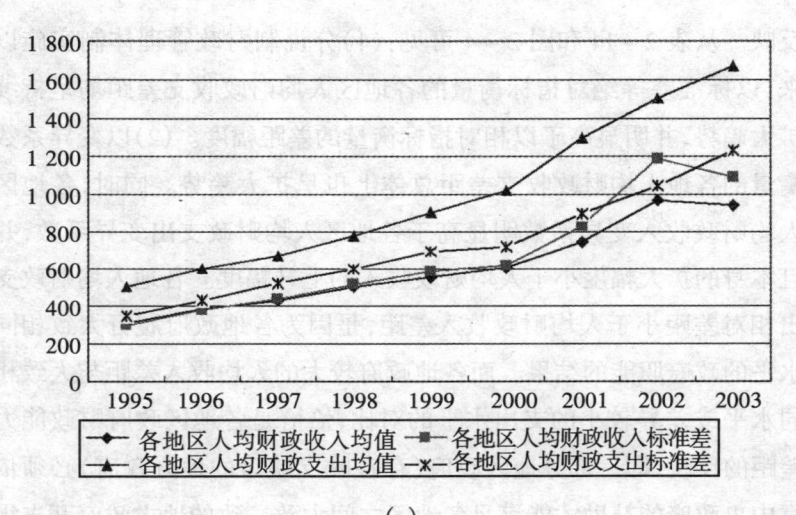

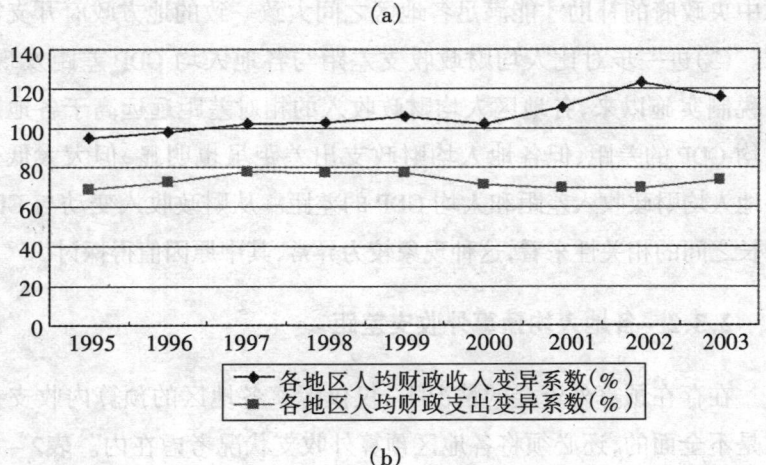

图 2-4 各地区人均财政收入支出差距

财政收支指标及其对比能够真实地反映地区间的财政能力差异。各地区的财政收入直接反映了各地区政府组织收入的能力,也折射出各地区不同程度的经济发展水平。财政支出指标则大致反映了各地实际可支配的预算内财政资源,也是各地区政府职能履行的反映。从表2-14和图2-4可见：(1)分税制财政管理体制实施以来，以标准差等绝对指标衡量的各地区人均财政收支差距均呈持续扩大趋势，并明显高于以相对指标衡量的差距幅度。(2)以变异系数衡量的各地人均财政收支差距总体上也呈扩大趋势。同时，各地区人均财政收入变异系数明显高于各地区人均财政支出变异系数，并且本身的扩大幅度小于人均财政收入的上升幅度。各地人均财政支出相对差距小于人均财政收入差距，是因为各地政府履行大致相同水平的政府职能的结果。而各地政府较大的人均收入差距与大致相同水平或差异较小的支出水平的对比，恰恰是各地区政府财政能力差距的反映，即一部分地区政府（存在收支缺口的地方政府）必须依靠中央政府的补助才能满足各地区之间大致一致的地方政府开支需求。(3)进一步对比人均财政收支差距与各地人均GDP差距发现，分税制实施以来，各地区人均财政收入的相对差距远远高于各地区人均GDP的差距，但各地人均财政支出差距虽也明显，但大大低于各地人均财政收入差距和人均GDP的差距。从财政收入变动与GDP增长之间的相关性来看，这种现象较为异常，其中原因值得探讨。

2.3.2 各地人均预算外收支差距

在存在预算外资金的情况下，仅仅考察各地区的预算内收支差距是不全面的，还必须将各地区预算外收支状况考虑在内。表2-15和图2-5是各地区预算外资金相关差距测算指标。

表2-15 各地区人均预算外资金收入支出差距(1995—2002年)

指标	1995	1996	1997	1998	1999	2000	2001	2002
各地区人均预算外资金收入最大值(元)	555.62	884.11	1 116.5	971.83	1 045.5	1 085.5	1 024.7	946.24

指标	1995	1996	1997	1998	1999	2000	2001	2002
各地区人均预算外资金收入最小值(元)	69.36	107.93	127.2	95.3	86.15	105.62	110.85	119.08
各地区人均预算外资金收入均值(元)	198.56	268.7	325.11	263.83	284.14	311.16	335.2	334.9
各地区人均预算外资金收入标准差(元)	118.79	170.45	203.86	202.76	223.11	228.62	222.33	232.18
各地区人均预算外资金收入变异系数(%)	59.83	63.44	62.7	76.85	78.52	73.47	66.33	69.33
各地区人均预算外资金收入最大值/最小值(倍)	8.01	8.19	8.78	10.2	12.14	10.28	9.24	7.95
各地区人均预算外资金支出最大值(元)	514.35	763.07	880.56	892.22	952.1	911.72	1 039.3	920.03
各地区人均预算外资金支出最小值(元)	58.38	100.98	119.97	85.49	84.66	86.58	97.84	106.2
各地区人均预算外资金支出均值(元)	186.94	254.1	304.93	250	267.44	283.46	300.31	298.83
各地区人均预算外资金支出标准差(元)	110.69	148.18	172.86	191.39	205.63	193.67	193.94	199.25
各地区人均预算外资金支出变异系数(%)	59.21	58.32	56.69	76.56	76.89	68.32	64.58	66.68
各地区人均预算外资金支出最大值/最小值(倍)	8.81	7.56	7.34	10.44	11.25	10.53	10.62	8.66

指标	1995	1996	1997	1998	1999	2000	2001	2002
各地区人均预算外资金收支样本个数(个)	29	29	30	30	30	30	30	30

注：①根据《中国财政年鉴》(1995—2003)各年份数据整理计算。
②1997年以前的四川省含重庆市，1997年以后设立重庆直辖市，撤原重庆市，四川省不含重庆市；因西藏省情况特殊，在测算中剔除。

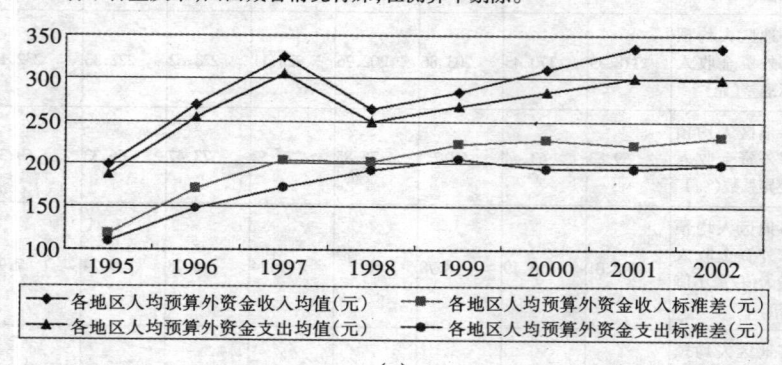

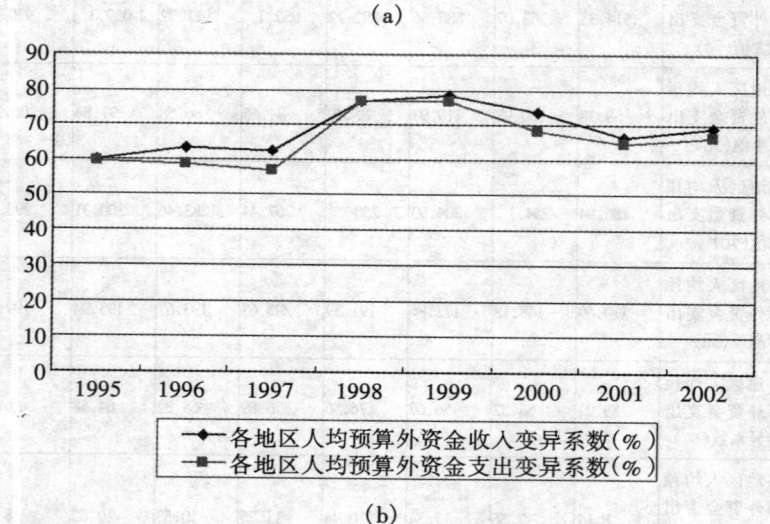

(a)

(b)

图2-5 各地区人均预算外资金收入支出差距

可见:(1)从总体趋势来看,无论是以绝对指标还是以相对指标反映的各地区预算外收入与支出差距均呈明显扩大趋势。(2)与预算内收支单一的上升趋势相比,各地区人均预算外资金收支差距变化在 1997—1999 年间均表现出较大幅度的波动。从预算外收支变异系数变化来看,呈先降后升再趋于下降的变动轨迹,且总体保持上升趋势。究其原因,与 20 世纪 90 年代中期政府对预算外资金收入的控制和清理、归并以及随后积极的财政政策的实施直接相关。[①]

2.3.3 各地人均财政总收支差距

无论预算内还是预算外资金,均属财政性资金,共同构成各地区地方政府支配的总财力。表 2-16 和图 2-6 分别反映了各地区人均财政总收支的差距状况。各地区人均财政总收入(支出) = 各地区预算内收入(支出) + 预算外收入(支出)。

表 2-16 各地区人均财政总收入支出差距(1995-2002 年)

指标	1995	1996	1997	1998	1999	2000	2001	2002
各地区人均财政总收入最大值(元)	2 107.31	2 446.19	2 856.88	3 473.26	3 894.58	3 984.99	4 686.94	5 281.3
各地区人均财政总收入最小值(元)	179.97	247.06	282.17	273.93	286.32	347.41	373.41	401.28

---

① 1996 年 7 月,国务院颁布了《关于加强预算外资金管理的决定》,明确规定预算外资金是国家财政性资金,要求参照预算内资金管理模式,建立预算外资金预决算制度,并进一步确立了财政部门是预算外资金管理的职能部门。而且从长远看,预算外资金管理最终要全部纳入预算内管理。这标志着我国改革开放以后对预算外资金管理取得实质性突破。

指标	1995	1996	1997	1998	1999	2000	2001	2002
各地区人均财政总收入均值(元)	511.31	657.22	756.33	764.86	842.08	917.1	1 085.94	1 300.99
各地区人均财政总收入标准差(元)	406.06	513.98	606.42	703.77	801.73	837.72	1 033.04	1 345.01
各地区人均财政总收入变异系数(%)	79.42	78.21	80.18	92.01	95.21	91.34	95.13	103.38
各地区人均财政总收入最大值/最小值(倍)	11.71	9.9	10.12	12.68	13.6	11.47	12.55	13.16
各地区人均财政总支出最大值(元)	2 351.82	2 770.8	3 323.57	4 058.18	4 571.75	4 456.77	5 082.05	6 022.92
各地区人均财政总支出最小值(元)	301.62	381.08	430.09	455.97	544.81	654.31	732.73	832.32
各地区人均财政总支出均值(元)	692.96	856.14	974.48	1 027.66	1 172.39	1 300.49	1 596.95	1 801.22
各地区人均财政总支出标准差(元)	443.74	542.77	653.74	769.49	884.3	887.71	1 043.63	1 196.3
各地区人均财政总支出变异系数(%)	64.04	63.4	67.09	74.88	75.43	68.26	65.35	66.42
各地区人均财政总支出最大值/最小值(倍)	7.8	7.27	7.73	8.9	8.39	6.81	6.94	7.24
各地区人均财政加总资金收支样本个数(个)	29	29	30	30	30	30	30	30

注：①根据《中国财政年鉴》1995—2003年间各年份数据整理计算。
②1997年以前的四川省含重庆市，1997年以后设立重庆直辖市，撤原重庆市，四川省不含重庆市；因西藏省情况特殊，在测算中剔除。
③各地区人均财政总收入(支出) = 各地区人均本级财政资金收入(支出) + 各地区人均预算外资金收入(支出)。

(a)

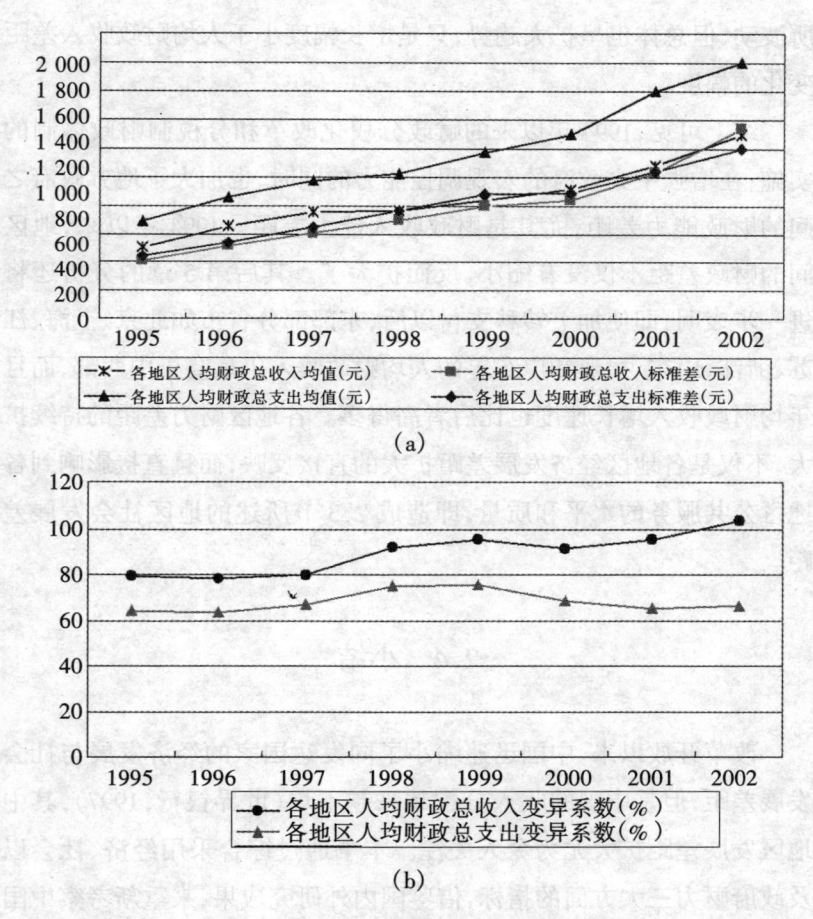

(b)

图 2-6 各地区人均财政总收入支出情况

笔者对 1995 年以来的全国各地区人均财政总收入(支出)差距状况的测算表明:(1)以标准差等绝对指标衡量,无论是人均财政总收入还是总支出,总体上均表现出持续扩大的趋势,存在明显差距。(2)以变异系数衡量的各地区人均财政总收入差距远远高于各地区人均财政总支出的差距。比较而言,各地区人均财政总支出差距有所波动,但总体也呈扩大趋势,只是增长幅度小于人均财政收入差距变化的幅度。

综上可见,1994年以来的财政分权化改革和分税制财政体制的实施,在增强中央政府的宏观调控能力的同时,也加大了地方政府之间的财政能力差距,尤其是财政收入能力差距。1994年以来,地区间的财政差距不仅没有缩小,反而扩大了。其后第5章的分析还将进一步表明,即使加上转移支付以后,东部部分省市如北京、上海、江苏、浙江、山东、福建和广东等的人均财政收入仍远高于中西部,而且年均财政收入增长速度也比后者高得多。各地区财力差距的持续扩大,不仅是各地区经济发展差距扩大的直接反映,而且直接影响到各地区公共服务的水平和质量,即造成2.3节所述的地区社会发展差距。

2.4 小结

改革开放以来,中国迅速缩小了同发达国家的经济发展与社会发展差距,但是中国的收入分配越来越不均(世界银行,1997),其中地区发展差距扩大尤为令人关注。本书通过综合采用经济、社会以及政府财力三大方面的指标,借鉴国内外研究成果,来重新考察中国各地区间的差距,可以得出以下结论:

● 以各省区市人均GDP、分城乡的人均纯收入分组和排序状况考察的各地区差距显现出金字塔式模式,这种金字塔式的区域差距模式已经潜藏了很大的经济社会危机。以人均GDP绝对差距和相对差距衡量中国自改革开放以来的地区经济差距表明,改革开放以来,中国的地区差距在经历了20世纪80年代中后期短暂的缩小之后,从 90 年代开始均呈持续扩大态势;而以塞尔指标分解考察则进一步显示,这种持续扩大的地区经济差距呈现出一种俱乐部趋同现象,地带内差距缩小,地带间的差距扩大。并且可以预见,受初始条件和庞大的人口基数的制约,在未来几十年,以绝对值度量的发展水平差异仍将明显扩大。

● 主要采用 UNDP 的人类发展指数和数据考察显示,得益于计划经济时期政府在社会事业上的投入和建设,中国改革开放以来,在人口、教育、科技、文化、医疗卫生、环境、社会保障等社会事业发展上取得了举世瞩目的成就,使得地区间社会发展差距总体上小于经济发展差距,而且从相对趋势来讲较为稳定,有些指标的差距在缩小。但也要看到以人类发展指数等衡量的社会发展差距仍然悬殊,相当于发展中国家和发达国家之间的差距,有些关键性指标的差距呈上升趋势。进入 20 世纪 90 年代后,基础教育、卫生以及科技和公益性文化方面的地区差距有加大的趋势,值得关注。

● 改革开放以后,特别是分税制财政体制实施以来,各地区政府财政能力差距不仅没有缩小,反而加大了。以标准差等绝对指标衡量,无论是人均财政总收入还是总支出(包括预算外收支),总体上均表现出持续扩大的趋势,存在明显差距。以变异系数衡量的各地区人均财政总收入差距远远高于各地区人均财政总支出的差距。比较而言,各地区人均财政总支出差距有所波动,但总体也呈扩大趋势,只是增长幅度小于人均财政收入差距变化的幅度。这一方面是地区经济差距持续扩大的反映,另一方面也是财政体制分权化改革影响的直接结果,同时也会对地区社会发展差距产生不良影响。目前已经对落后地区的基础教育和医疗卫生等人力资本的重要影响因素产生了牵制作用。

● 综合对比经济、社会和政府财力三大指标差距,可以发现有趣并具有政策含义的现象:社会发展指标差距明显小于以人均 GDP 衡量的经济指标差距,而各地区政府财政收入差距则远远大于各地区经济发展差距。

上述关于地区差距的实证描述告诉我们一个不容忽视的事实:地区差距尤其是地区经济差距以及与此相关的政府财力差距,已到了必须引起重视的地步。到 20 世纪 90 年代末到新世纪初,持续扩大的地区差距已经成为影响中国当前和未来经济发展、社会稳定、民族团结的严峻问题之一,引起了国内外的广泛关注和忧虑,也引起了政府高层决策部门的高度重视。而社会发展差距小于经济发展差距的现实也为政府调控提供了可行路径,扶贫开发工程、西部大开发以及中部崛起等战略的先后提出就是佐证。是到了解决区域差距问题的时候了。

本章的描述,从实践视角证明了政府调控区域差距与非均衡发展的必要性与途径。

第 3 章 政府调控的依据、目标和边界

通常从逻辑上来看,区域差距过大的现实是导致政府出面干预区域非均衡发展的直接原因。这固然正确,但从国外经验来看,区域差距并不悬殊的国家政府同样干预区域经济,甚至有更完备的区域均衡制度。因此,有必要从市场与政府的不同功能和分工的角度重新探讨政府调控区域非均衡发展的理由。这构成本章的主要内容。

3.1 政府调控的理论依据:公平与效率

3.1.1 市场失灵与政府调控

经济学理论告诉我们,自由放任条件下的竞争性市场运作带来的资源配置结果将是帕累托最优的。然而这些情形所需要的条件,包括技术和偏好的规定,远比现实世界中存在的事实苛刻,现实并不总是满足竞争性市场有效性所需的条件。正是市场机制有效地以及公平地配置资源的失灵,最终奠定了市场经济中政府调控的理论基础。政府调控通常是出于对市场失灵的矫正,而矫正的目的是出于效率和公平。

从资源配置效率来讲,市场失灵主要表现在公共产品的提供、存

在外部效应、规模报酬递增以及风险和不确定性等情形下。公共产品的提供和存在外部效应是市场失灵的重要表现。公共产品由于其共同消费或消费的非竞争性和非排他性，暗示了市场价格机制面临的困境。"搭便车问题"(free-rider problem)不可避免。因此，市场机制无法为公共产品融资，对具有消费的非竞争性和非排他性的公共产品的定价就必须采取如征税的强制方式。[①] 而当一个人或厂商从事的行为给他人或其他厂商带来额外收益或造成额外损失而没有得到相应的补偿或承担相应的成本时，就产生了外部效应(externalities)。用萨缪尔森条件等式来说明，就是实施某一行为的边际成本与包括边际外部收益在内的边际社会收益，或边际收益与实施这一行为的包括外部成本在内的边际社会成本的不一致。两者间的差别在于是否计算由外溢而产生的边际外部收益或边际外部成本。无论是正外部效应导致的某些活动不足还是负外部效应导致的某些活动过度，都会造成资源配置的低效率，需要政府采取纠正策略，通常是由政府征收矫正性税收或给予矫正性补贴，以促使外部效应内在化。本书以下部分还将进一步分析外部性的特殊类型与政府调控区域差距两者间的关系。

上述方面说明在没有政府干预的情况下，市场经济的自行运行不可能达到帕累托最优状态。然而即使市场机制在资源配置领域是有效率的，市场机制也无法解决收入分配的社会公平问题。市场机制要求按照人们拥有的要素的多少或要素贡献大小来分配收入，因此，由市场机制决定的初次收入分配必然是不公平的。当社会出现

---

① 限于篇幅和本书的重点，在此只提到了纯公共产品的情形，事实上，公共部门经济学对公共产品的分析还包括混合产品、公共中间产品、俱乐部产品等类型，按提供服务的地理范围还划分为地方性公共产品和全国性公共产品。

收入分配不公平或贫富差距很大状态之后,富人是否会自愿地无偿资助穷人?西方近来有学者[1]提出了"帕累托最优收入再分配"的概念。其基本思想是:个人间相互依存的效用函数是外部性的一种形式。假定个人的效用不仅依赖于其自身的消费,还取决于他人获得的消费或收入。例如,如果穷人获得的效用增加了,出于善意,富人可能会觉得也好些,即如果富人来自于穷人边际所得增加的福利大于来自于其自身边际所得增加的福利,那么,通过把富人所得转让给穷人,二者的福利都会提高。[2] 如图3-1所示。其中,在 P_B 和 P_A 之间,B 的福利的增加要以牺牲 A 的福利为代价,反之亦然。在 O_A 和 P_B 之间,B 和 A 的福利通过 B 对 A 的所得转让而都有所提高。同样,在 O_B 与 P_A 之间,B 和 A 的福利通过 A 对 B 的所得转让都会提高。如果 A 能从对 B 的所得转让中获益,这种转让将是自愿的,如同私人的慈善捐款一样。这里,问题的重点在于,虽然 B("穷人")的福利的改善属于公共产品性质,B 类人的福利改善同时有益于很多 A 类人("富人"),但是由于富人无需考虑这种外部利益,或者说,他们只考虑其自身的利益,他们就没有动力提供足够的转让数量。这种福利改善要通过对所得转让的集体或对个人转让提供补贴才可获得。而这就必须由政府介入,通过累进的所得税和转移支付的结合,实施强制性再分配措施,因此,政府肯定具有影响帕累托最优再分配的作用,这种情形也完全适用于一国范围内的贫富地区之间。

---

[1] 例如,霍克曼和罗杰斯(Hochman and Rogers, 1969)、马格林(Marglin, 1963a)和瑟罗(Thurow, 1971)。

[2] 参见[美]鲍德威、威迪逊:《公共部门经济学(第二版)》,中国人民大学出版社2000年版,第53页。

与上述对市场失灵领域的分析相对应,公共部门经济学将政府经济活动的范围严格限制在市场失灵的领域,并把财政的职能概括为资源配置(总资源利用在私人产品与公共产品之间的划分和公共产品内部构成的确定过程)、收入分配(调节收入与财富的分配,使之符合社会上认为"公平"或"公正"的分配状态)和经济稳定(利用预算政策为手段,以保持充分就业、物价水平基本稳定、适当的经济增长率和国际收支大体平衡)三大职能。[①] 就中国的情形而言,20 世纪 70 年代末以来的以市场化为取向的改革正是力图强化市场对资源配置的核心作用,市场机制的作用在资源配置过程中不断增强也是不争的事实,但同时对市场机制的某些负面效应——包括导致地区差距拉大,也应始终保持一份清醒的认识,并随时对之加以纠正。

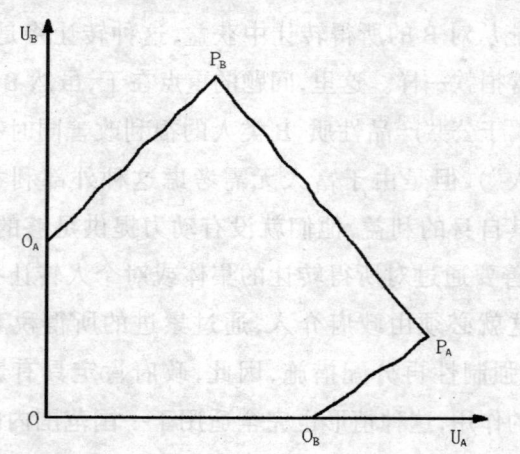

图 3-1 外部性的特殊类型:个人间相互依存的效用函数

---

① 参见理查德·A.马斯格雷夫、佩吉·B. 马斯格雷夫:《财政理论与实践(第五版)》,中国财政经济出版社 2003 年版,第 3—15 页。

3.1.2 出于公平原则

政府调控区域差距的主要原因之一是出于对社会分配公平的考量。正如学术界和本书第 2 章所描述的那样,我国各地区之间在以人均 GDP、人均收入等衡量的地区经济指标、地区社会发展以及政府财政能力尤其是政府财政收入能力方面均存在巨大差距。人均 GDP 在经历了改革开放以后的短暂缩小之后,从 20 世纪 90 年代开始一直呈持续扩大趋势,各地在社会发展上的差距虽然从总体上要小于经济发展差距,但有些关键性指标的地区差距也已经开始扩大,并存在潜在的危机。与此同时,各地政府财力上的差距相比而言更甚,西部少数民族地区省份的财政自给率极低,如贵州 2002 年的本级收入(决算数)占全年一般预算支出(决算数)的比重仅达 34.2%,少数民族自治地区包括五个自治区和自治州、县(旗)的平均财政自给率 2002 年仅为 30.2%。巨大的经济、社会及各地政府财力发展差距,数目众多的欠发达省区的存在,且集中于少数民族聚居区、边境地区和革命老区,若政府坐视不管,不仅有碍公平,而且可能引致社会冲突和民族矛盾,危害国家的统一和稳定。因此,一般而言,政府干预区域差距的直接的、主要的原因是出于对社会公平以及由此可能引发的政治后果的考量。

通常我们会从纵、横两个方向谈论公平,但具体到区域问题,政府出于纵向不公平——中央与地方的财政失衡——所作的调节属于效率的范围(见本书 3.1.3),政府出于公平原则干预区域差距的具体理由则是横向不公平的存在。具体可分为两个层次:

(1)财政横向不平衡。西方公共部门经济学关于财政联邦制的理论中,在涉及政府间转移支付的理由时往往会谈到财政的横向不公平。布坎南曾用"财政公平"这一术语表达联邦内横向公平这一要求(布坎南,1950),主要与各地的财政活动水平差异相关,分析的重点是横向公平(被定义为任何两个在没有公共部门条件下福利水平完全相同的人,在存在公共部门后仍拥有相同的福利水平。换言之,处于相同地位的人应得到相同的待遇①)在被贯彻到财政联邦体制中所遇到的困难。按照他们对横向公平的定义,在财政联邦体制或具有相对独立程度的多区域中,就要求任何两个拥有相同福利水平的人,不论其居住在联邦内的什么地区,都应享受联邦公共部门的同样待遇,或叫做公共服务均等化的要求。但是,由于联邦制内各地方政府互不联系的财政活动通常会使福利水平相同的两个居民因居住在不同地区而得到不同的待遇,因为不同地区的居民将从其居住地政府各自的预算活动中得到不同的净财政收益(即居住地受益)。罗伊·巴尔认为地区间财力不平衡的广泛性是发展中国家和转轨国家的一个共性。最发达地区的平均收入是最贫困地区平均收入的20倍,这丝毫不足为奇。② 中国同样存在类似的状况。2002年,上海市的财政收入是贵州的6.55倍,内蒙古的6.28倍。少数民族自治地区包括五个自治区和自治州、县(旗)全部财政收入的总和还不及上海一个市的收入,只相当于当年上海市财政收入的85.26%。东部发达省份如广东、江苏或浙江,税源丰裕,财政收入增长稳定,财政盈余能力强。而西部省区经济发展水平低,税源少,财政收入增长缓慢,而人口过疏导致的财政和行政成本相对高,财政自立能力差,如

---

① 参见[美]鲍德威、威迪逊:《部门经济学(第二版)》,中国人民大学出版社2000年版,第53页。
② 参见罗伊·巴尔:"发展中国家和转轨国家政府间转移支付的理论与实践",转引自杨灿明:《政府间财政转移支付制度研究文集》,经济科学出版社2000年版,第165页。

果没有中央政府的干预和支持,偏远基层政权的正常维系都将发生困难。据《中国财政年鉴》统计,少数民族自治地区的财政收支对比,除1952年略有盈余(0.57亿元)外,其他年份均为赤字,2001年之后,收支差额已过千亿,2001年和2002年分别是 -1 091.77 和 -1 397.31亿元。[①] 在中部以农业为主的大省,近年来由于减轻农民负担和基层政权维持正常运转的两难,也不同程度地存在收不抵支的情况。因此,中央政府出面干预区域非均衡状况,首要的是通过财力转移的方式均衡各地政府间的财政能力,弥补贫困地区地方政府的财力缺口,保证各地基本公共服务提供的一致性。

(2)区域经济社会发展的不平衡。财政横向不平衡是政府调控公平的一个重要原因,但不是唯一原因,对发展中国家尤其如此。虽然西方文献中未见直接从理论上论述这一问题的,但各国政府包括发达国家和发展中国家在内,均实施了相应的区域政策以调控区域经济,促进落后地区发展,如美国对阿巴拉契亚山区实施的补偿政策,欧盟对希腊、葡萄牙、西班牙、爱尔兰"贫穷四国"的援助等。这些政策实践表明,政府对区域差距的调控不会仅仅限于财政层面的横向公平,还涉及更深的层次,包括对经济、社会发展不平衡的干预。就中国现阶段而言,关于政府对各地区社会发展差距的矫正是不存在疑义的,因为政府财力主要就是要用于公共服务的提供,发展社会事业是其主要内涵。而关于政府是否应该调控地区经济差距,理论界存在不同意见,认为政府不应过多涉足经济领域,应该将其交给市场,这主要是担心政府出面干预会对市场化取向改革、市场机制的建立和作用造成负面影响。但按照公共财政学中政府与市场分工理论

---

① 根据中国财政杂志社:《中国财政年鉴》(2003年)第365页相关数据得出。

的逻辑思路,政府是否干预区域经济层面的差距,要看它是否属于市场失灵的领域,同时也涉及政府干预的手段和方法选择。从前者来看,正是市场机制的自发作用导致了区域差距的拉大。中国现阶段正处在经济高速增长和体制转轨时期,国际经验表明,这一时期是地区间差距扩大最为迅速的时期,也是地区间利益的再调整时期,地区间的矛盾和利益冲突十分突出。而市场机制本身在解决国民收入的地区间再分配方面往往失效,事实也证明,单纯依靠市场机制,地区经济发展中的"马太效应"不可避免。同时还有一个因素值得注意,考虑到地理空间包括资源和区位禀赋的不可逆性特征因素本身包含的不公和对地区经济差距的重要影响,因此,中国目前巨大的经济社会发展差距的存在及持续扩大的态势使得政府调控横向公平还不得不考虑财政能力差距以外的更为根本的差距。因为从根本上来说,各地财力差距源于各地在经济社会发展上的差距,同时又对各地区经济社会发展尤其是社会事业发展产生重要的影响,而且社会公众对地区公平的感受也不仅限于财政能力及公共服务的提供,从某种意义上来说,社会公众也许更为关注各地经济发展的差距,因为这直接与不同地区民众的就业、收入和消费水平相关。而从政府调控手段的选择来看,各国尤其是发展中国家的实践表明,政府通过适当的区域政策在促进落后地区的要素流动和经济增长方面是有所作为的。因此,空间因素、区域间经济社会发展的不平衡是地区之间横向不公的主要表现,也是政府干预区域非均衡问题的深层原因所在。正是出于对日益扩大的地区间经济社会发展差距的忧虑,政府才负有道义上不可推卸的责任。从理论上说,政府对社会公正负有责任,且要求其通过区域政策与其他政策进行干预以解决存在的问题。

除了上述原因外,地区分配的社会不公可能导致的政治后果也是政府干预的重要原因。一般而言,认识到区域差距并不一定引致政府自动干预。只有当政府认为这种非均衡程度"不可容忍"时,政府才会出面干预。从政府立场来看,可容忍的区域差距水平虽然不是固定的,往往是由国家经济状况、执政党的思想等决定的,但政府容忍的底线是必须保持社会政治稳定和民族团结,对中国这样的多民族的社会主义大国尤其如此。因为作为一个社会主义国家,其政府的合法性是建筑在平等原则基础之上的。它既没有理由容忍地区不平等无休无止地发展下去,更不能容忍这种不平等危害政治稳定和国家统一。

国内外学者在分析政府为什么调控区域差距时,许多人都考虑到了政府出面干预的政治理由。在西方,对是否需要政府实施区域政策的问题经历了一个变化过程。在20世纪70年代末80年代初,西欧一些政治家与科学家对需要政府保持地区公正的思想提出了批评,认为只能通过降低经济效率才能实现这一目标。结果导致区域政策开支规模削减。然而,到80年代末,新自由主义思想出现危机,并出现了逐步向以前以社会价值为基础的思想的回归。在整个80年代有一点变得越来越清楚,即从社会的角度来看,市场不能保证决策最佳。国内王绍光、胡鞍钢等学者非常强调地区分配不公可能引发的政治稳定和民族矛盾,他们以世界银行的研究预测和其他国家如前苏联的巴尔干国家(立陶宛、爱沙尼亚和拉脱维亚)为例,尖锐地指出了地区差距可能带来的社会政治后果,[1] 提请政府当局重视区域不平等问题。

---

[1] 参见王绍光、胡鞍钢:《中国:不平衡发展的政治经济学》(中文版),中国计划出版社1999年版,第223—232页。

在这一问题上,德国政府为了东、西两德的合并和民族的统一所作出的巨大努力则是很好的正面例子。德国作为一个联邦制又彻底实行分税制的国家,一直实行纵横交错的财政平衡制度,实现区域间财力和公共服务水平均等化。但统一之后,东部新州与西部老州之间差异十分悬殊,直接导致用于州级财政平衡的总财力由1994年以前的41亿马克以内猛增到1995年后的100亿马克以上。[①] 而且西部老州几乎全部为净转出州,东部新州全部为净转入州,导致西部老州对转移了比以往更多财力的不满。在此背景下,面对重建东部、将东部纳入西部原有的社会市场经济体制的艰巨任务,德国政府顶住来自国内西部老州的巨大压力,在1990至1994年的过渡时期,除了继续沿用财政平衡制度(实际上在过渡时期德国联邦政府对西部老州和东部新州采取的是不同的州级平衡体系)以均衡各州财政能力外,还建立"统一基金",开征"附加团结税",专门用于国家统一的任务。欧洲复兴计划特别财产(ERP特别财产)1990年后也被专门用于"东部重建"。这些过渡性平衡办法和其他财政措施保证了两德一国一制的统一和东部地区的社会稳定。

3.1.3 出于效率原则

政府对区域差距的调控除了对区域分配社会公平的考虑外,还有另外一个重要的理由,就是效率原则。出于效率考量,笔者总结有以下理由:

(1)不同辖区间公共产品的外溢性。地方政府的支出在使本辖

[①] 参见财政部《财政制度国际比较》课题组编著:《德国财政制度》,中国财政经济出版社1999年版,第127页。

区内居民受益的同时,也可能会导致非本地区居民受益。然而,外部经济的存在会导致存在效益外溢的某些活动不足,因为当地方政府作出决策时,并不存在一定的激励机制来迫使地方政府将这种外溢收益考虑在内。这与前面讨论的存在于两个经济行为主体之间的外在性的情况相似,只是这里涉及的是两个地方政府。如果赋予地方政府自主决策的权力,会导致地方政府对具有较大外溢性的公共产品供应不足。比如,如果教育和健康服务项目由地方政府负担,而教育和健康的收益会随劳动力的跨地区流动而产生外溢,这导致地方政府在这些项目上的支出将达不到整个国家对其的需求。而教育和健康对一国的经济增长和社会发展起着越来越重要的作用。根据内生经济增长理论的研究结果,一国经济增长主要取决于知识积累、技术进步,即人力资本水平。资本、土地、劳动等要素受边际收益递减规律的制约,不可能决定长期经济增长,但知识或技术进步决定着不断变化的各种投入要素的组合方式。随着知识的积累和技术的不断进步,即使同样的投入要素也可以以异常多样的形式加以组合,由此带来边际生产力递增的无限空间。因此,一个国家的经济增长主要取决于知识积累和专业化人力资本水平。如罗默(1986)、卢卡斯(1988)认为,知识或人力资本积累是经济长期增长的决定性因素,理解增长的钥匙在于知识的"连续增进"。因此,鉴于教育、健康、生态环境保护、科技文化等公共产品的外溢性和重要性,中央政府有必要出面,采取相应的干预措施鼓励地方政府加大这些项目上的支出。

(2)区域差距造成总体社会福利损失,妨碍全国总体经济增长和发展目标。发展中国家尤其如此。与外溢性密切相关,区域差距的存在,不仅直接表明欠发达地区的较低的增长率和较低水平的社会福利,而且更为重要的是,区域差距的长期存在和扩大势必会形成对全国总体经济和社会福利进一步增长的制约。就中国而言,自新中国成立以来,一直面临赶超国际先进水平与协调区域发展的矛盾。政府一方面要使有条件的地区加快发展,积极参与国际竞争,向国际先进水平看齐,以尽快缩短与发达国家的距离;另一方面要使国内所有区域普遍增长尤其是经济落后地区尽快摆脱贫困,缩小与发达地区的差距。因此,在中国发展的各个历史时期,都表现出各具特点的"赶超战略"。特别是1980年前后进入经济起飞阶段,更是显现出现代化的追赶效应或追赶模式的明显特征,经济增长受到从中央到地方各级政府的高度重视。十六大后,全面建设小康社会总体目标的提出,预示着区域差距的存在对这一时期的政府宏观目标的制约和影响将更为突出,政府更加有必要下决心解决区域差距问题。不仅如此,区域差距的存在,不仅本身就表现为欠发达地区经济增长率低,而且在我国,欠发达地区以较大的范围、较多的数量存在,其不发达状态、过大的地区差距容易造成相互隔绝的市场供求关系,影响地区间合理分工的实现,不利于国民经济整体效率的提高,从而严重制约全国经济整体的进一步增长。因此,对于像中国这样的发展中国家来说,对经济快速增长的渴求是政府出面干预区域差距的一个重要理由。

(3)财政三大职能的空间维度和财政的纵向失衡。如前所述,在现代市场经济中,政府的介入是为了弥补市场失灵,相应地,财政具有资源配置、收入分配和经济稳定(及增长)三大职能。但加入空间因素进一步讨论,可以发现,财政三大职能的履行还须在中央政府和地方政府间作进一步纵向分配。总地来说,财政的收入再分配职能和经济稳定及增长职能应主要由中央政府承担,资源配置职能应以地方政府为主、中央政府为辅,即由地方政府为辖区内居民提供地方公共产品,中央政府主要从事纯公共产品或接近于纯公共产品的提供,并解决开放性地方公共产品的利益补偿问题。配置职能的如此分工,其理由是基于公共产品受益范围的地域层次性和资源配置效率的考虑。某些公共产品的受益范围是全国性的(如国防、外交、太空探索、癌症研究、最高法院),而另一些则是有地理上限制的(如当地消防车或路灯),这决定了分享这些利益的"团体"成员只能是或主要是特定地理区域的居民,因此,在由公共部门进行资源配置、提供公共服务时,可以根据有关受益区域居民的偏好分摊公共服务成本。因此,受益范围在空间上限制的特点要求财政结构由多级行政单位组成。与财政的配置职能的空间纵向分配不同,再分配职能和稳定(及增长)职能的行使则需要全国性或中央性政策(马斯格雷夫,2003)。分配职能之所以要求集中,按照马斯格雷夫的分析,是因为如果将分配职能与配置职能进行类似的空间处理,由于对公共产品供给成本的原因,会发生富人逃离穷人和穷人追逐富人的现象,最后除非分配职能由国家级(中央级)来行使,否则再分配过程将归于失败。对稳定政策的责任不能推给地方或区域性财政单位,而必须由中央财政承担,是由于各个地方级财政单位在对付失业或通货膨胀方面会产生"渗漏"现象。

与各级政府职责划分相应,在分税制财政体制下,财政收入要按税种在中央和地方之间划分,众多国家都将税基宽泛且具有流动性的税种和具有收入再分配效应的税种划归中央政府,而且这部分收入往往又占全部财政收入的绝大部分,但在事权上,由于大多数公共产品受益的地域性,地方政府却是公共产品的主要提供者,这种制度设计是出于中央政府宏观调控的考虑,但同时造成了中央和地方事权(或责任)与财权不对称所形成的财政"纵向不平衡"。这种纵向收支缺口的存在,构成联邦财政体制中央政府对地方政府转移支付的主要理由。如果说政府对横向不平等的干预是出于公平理由,那么,政府对纵向失衡的干预则主要是出于效率理由。

(4)纠正市场机制导致的诸侯经济、地区封锁和冲突、重复建设。[①] 在存在具有相对独立的经济利益的多个地区的情况下,如果没有政府的有效干预,受市场机制和区域利益的驱动,常常会出现地区间重复建设、地区封锁,甚至出现严重的地区冲突,从而损害效率。虽然诸侯经济、区域冲突的存在并不是区域差距直接造成的,但与区域自身利益、区域差距的存在密切相关。在市场机制作用下,受区域利益的驱使,不同区域利益主体之间必然会为任何区域都能获得的利益而展开角逐,这便是区域经济竞争。改革开放以来,中国的区域经济冲突表现十分突出,而且有愈演愈烈之势。回溯20世纪80年代和90年代已发生的两轮区域大战,其基本线索是非常清楚的:重复建设(即盲目引进与重复布局)——原料大战——市场封锁——价格大战,而且90年代的区域大战在规模、涉及范围、破坏性程度等方面都要甚于前一次。发生在一国范围内区域间的内耗,损害的将不只是个别区域的利益,而是会延误整个中华民族的文明进程。进入21世纪后,除原有的区域经济冲突尚未得到根本治理外,新的重复建设苗头已开始显现,新的区域经济冲突有可能再次爆发。[②] 从宏观经济的总体趋势来看,重复建设有可能卷土重来。2000年宏观经济形势已出现重大转机,2000年以来生产资料价格的上涨及随后的

---

① 关于区域间的冲突和区域经济关系见张可云:《区域大战与区域经济关系》(民主与建设出版社2001年版),有详细论述。

② 参见胡乃武、张可云:"统筹中国区域发展问题研究",《经济理论与经济管理》,2004年第1期。

波动,可能会使各地低水平的重复建设卷土重来。目前,一些重要的原材料与农副产品价格持续高攀,而且从产业发展来看,盲目发展高新技术产业的倾向值得注意。国内各地区已经兴起了发展高新技术产业"热",同类型的高科技项目建设过多,不顾开发地的实际条件盲目引进,许多地方计划开发的科技项目相似、产品雷同,乃至有些根本不具备科技创新环境、没有高新技术产业发展的基本条件的小城镇,也十分热衷于引进大科技项目。各地出于本地利益和地方格局考虑,往往不认真研究行业发展的前景和方向,不顾已经形成的产业格局和竞争特点,不顾地方实际,盲目跟风上马高科技项目,必然会在一些项目和产品上造成重复建设,导致资源的巨大浪费和恶性竞争。因此,中央政府必须出面以协调区际利益、调节区域经济关系。

3.1.4 公平和效率的选择与权衡

政府对区域差距和非均衡发展的调控和矫正可能出于公平也可能出于效率,现实中往往是两者的比较与权衡。关于区域均衡与经济增长之间的关系目前是存在争议的。西方主流经济学认为,公平和效率间存在替代关系。正如奥肯所说:"公平和效率之间的冲突是我们最大的社会经济选择,它使我们在社会政策的众多方面遇到了麻烦。我们无法得到市场效率的蛋糕又公平地分享它。"(Arthur M. Okun,1975)为了公平所作的再分配是受到限制的,这种限制来自于效率成本:它会导致效用临界的缩小(见图3-2)。[①]

如图3-2所示,在一个包含两个人A与B的经济中,CD为效用

---

① 参见[美]理查德·A.马斯格雷夫、佩吉·B.马斯格雷夫,《财政理论与实践》(第五版),中国财政经济出版社2003年版,第89页。

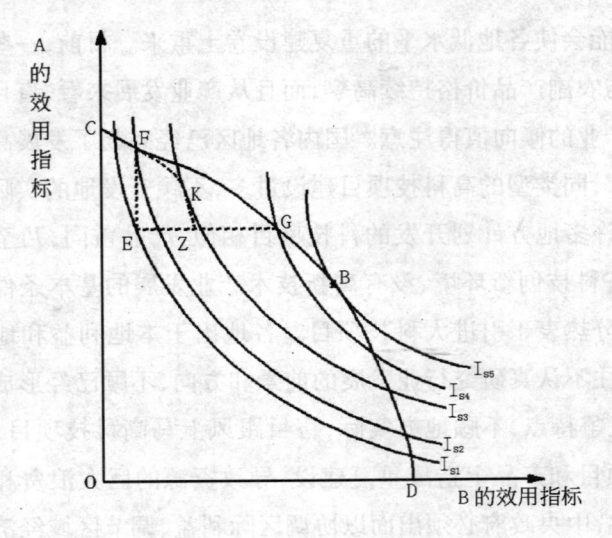

图3-2 公平—效率的冲突

边界，I_{S1}、I_{S2}、I_{S3}……为反映对分配的社会判断的社会无差异曲线，B为最大幸福点，表明所有可能解决办法中的最佳点。为了考察由此而形成的再分配的效率代价，我们假定，如果在不存在效率成本的条件下就可进行再分配，则 CBD 可以表示效用临界。但在已知存在效率成本（可以对比判断经济位于 E、F 和 K 点所达到的社会无差异曲线高低及 A 的福利损失），且起点在 F 的条件下，则实际上可行的效用临界应由点线 FKZ 给出。在从 F 点移至 K 点时，再分配仍然是在社会福利条件下进行，但因为此时只从 I_{S2} 移至 I_{S3}，所以收益将少于在没有效率代价的再分配条件下应得的收益。

由美国经济学家西蒙·库兹列茨通过大量统计分析于1953年提出的著名的"收入分配的倒 U 型曲线"理论则揭示，在一国经济发展初期，社会各阶层之间收入分配差别会随着经济的增长而扩大，当经济发展到一定水平后，这种差别会逐步缩小。他在分析经济增长和收入分配相互关系时指出,当经济最初开始增长时,资本所发挥的作用较大,因而收入分配有利于资产所有者,导致人均收入虽然提高,但收入分配差别扩大;当人均收入达到中等水平时,收入分配的差别达到最大化。此后,随着劳动力质量和劳动力相对价格的提高,各部门之间生产率差别缩小,劳动收入在国民收入中所占比重趋于上升,收入统计资料的分析结果证实了库兹列茨"收入分配倒 U 型曲线"的存在。

国内也有学者根据主流经济学对区域经济均衡与增长的替代关系作了进一步研究,如翁均奕、徐华用人均 GDP 的区际方差或基尼系数表示非均衡程度,用人均 GDP 的增长速度代表经济增长速度,将均衡与增长描绘成倒 U 型曲线,从而说明两者之间的关系:一定程度的区域非均衡有利于经济增长;当区域非均衡超过一定极限之后,非均衡的扩大反而会引起经济增长速度的下降,甚至会出现负增长;当区域之间非均衡程度很低时,即倾向于绝对公平时,经济增长处于停滞状态。并在此基础上分析了均衡与增长替代曲线的变化和区域经济非均衡增长的社会选择问题。[1] 笔者认为,倒 U 型曲线能较全面反映区域均衡与增长的既矛盾又统一的关系。其一,它说明经济增长总会带来一定的区域非均衡,这符合主流经济学关于公平与效率的理论,原因可能与资源的稀缺、聚集效应、创新的扩散规律等因素作用有关;其二,它也揭示了增长与均衡之间的非线性替代关系:同样的经济增长速度可能对应两种高低不同的非均衡程度。这表明了在一定条件下,区域非均衡的扩大不是经济增长的必要条件,

---

[1] 参见翁君奕、徐华:《非均衡增长与协调发展》,中国发展出版社 1996 年版,第 17—24 页。

预示了政府干预区域非均衡的可能性和着力点——如果不考虑其他因素,政府调控的任务就是促使在较低的非均衡状态下实现较高幅度的经济增长。全面理解两者之间的辩证关系,有利于正确看待政府在处理二者关系上的作用,进而有利于政府政策的出台和顺利实施。

关于如何处理区域均衡与经济增长的关系问题,从邓小平同志的东西部共同富裕、两个"大局"思想到新一届政府领导集体的科学发展观的提出,一直在探索一条适合中国社会主义初级阶段国情的兼顾两者关系的道路,并分阶段付诸实践。邓小平同志早在改革开放之初就对此提出了一个较长时期的规划和设想。他在总结建国后地区经济布局的经验教训基础上,提出了让一部分地区先富裕、先发展,然后,先富裕地区帮、带后发展、后富裕地区,最终实现共同富裕的区域共同富裕战略。并且从时间安排上设想,分两步走,从20世纪90年代初期到2010年的20年,以2000年左右为界,2000年以前,继续鼓励有条件的地区包括东部地区加快发展,同时国家和东部地区要尽可能帮助中西部地区的发展,使地区经济发展差距控制在一定幅度内。2000年以后,国家应将地区经济发展的战略重点放在缩小地区差距,促进地区经济协调发展上来。之后,又进一步提出了关于"两个大局"的思想和"通盘构想"的要求。"两个大局"是:东部沿海地区加快对外开放,先发展起来,中西部地区要顾全这个大局;当发展到一定时期,如20世纪末全国达到小康水平时,就要拿出更多的力量帮助中西部地区加快发展,东部沿海地区要服从这个大局。在发展战略上要有一个通盘的构想。邓小平的"共同富裕"和"两个大局"的通盘战略思想的合理性在于:首先肯定了没有一定的增长只能是共同贫穷,无助于解决区域差距悬殊问题,只有通过一定的经济增长才能为调节贫富悬殊提供财力和后盾;为此,同时还设想在将区域差距控制在一定幅度内的前提下先增长,然后再重点解决区域差距。这是改革开放初期的国际国内大背景和政府能力制约下的必然选择。应该说,在改革开放后的绝大部分年份,我国总体上坚持的是"效率优先,兼顾公平"原则。二十多年来,我国保持了经济的持续高速增长,政府也积聚了较为雄厚的财力。国民经济持续、快速、健康发展,综合国力进一步增强,国内生产总值2000年达89 404亿元,平均每年增长8.3%。人均国民生产总值比1980年翻两番的任务,已经超额完成。在经济持续增长和效益改善的基础上,2000年国家财政收入达13 380亿元,平均每年增长16.5%。[①] 近几年来,中国财政收入平均每年以超过2 000亿元的速度增加,2003年达到21 000多亿元。但区域差距在20世纪90年代后呈持续扩大态势。有鉴于此,从"九五"规划和2010年远景规划的制定开始,2000年西部大开发的正式实施和随后十六大和十六届三中全会全面小康目标及科学发展观的提出,政府一系列重大战略和政策的出台和实施,为解决区域非均衡问题提供了有利的宏观环境,也标志着政府解决区域非均衡的强烈意愿和能力。

反思中国在处理两者关系问题上走过的道路,应当承认,经济学和区域经济学的一些流行观点曾对政府的区域政策实践产生了较大程度的影响。这导致一定时期内决策部门虽然承认区域差距的存在(甚至承认区域差距在某一时期的扩大超过社会公众的容忍程度),却未及时采取调控区域差距的政策措施。尽管地区差距特别是东西

---

① 参见中国宏观经济信息网,2001年4月30日:《关于国民经济和社会发展第十个五年计划纲要的报告》。

部差距的扩大已成为一个不可否认的事实,但一度人们对中央政府是否应该着手解决地区差距问题的看法并非一致,就是最好的例证。新古典经济学家预言:市场本身的运行,加上经济增长,能自然而然地导致地区间收入趋同;缩小地区差距只是个时间问题,市场机制足以应付,不必由政府出面代劳。该预言对我国理论界的影响较深。而著名的"威廉姆森倒 U 假说"也起到了同样的作用,它暗示了与新古典相同的结论和政策含义:地区差距扩大是经济发展初期的特有现象,随着收入水平的进一步提高,地区差距将趋于稳定,当经济进入成熟增长阶段后,地区差距最终将会趋于缩小。国内改革开放以来所流行的所谓"效率至上论"、"中性政策论"观点与之直接相关。"效率至上论"的产生直接受到平等与增长的替代思想的影响,认为我们国家财力有限,应该集中力量,重点支持那些经济效益较好的发达地区的经济发展,等国家和发达地区富裕了再来解决地区差距问题。"效率至上论"在我国上个世纪八九十年代曾经备受政府部门和学术界青睐。"中性政策论"主张用产业政策代替地区倾斜政策,国家对发达地区与不发达地区要一视同仁,采取不偏不倚的"中性"政策。且不说新古典所预测的市场自动趋同论一开始就受到趋异论的挑战,如果新古典的预言成立的话,中国自 90 年代以来的迅速市场化理应大大缩小了地区发展差距。然而,过去二十多年的经验说明,寄希望于市场魔力只是一种幻想。生产要素的流动方向实际上往往与新古典经济学的预测相反,"威廉姆森倒 U 假说"在加入欠发达国家后不再完全成立(有条件趋同),而且威廉姆逊所说的"长期"到底有多长?民众即使是"理性的经济人"是否能忍受、是否有时间忍受如此长的区域差距扩大时期?另外,从发达市场经济国家的经验来看,它们国内地区差距由扩大转变为缩小的年份都在 20 世纪 30 年代之后,而这一时期正好是西方市场经济由自由放任转变为政府干预的时期。可见,经济转型不一定要以牺牲平等为代价,一部分地区富裕起来不一定要以牺牲其他地区的发展为代价,对待初始发展水平和条件差距巨大的不同地区采取完全的中性政策只会导致结果的非均衡。

总之,不可否认,在区域非均衡与经济增长之间存在经济学通常所说的公平与效率的权衡,我们既不能过分强调两者之间冲突、矛盾的一面,而忽视两者的统一;同样也不能对两者之间事实上存在的冲突视而不见,一味强调两者的统一、协调。正如倒 U 曲线所反映的那样,两者有冲突的一面,过度强调公平不利于增长,但是有效的增长可以提高效率也可以改善公平,公平在一定程度和情况下同样有利于增长,而超过一定界限的非均衡会导致增长的下降甚至停滞。因此,为了矫正超过社会公众容忍水平和危及社会政治稳定的地区不公,也为了经济的进一步可持续增长,放弃一定的增长是必需的。政府有责任保持一定时期的一定目标值的经济增长,同样,政府也不能对日益扩大的区域差距坐视不管。

3.2 政府调控和支持的目标和边界

政府对区域差距的调控,对欠发达地区的支持,实际上是区域再分配。[1] 本书涉及的调控机制和财政支持系统均是作为再分配手段

---

[1] 这里需要说明几个概念之间的关系。通常认为政府的调控主要是通过区域政策,但区域政策内容和手段很广泛,关于区域政策含义的讨论可以参见张可云和陈家海等人的研究论述。但本书的研究目的是政府对区域差距的调控,其可以直接动用的手段就是财政手段,因此,不涉及政府的间接调控如货币政策等。

出现的,所以,政府调控的目标主要体现在再分配的目标方面。[①]关于政府对区域非均衡的调控和矫正这一进一步细化的主题,目前理论界还缺乏详细的阐述。原因之一[②] 在于它的跨学科性质,通常对政府经济活动目标和范围的研究属于公共部门经济学领域,但公共部门经济学只停留在政府经济活动的一般层次上,不涉及或较少涉及具体的区域关系领域,如果说有涉及的话,主要是关于联邦财政体制下的财政分权理论(如奥茨的分权定理、泰博特模型)。而区域经济学涉及政府活动的研究主要体现在区域政策上,关于区域政策的目标目前学术界已有较详细的研究,欧盟等区域政策实践也明确给出了各自的区域政策目标[③],政府的区域政策通常包括政府对区域

---

① 值得说明的是,政府对区域非均衡的干预调节与政府的区域政策是两个既相互联系又相互区别的概念。有必要区分政府区域政策及其目标和政府调控区域非均衡及其目标。区域政策的目标大致分为两类,即区域经济发展(区内)与区际关系协调(区际),因此,政府的区域政策通常包括政府对区域非均衡的调控政策(区际政策)。参见张可云的《区域经济政策——理论基础与欧盟国家实践》,中国轻工业出版社2001年版,第29页;

② 还有一个原因可能是认为政府对区域非均衡的调控原因是不言而喻的,那就是缩小地区差距。

③ 参见张可云的《区域经济政策——理论基础与欧盟国家实践》,中国轻工业出版社2001年版,第29页;陈家海:《中国区域经济政策的转变》,上海财经大学出版社2003年版,第40页。张可云将区域政策的目标具体概为以下9个目标:(1)提高区域内现有资源的利用水平(即减少资源的不充分利用);(2)更有效地在区域内各种用途间分配资源;(3)实现区域内最佳增长;(4)在区域间有效地再分配生产要素,以使总收入与总增长最大化;(5)区域间增长率的均等化;(6)区域间收入(通常用人均收入表示)的均等化;(7)为缓解通货膨胀压力而缩小区域差异;(8)减少区域内拥挤度与其他由布局造成的外部成本,并重新布局人口、工业等,以形成净社会利益最佳的空间结构;(9)诸如保护与加强区域文化和个性等非经济目标。上述目标列举也涉及政府对区域非均衡的干预。陈家海认为以效率或公平为一般目标的区域政策,往往会表现为以下具体的政策目标:(1)促进生产要素的区际流动,以提高资源空间配置的效率;(2)引导生产要素向某些重点开发地区集聚,以提高国家经济的总体增长率;(3)缩小地区间经济增长率的差距;(4)缩小地区间人均收入水平的差距;(5)缩小地区间失业率的差距;(6)缩小地区间公共服务水平的差距。当然还有一些其他形式的具体目标。在上述具体目标中,前两个是效率导向的,后四个是公平导向的。

非均衡的调控政策(属区际政策)。国内区域界相关研究包括刘再兴的四种方案和王一鸣的六大方案以及覃成林、李克在此基础上的定性与定量研究,特别是定性分析。① 因此,本人在这里尝试通过运用两个学科的相关理论和知识给出政府调控区域差距的目标及其层次。

3.2.1 调控目标提出的依据

一般认为,政府调控区域差距的目标是不言而喻的,为了缩小地区差距,因此,似乎没有深入研究的必要。但是,政府为什么要缩小区域差距？进一步分析可以发现,政府调控区域差距的目标不仅具有一般性特征,而且在不同国家、不同时期具有不同的层次和体系。从总体目标层次来看,对政府为什么调控区域非均衡问题的回答本身就在一定程度上回答了政府调控的目标问题。如前3.1所述,政府调控区域非均衡的目标通常可以简单地归结为:效率和公平。效率目标,即国民经济增长的最大化或一定时间内资源空间配置的最优化;公平目标,即区域间收入、福利、增长等差距的缩小。这两个目标是政府调控区域发展的"一般目标",有时也被称为"总目标"。就性质而言,效率导向的区域政策主要是"经济性"的,而公平导向的区域政策主要是"社会—政治性"的。② 因此,政府调控的目标不能简单地归结为缩小区域差距。

---

① 参见刘再兴:《中国区域经济:数量分析与对比研究》,中国物价出版社1993年版;覃成林:《中国区域经济差异分析》,中国经济出版社1997年版;王一鸣:《中国区域经济政策研究》,中国计划出版社1998年版;李克:《适度差距与系统优化:中国现代化进程中的区域经济》,中国社会科学出版社2003年版。

② 参见陈家海:《中国区域经济政策的转变》,上海财经大学出版社2003年版。

在操作层面上,具体目标的确定涉及在特定阶段对效率和公平的权衡。而就我国当前时期具体目标的确定来说,有两个因素值得注意,它们构成本书预测的依据:

一是政府调控区域非均衡的目标从属于、服务于国家当期的总体发展目标,必须置于政府制定的总体发展规划之下。当前在我国具有如此地位和意义的总体发展规划包括:实现现代化分三步走的总体部署、十六大提出的全面建设小康社会的战略目标、相关的五项改革新要求、"九五"计划和2010年远景规划纲要和"十五"规划的目标。以解决温饱问题作为第一步目标,把实现小康作为第二步目标,以基本实现现代化作为第三步目标的"三步走"的战略部署,是较长时期内我国社会经济发展的总体纲领,政策的制定要紧紧围绕和服务于"三步走"的战略部署与战略目标。目标的第一步和第二步在20世纪80年代和2000年已基本完成。但按照十六大的总结,现在达到的小康还是低水平的、不全面的、发展很不平衡的小康,而所谓的低水平、不全面、发展很不平衡,最集中的体现就是不同区域间小康程度的差异。① 也就是说,由于我国经济发展很不平衡,全国小康水平的实现,从地区时序上,将是逐步推进的。而高水平的、全面的、平衡的小康社会的实现依赖于区域差距的缩小。根据十六大全面小康社会目标的部署,21世纪头20年,对我国来说,是一个必须紧紧抓住并且可以大有作为的重要战略机遇期。我们要在本世纪头20年,集中力量,全面建设惠及十几亿人口的更高水平的小康社会,使经济更加发展、民主更加健全、科教更加进步、文化更加繁荣、社会更

---

① 参见国家统计局统计科学研究所:《中国小康进程报告》,1998年。转引自周国富《中国经济发展中的地区差距问题研究》,东北财经大学出版社2003年版,第172页。

加和谐、人民生活更加殷实。这是实现现代化建设第三步战略目标必经的承上启下的发展阶段,也是完善社会主义市场经济体制和扩大对外开放的关键阶段。前10年要全面完成"十五"计划和2010年的奋斗目标,使经济总量、综合国力和人民生活水平再上一个大台阶,为后10年的更大发展打好基础。以此为据,本书将政府2000年以后的区域均衡目标划分成2010年、2020年和2050年三个与总目标相对应的阶段。

二是根据中国地区间经济、社会发展和政府财政能力各方面差异大的基本国情,同时借鉴发达国家工业化进程中均衡区域差距所走过的历程。中国区域差距的国情:疆域辽阔,国土面积世界第四,人口数量世界第一。东部沿海地区位于经济高速增长的亚太经济区,西部深居内陆。各地自然禀赋差异悬殊,不仅存在巨大的经济发展差距,还存在社会发展差距,各地政府的财力更不在同一档次,在工业化水平、产业结构和基础设施等发展水平方面的差距迅速拉大,在所有制结构、市场化进程等方面,差距也十分明显。与中国相比,美国同样幅员辽阔,但内部各地区自然条件和经济基础差异比中国要小得多。况且,美国西部濒临太平洋。即便如此,美国工业化过程中生产力由东北部向中西部的推移,形成目前的态势用了150—200年。这些事实告诉我们,在中国缩小区域差距是一项长期的艰巨的任务,不可能在短期内一蹴而就,因此,政府的均衡目标的制定必须跨越一段较长时期。另一方面美国和亚洲"四小龙"的发展经验也告诉我们,后发优势的存在、政府的西部大开发等对欠发达地区的支持政策使得在未来几十年里西部欠发达地区将以高于东部发达地区的经济增长速度发展,加上我国社会发展差距小于经济发展差距,因此,均衡的目标也不是不能实现的。在20世纪50年代美国各州之间人均收入最高与最低之比也达到3.1—3.3,1970年高低之比降为1.54,[1] 这一过程用了近20年。在这20年中(1953—1973年),美国在纺织、冶金工业、铁路交通和轮船上大量采用英国在工业革命第一阶段的发明成果,迅速地缩小了和英国之间的距离,并导致世界经济中心逐渐地从英国转移到了美国。而同样的后发优势在1951—1973年期间也发生在了日本,日本用20年的时间通过采用美国发明的技术,在汽车、电子、合成纤维和电话通讯等领域又赶上了美国。最近几十年"亚洲四小龙"的崛起,再次证明了落后国家或地区跨越式发展的可能性。综合考虑两方面,缩小区域差距是一项长期艰巨的目标,但同时也是一项经过较长时期努力可以实现的目标。

除了以上两个依据以外,作者还参照了国内理论界的一些相关研究。刘再兴先生根据到2000年实现现代化第二步战略目标的前提,较早提出了1990—2000年区域经济发展的几种方案和设想,[2] 并对可行方案中区域差距的缩小幅度进行了定量分析和预测,奠定了这一领域研究的基础,但方案的人为主观性偏大,带有计划经济的色彩。刘树成在此基础上选取我国各个省市区人均国民收入的不同增长速度及组合进行的预测方案考虑了人口增长对经济增长的影响。[3] 采用这种方法的还有覃成林。[4] 其后,王一鸣按地区层次和年份,分别计算出1970年到1993年期间人均国民生产总值和人均居民消费水平这两个指标的绝对差与相对差的时间序列值,然后,逐步

---

[1] 参见陆大道等:《1997年中国区域发展报告》,商务印书馆1997年版,第119页。

[2] 具体为四种方案和设想,参见刘再兴:《中国区域经济:数量分析与对比研究》,中国物价出版社1993年版,第57页。

[3] 详见国务院发展研究中心课题组:《中国区域协调发展研究》,中国经济出版社1994年版,143—145页。

[4] 参见覃成林:《中国区域经济差距研究》,中国经济出版社1994年版。

去掉距离原点最远的一个数据,进行建模试验,形成由不同时段的时间序列建立的模型所构成的预测模型群。由于借助了计算机系统处理大型数据的优势,作者分别从28个省市区、3大经济带和6大经济区来预测我国区域经济从1995年到2005年的发展趋势,得出我国东部与中西部差距在此期间继续扩大的趋势的结论,提出了东部与中西部经济发展水平的六大调控方案。[①] 但是,该方案没有考虑政府在消除地区差距问题上的巨大作用。魏后凯首次运用曲线形式对两地区经济增长与差异变动关系作了描述。[②] 李克和周国富的博士论文中对此也作了回顾和总结,周国富在此基础上还从加快中西部经济发展对缩小地区差距所可能产生的积极影响角度作了进一步延伸。[③] 上述研究为本书提供了思路和参考。中科院地理所根据自己长期的跟踪研究提出了我国"十五"期间以及至2010年区域政策规划,并将这一阶段的基本战略目标确定为:(1)缓解东、中、西地带性经济发展差距扩大的趋势;(2)缩小地区社会发展差距;(3)促进各类"问题区域"的发展。这一规划的参考价值在于对2000—2010年阶段的划分及这一阶段主要区域政策目标的确定。目前,大多数的政策目标的阶段划分均以2000年、2020年和2050年作为界限,但2010年远景规划和上述中科院提出的区域政策规划考虑了2010年的界限,实际上无论是从总体经济增长,还是从区域差距的缩小、影响国民经济全局的若干深层次问题的解决来看,从现在至2010年都是非

---

① 参见王一鸣:《中国区域经济政策研究》,中国计划出版社1998年版,第212页。
② 参见魏后凯:《区域经济发展的新格局》,云南人民出版社1995年版,第73页图3.7。
③ 参见李克:《适度差距与系统优化:中国现代化进程中的区域经济》,中国社会科学出版社2000年版;周国富:《中国经济发展中的地区差距问题研究》,东北财经大学出版社2001年版。

常重要的一段时期。而且,以往制定的到 2000 年的缓解区域差距进一步扩大的目标并未及时实现。"九五"规划和 2010 年远景纲要首次提出坚持区域经济协调发展,逐步缩小地区发展差距,要"争取十年内取得突破性进展"。

因此,综合考虑上述因素,借鉴理论界已有的研究,笔者认为,应该根据区域差距的实际情况和政府的财政能力,确定不同阶段、不同层次的目标。可以考虑以 2010 年、2020 年以及 2050 年分别作为短期、中期和长期目标的时间界限,分阶段予以实施。

3.2.2 未来区域差距演变趋势预测

参考政府总体规划目标的要求、各地区过去 20 年的经济增长速度以及今后政府将进一步加大对中西部的投入,借鉴上述国内学者现有文献和思路方法,笔者尝试对未来各地区经济增长的大致趋势作出预测。

3.2.2.1 采用的预测方法

本人以 2000 年为预测基期,2050 年为预测报告期(截止期)。预测所用的区域为东部与中西部,① 其中东部为北京、天津、上海、辽宁、山东、河北、江苏、浙江、福建、广东、海南等 11 省市,其余省市区为中西部地区(不包括港、澳、台)。并假定各地区人均 GDP 开始处于上升阶段,达到最高峰后逐步下降,最后趋于稳定的低增速阶段;但中西部比东部滞后一段时期(可能 5—10 年)。

---

① 鉴于中部目前相对地位的下降,中西部差距的靠拢,为了问题的简化,在这里,区域差距演变阶段和均衡目标的设想以东部和中西部差距的缩小为地域单元。

以人均 GDP 作为反映区域经济差异的指标,先分别预测 2001—2050 年我国东部与中西部的人均 GDP(以 5 年为一个预测区间),然后计算东部与中西部人均 GDP 的绝对差距与相对差距。预测时以东部与中西部 1978—2000 年实际年均增长速度为起点,然后选择增长速度的不同上升或下降幅度,以及中西部滞后时期的不同,计算东部和中西部的人均 GDP。计算公式如下:

$$PGDP_{i,t} = PGDP_{i,t-5}(1 + r_{i,t-4})(1 + r_{i,t-3})$$
$$(1 + r_{i,t-2})(1 + r_{i,t-1})(1 + r_{i,t}) \quad (3.1)$$

式中,$i = 1, 2$,其中 1 代表东部地区,2 代表中西部地区;$PGDP_{i,t}$ 为 i 地区第 t 年的人均 GDP;$r_{i,t}$ 为 i 地区第 t 年的人均 GDP 增长速度。

用绝对差距(AV)和相对差距(RV)来衡量东部与中西部的经济差距,计算公式如下:

$$AV_t = PGDP_{i,t} - PGDP_{j,t} \quad (3.2)$$
$$RV_t = PGDP_{i,t} / PGDP_{j,t} \quad (3.3)$$

式中,i 代表东部地区,j 代表中西部地区;AV_t 为东部与中西部的绝对差距;RV_t 为东部与中西部的相对差距。

3.2.2.2 预测趋势

为了把握我国未来区域经济差距变化可能出现的各种情况,我们拟采用 3 种方案。各种方案的差别在于各区域经济增长速度的不同上升或下降幅度,以及中西部滞后时期的差异。具体预测方案如下:

方案 1:假定东部经济增长率到 2010 年达到最大,然后逐步下降,到 2040 年趋于稳定;中西部比东部滞后 10 年,到 2020 年经济增长率达到最大,然后逐步下降,到 2045 年趋于稳定。

方案 2:假定东部经济增长率到 2010 年达到最大,然后逐步下降,到 2040 年趋于稳定;中西部比东部滞后 10 年,到 2020 年经济增长率达到最大,保持一段高速增长时期,然后逐步下降,到 2045 年趋于稳定。

方案 3:假定东部经济增长率到 2010 年达到最大,然后逐步下降,到 2035 年趋于稳定;中西部比东部滞后 5 年,到 2015 年经济增长率达到最大,保持一段高速增长时期,然后逐步下降,到 2040 年趋于稳定。

得到的计算结果见表 3-1、表 3-2 和表 3-3:

表 3-1　方案 1 的计算结果

年份	人均 GDP 增长率(%) 东部	人均 GDP 增长率(%) 中西部	人均 GDP(元) 东部	人均 GDP(元) 中西部	AV(元)	RV
2000	0.09	0.07	11 690	5 302	6 388	2.2
2005	0.095	0.08	18 235	7 647	10 588	2.38
2010	0.1	0.09	29 102	11 551	17 551	2.52
2015	0.085	0.095	44 981	18 019	26 962	2.5
2020	0.07	0.1	64 875	28 757	36 118	2.26
2025	0.06	0.09	88 466	45 063	43 402	1.96
2030	0.05	0.075	115 072	66 272	48 801	1.74
2035	0.04	0.06	142 714	91 221	51 492	1.56
2040	0.03	0.05	168 679	118 656	50 022	1.42
2045	0.03	0.04	195 545	147 159	48 386	1.33
2050	0.03	0.04	226 690	179 041	47 649	1.27

表3-2 方案2的计算结果

年份	人均GDP增长率(%) 东部	人均GDP增长率(%) 中西部	人均GDP(元) 东部	人均GDP(元) 中西部	AV(元)	RV
2000	0.09	0.07	11 690	5 302	6 388	2.2
2005	0.095	0.08	18 235	7 647	10 588	2.38
2010	0.1	0.09	29 102	11 551	17 551	2.52
2015	0.085	0.095	44 981	18 019	26 962	2.5
2020	0.07	0.1	64 875	28 757	36 118	2.26
2025	0.07	0.1	90 990	46 314	44 677	1.96
2030	0.06	0.09	124 078	72 575	51 503	1.71
2035	0.05	0.075	161 395	106 731	54 664	1.51
2040	0.04	0.06	200 163	146 913	53 251	1.36
2045	0.03	0.045	236 580	188 389	48 192	1.26
2050	0.03	0.045	274 262	234 767	39 495	1.17

表3-3 方案3的计算结果

年份	人均GDP增长率(%) 东部	人均GDP增长率(%) 中西部	人均GDP(元) 东部	人均GDP(元) 中西部	AV(元)	RV
2000	0.09	0.07	11 690	5 302	6 388	2.2
2005	0.095	0.08	18 235	7 647	10 588	2.38
2010	0.1	0.09	29 102	11 551	17 551	2.52
2015	0.085	0.1	44 981	18 268	26 714	2.46
2020	0.07	0.1	64 875	29 420	35 455	2.21
2025	0.06	0.1	88 466	47 381	41 084	1.87
2030	0.05	0.09	115 072	74 248	40 824	1.55
2035	0.04	0.07	142 714	108 583	34 131	1.31

年份	人均GDP增长率(%)		人均GDP(元)		AV(元)	RV
	东部	中西部	东部	中西部		
2040	0.035	0.06	172 798	148 068	24 730	1.17
2045	0.03	0.04	204 239	187 171	17 068	1.09
2050	0.03	0.04	236 768	227 722	9 047	1.04

从以上3种模拟结果可以看出：

其一,我国东部与中西部未来的经济差距都将符合库兹涅茨的"倒U型"假设,即无论是相对差距,还是绝对差距,都经历先扩大、后逐步缩小的过程。

其二,我国到本世纪中叶各地区经济差距不可能完全消除,只能控制在适当的范围之内。

其三,一旦东部的经济增长速度开始下降,而中西部的经济增长速度处于上升态势的话,相对经济差距就开始缩小,如果中西部的经济增长速度能长期保持在一个较高的水平,就会大大缩小与东部的经济差距。

3.2.2.3 三种方案的比较

将三种方案计算的相对差距和绝对差距绘成图(见图3-3与图3-4),比较之后可以看出：

方案1,虽可取但不是最佳的方案。其绝对差距到2035年达到最大,为51 492元。然后开始下降,但下降的幅度比较平缓,为三种方案中最平缓的,到2050年为4万元左右。相对差距到2050年为1.27,为三个方案中最大的。

方案2,是三种方案中最为适中的方案。其绝对差距同样到

2035年达到最大,为54 664元,然后开始下降,但下降的幅度比方案1大,比方案3小,到2050年仍有47 649元。相对差距到2050年为1.17,在三种方案中也居中。

方案3,则难以实现。其绝对差距到2025年达到最大,为41 084元,然后就开始下降,下降的幅度在三种方案中最大,到2050年仅有9 000多元。相对差距到2050年更是接近于1。但是,此方案要求中西部在5年就赶上东部的经济增长速度,有一定的难度。

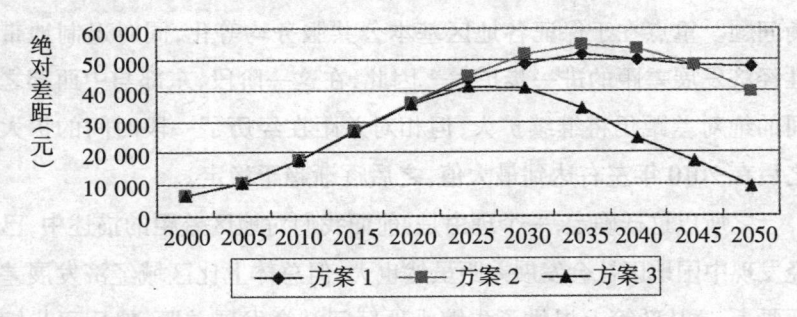

图3-3 三种方案的绝对差距预测趋势比较

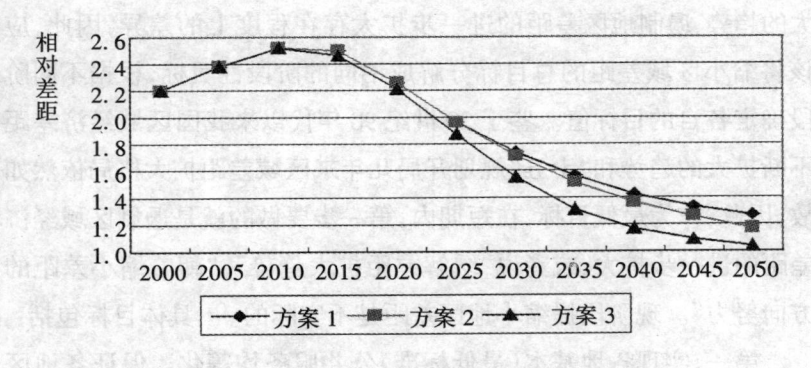

图3-4 三种方案的相对差距预测趋势比较

3.2.3 主要发展阶段划分和目标

根据上述预测方案,笔者提出政府调控各阶段目标的初步设想:

(1)最低或短期目标:在短期内(2000年至2010年左右),重点解决最基本层次的均衡问题,同时遏制地带性经济发展差距的进一步扩大。

政府对区域非均衡发展的调控,首先必须解决最基本层次的均衡问题。重点在于保证各地区基本公共服务均等化,同时遏制地带性经济发展差距的进一步扩大。因此,在这一阶段,东部与中西部之间的绝对差距仍将继续扩大,但相对差距在经历了一段时间的扩大之后在2010年左右达到最大值,之后逐渐趋于稳定。

之所以这样确定,一个理由是,前面我们对地区差距的描述中,已经发现中国地区社会发展差距虽然也大,但总体上比区域经济发展差距要小,这从政策上提供了先缩小地区间社会发展差距,然后逐步缩小经济发展差距的可能途径;还有,缩小地区差距与缓解地区差距扩大的趋势、遏制地区差距的进一步扩大存在程度上的差异,因此,应该将缩小区域差距的总目标分解成不同的阶段性目标,根据不同阶段确定各自的目标值。鉴于20世纪90年代以来我国区域经济差距不断扩大的趋势和"十五"规划开局几年来区域差距扩大格局依然如故,因此,作为最低目标,在短期内,第一步要做的就是遏制区域经济差距的进一步扩大,或者说"缓解差距扩大趋势","朝着缩小差距的方向努力"。现阶段提缩小地区差距是不实际的。[①] 具体目标包括:

第一,实现各地基本(最低标准)公共服务均等化。保证各地区

---

① 参见陆大道等:《1997年中国区域发展报告》,商务印书馆1997年版,第118页。

基层政权的正常运转是这一目标的核心内容之一,政府调控的最直接目标是弥补欠发达地区地方政府财力缺口,保证其正常财政支出。除此之外,最低标准的公共服务在我国现阶段还包括保证各地最低标准的文教科卫事业的发展,基础设施的提供。随着科学发展观的确立,社会保障体系和工程在各地的普遍建设和推行,生态环境的保护也纳入其中,构成其重要内容。当前要统筹规划,合理布局,突出重点,集中必要的力量,在水利、能源、交通、通信和重要原材料工业方面,建设一批大型工程,改善全国特别是中西部基础设施落后的局面;要加大对中西部教育卫生事业的支持力度;通过持续的退耕还林、还草,河流治理,遏制西部生态环境的恶化。当然,前提是需要制定全国基本公共服务的最低标准和最低支出标准与之配套。

第二,基本消除绝对贫困。在最低和短期目标中,在"八七扶贫攻坚计划"(以下简称"八七计划")基本完成基础上,进一步解决当前重点贫困村的绝对贫困问题是重要的目标和内容。这也是阻止地区经济发展差距进一步扩大所必须采取的第一步。由于中国人口众多,而且导致贫困的原因众多,因此,短期内彻底消除贫困不太可能,但实现基本消除绝对贫困既是可能的,也应该成为政府干预区域差距的最低目标。中国政府在2004年5月的全球扶贫大会上发布的《中国政府缓解和消除贫困的政策声明》中明确提出,缓解和消除贫困,实现全体人民的共同富裕,是中国政府始终不渝的宗旨,中国政府坚持以人为本和全面、协调、可持续的发展观,用10年时间尽快解决少数贫困人口的温饱问题,致力于在本世纪前20年建设一个惠及十几亿人口的更高水平的小康社会。[①] 从"八七计划"的实施开始,

---

[①] 参见曾金胜:"为了一个没有贫困的美好世界——首届全球扶贫大会侧记",《时代潮》,2004年第11期。

中国农村绝对贫困人口已从1993年的8 000万人减少到2003年的2 900万人,贫困人口占农村人口的比例从8.7%下降到3.1%,提前实现了联合国"千年发展目标"中将极端贫困人口减半的目标。[①] 在此基础上,到2010年左右基本消除绝对贫困困难不大。

第三,遏制经济发展差距的继续扩大的趋势。无论中长期的目标如何,首要的一步是阻止区域间经济发展差距的继续扩大,这是进一步缩小地区差距的前提。在近期内,政府要通过区域调控、重点支持中西部打好基础,搞好投资环境建设,力争使西部地区的经济增长速度逐步接近全国各地区的平均水平,从而有效地遏制近年来东西部差距急剧扩大的趋势。争取2010年之后,相对差距能开始缩小。

(2)中期目标:在较长时期(2010—2020年左右),争取到2020年左右,彻底从相对差距方面扭转区域差距扩大的趋势。

政府调控的目标就不应仅仅停留在各地基本公共服务均等化、消除贫困等低层次目标上,而应考虑解决深层次的区域差距问题,即直接缩小地区经济发展差距。在这一阶段,东部地区在经历了一段时期高速度增长之后发展基数增大,发展速度逐渐趋于下降。而中西部在经历了第一阶段的积累之后,基本消除了绝对贫困,实现了基本公共服务的均等化,基础设施得以改善,后发优势开始发挥作用,在越过与东部地区发展的等速增长点之后,中西部在这一阶段开始进入高速增长阶段,中国内陆地区的经济增长率将达到和超过沿海地区水平,并为21世纪20年代后,使东部沿海和中西部内陆经济差异的缩小创造条件。因此,东部与中西部的相对差距开始大幅持续

---

① 参见曾利明:"中国绝对贫困人口减少5 000万,提前实现发展目标",中新社,2004年9月9日。

缩小，但两者的绝对差距仍将继续扩大。在这一阶段的具体目标包括：

第一，缩小地区经济发展的相对差距。作为中期目标，要在实现第一阶段目标基础上，再经过10年左右的努力，力争使西部地区的增长速度超过全国各地区的平均水平，由此保证西部地区人均GDP和居民收入的相对水平稳步提高，努力缩小中西部与东部地区之间经济发展的相对差距。根据预测，力争在2020年前后，实现地区间相对差距的大幅持续下降。

第二，彻底消除绝对贫困，防止脱贫人口返贫。在前一阶段对集中连片绝对贫困治理基础上，进一步彻底消除绝对贫困，通过经济增长和各种援助措施阻止脱贫人口返贫，并根据经济发展和物价变动适时调整贫困标准。根据全面建设小康社会目标的总体规划，到2020年，中国将建成惠及十几亿人口的高水平的、全面的、发展平衡的小康社会，这是一个彻底消除了贫困的、较为富裕的社会。

第三，文教科卫、基础设施、社会保障体系以及环境保护等公共服务的进一步高水平的均等化。在使全国经济更加发展、民主更加健全的前提下，努力实现各地科教更加进步、文化更加繁荣、社会更加和谐、人民生活更加殷实。各地区科学文化素质和健康素质明显提高，形成全国各地水平较为均等的、比较完善的现代国民教育体系、科技和文化创新体系、全民健身和医疗卫生体系。人民享有接受良好教育的机会，基本普及高中阶段教育，消除文盲。形成全民学习、终身学习的学习型社会，促进人的全面发展。可持续发展能力不断增强，生态环境得到改善，资源利用效率显著提高，促进人与自然的和谐，推动整个社会走上生产发展、生活富裕、生态良好的文明发展道路。

(3) 长期目标:在长期(2020—2050年左右),力争使各地相对差距和绝对差距均缩小到较为稳定的、社会公众可容忍的范围内。

鉴于到本世纪中叶,我国整体将基本实现现代化,达到中等发达国家水平,东部沿海地区的长期高速、超高速增长将出现回落,过渡到较高速度或中速度的稳定增长状态,中西部尤其是西部经济随着西部大开发战略的实施,在经历了经济起飞后的持续较高速度增长之后,其发展速度即使开始趋于下降,也会仍高于东部。因此,我国区域差距的调控目标在这一较长时期将是通过持续大幅缩小相对差距而带动地区经济发展绝对差距也开始缩小。到2050年左右,西部的发展速度将在某一水平上逐渐趋于稳定,相对差距缩小的势头减缓,绝对差距在经历了大幅度的缩小之后也将维持在一个较低的水平上。但绝对差距仍将存在,① 但已是包括中西部在内的整体经济社会发展大大高于现在水平背景下的差异。到那时候,各地区之间将基本实现"人均收入"水平的均等和社会发展均等化。显著的经济社会发展指标意义上的城乡和地区差距将不存在。根据发达国家区域发展的现实经验(如德国,在东西德合并之前虽然仍然实施财政平衡制度以均衡地区差距,但西德各州之间的差距亦很小),这一目标是可以实现的。

上述三个阶段与目标的划分可以用图3-5表示。

关于政府调控区域差距的目标,理论界中王绍光、胡鞍钢曾提出一个具有浓厚理想意味的观点,即最终目标是消除地区间绝对不平等,但正像他们本人认为的那样,对这个最终目标,我们只能不断地

---

① 即使从长期来看,政府均衡区域差距的目标也并不是完全消除区域差距,而是将区域差距控制在"适度"的范围内,因此,一定的绝对差距总是存在的。

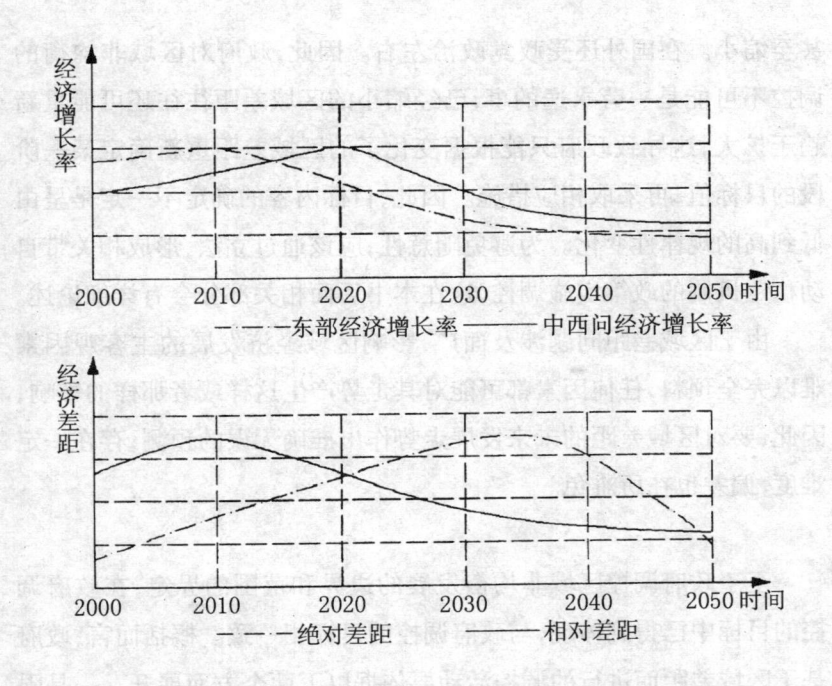

图 3-5 我国未来 50 年区域差距趋势预测

逼近,却永远无法达到。① 笔者十分同意这一看法,同时也认为这应该是上述阶段后更长远时期的发展目标。与之相比,另外一种现象更值得我们关注,即政府调控目标及其变化问题。根据国外及本国区域发展的经验,区域差距的变动,受到多种因素的综合作用,与本国宏观经济形势特别是就业形势的波动紧密相关。我国三大地带差距变动与经济形势和经济周期变动有关,表现为经济高涨时期,中西部与东部地区的差距迅速拉大;经济紧缩时期,差距扩大的趋势减缓

---

① 参见王绍光、胡鞍钢:《中国:不平衡发展的政治经济学》(中文版),中国计划出版社 1999 年版,第 223—232 页。

甚至缩小。在国外还受政党政治左右。因此,政府对区域非均衡的调控不可能是一劳永逸的事,已经缩小的区域差距往往还可能重新趋于扩大,这导致政府只能根据变化了的区域差距重新确定某一阶段的目标值,再采取相应措施。因此,目标内容的确定不一定是呈由低到高的规律性变化。为避免随意性,应该通过立法,形成相关带自动稳定机制的政策实施调控,这在本书后面相关部分会有详细论述。

由于区域差距问题涉及面广,影响区域经济发展的主客观因素难以完全预料,任何因素都可能对其走势产生这样或者那样的影响,因此,要对区域差距的未来发展走势作出准确无误的预测,存在一定难度,偏差也在所难免。

至于政府调控区域非均衡发展的边界和范围的界定,在政府调控的目标中已得到体现,与政府调控的目标相一致。概括而言,政府基于区域差距而进行的调控活动要依据以下两个方面展开。一是限制在市场失灵领域,政府的干预和调节无论出于何种理由,总地来说,应以市场失灵为依据和活动范围。通常公共部门经济学认为市场失灵决定了政府调控的必要性和逻辑起点,同时也给出了政府经济活动的总的范围。二是区域差距程度及社会公众的容忍度[①]。区域差距的存在是一个国际普遍性问题,政府对区域差距的调控取决于区域差距扩大的实际状况和社会公众对区域差距的容忍程度,只有当其超出适度范围和容忍程度(可以用社会政治稳定程度作为间接参照指标)区间值时,政府才需要介入。因此,政府均衡区域差距

[①] 关于社会公众对区域差距的容忍程度及最优选择参见翁君奕、徐华:《非均衡增长与协调发展》相关章节的讨论,中国发展出版社1996年版。

的边界和范围首先被限制在市场失灵领域(不仅仅限于公平原因,也会出于效率原因),当地区差距过大、超过社会公众的容忍度时,政府的调控就是必需的。对政府调控边界的讨论既涉及政府在这一领域的活动范围,同时也涉及政府活动的程度。

值得注意的是,虽然国内学者大都主张政府干预调节,但对政府调控的具体内容、活动范围和深度有着不同的理解和看法。坚持认为随着我国市场化改革的不断深入,市场机制将有可能导致我国地区差距进一步拉大的学者(如王一鸣,1998;程建国,1996),一般都认为政府调控是必要的,而且主张政府应加大对落后地区的资金投入和政策倾斜。而坚持认为改革开放以来我国的地区差距进一步扩大是因为我国的市场发育还不充分,缓解我国地区差距的根本出路在于促进全国统一市场形成的学者(如樊纲,1995;周振华,1996;徐滇庆,1997),虽然不反对政府干预,但将政府在解决区际问题上的职能仅限于促进市场的发育、促进全国统一市场的形成。由此我们不难看出,尽管我国的学者大都认为政府调控是必要的,但在对政府调控的理解上却存在较大差异,进而影响到对政府干预的内容、范围和深度的看法。本书主张政府的积极调控,政府的调控是限于市场失灵的范围,但政府对市场失灵的调控是积极的,不仅限于促进市场发育,也包括主动的、积极的区域政策的应用,直接的财政调控。政府在区域发展中一方面将通过转变自身的职能,促进市场的发育,为各地区的经济发展创造较为宽松的市场环境;另一方面又应通过制定适当的区域政策、动用自身拥有的调控系统,防止市场机制自发作用导致的地区差距的进一步扩大。本书后面章节将详细阐述政府调控的作用机理(平抑机制)和调控支持系统。

3.3 政府调控失灵

尽管许多人认为政府调控是缩小区域差距的基础,[①] 解决区域发展差距问题,促进欠发达地区快速发展,中央政府具有无可替代的作用。各国也不乏成功的政府区域政策案例,但事实上政府调控并不一定导致区域差距的趋同,相反,也可能导致地区差距的趋异。理论界对我国改革开放以来特别是20世纪90年代以来地区差距扩大原因的分析中,就注意到了政府政策原因。如果政府对区域非均衡的干预出现失灵,可能与以下两方面有关。

3.3.1 政府调控的意愿、能力与调控失灵

按照王绍光、胡鞍钢的分析,政府干预是否能减轻空间不平衡取决于以下两个变量(这里暂不考虑政府机制和公共决策的特点):一是政府抑制地区差异进一步扩大的愿望;二是政府影响资本按有利于落后地区的方向流动的能力。

从意愿来讲,如果无需付出代价,则所有政府都有缩小本国地区差距的意愿。但是,正像笔者在前面提到的那样,如果政府坚信公平和效率之间存在一定的替代,旨在缩小区域差距的政策将或多或少地降低全国整体的经济效率,这些政府就可能变得不太愿意以降低效益换取地区平衡。特别是对一个实施赶超战略模式的发展中大国来讲,赶超战略使得政府格外关注经济增长率的快速上升,发展中大

[①] 即使这一点历来也是存在争议的,新古典经济增长理论就主张自由放任,反对政府干预地区差距。

国的国情使得缩小区域差距任务艰巨,因此,考虑到成本代价,政府抑制区域差距扩大的意愿将受到影响。政府就可能选择先经济增长后公平分配,倾向于为了获取最大的总体经济增长而忍受地区不平衡。

在政府已经具有谋求均衡主义的强烈意愿前提下,政府区域均衡政策的效果还取决于中央政府行使再分配职能的能力。而中央政府行使再分配职能的能力大小主要取决于其财政收入能力。中央政府的财政实力是执行地区政策的财力基础。即使中央政府具备强烈的均衡愿望,但如果它缺乏足够可以支配的财力,其区域均衡政策也不可能十分奏效。只有当政府既有意愿又有能力时,均衡增长的目标才有可能实现。王绍光、胡鞍钢曾将意愿与能力两者的关系用一简图(见图3-6)表示。在四种情况中,第Ⅰ种情况下,政府干预区域非均衡的意愿和能力均弱;第Ⅱ种情况下,政府虽然具有较强的干预能力,但缺乏干预的愿望;第Ⅲ种情况与第Ⅱ种情况正好相反,政府具有均衡愿望但影响能力有限;只有在第Ⅳ种情况下,政府既有干预区域非均衡的愿望,又具备均衡所需的实力。

	影响资本流动的能力	
	弱	强
缩小地区差距的愿望　弱	Ⅰ	Ⅱ
强	Ⅲ	Ⅳ

图3-6 政府意愿和国家能力在理论上的关系

就中国改革开放以来的政府意愿和能力来看,在整个80年代和90年代前半期可谓双双不足。这段时期政府所实施的是向沿海倾斜的战略,整个政府宏观经济政策均围绕以经济建设为中心的核心任务,很明显,政府对区域差距的调控愿望不足。同时,改革开放的过程,从某种意义上来说,也就是政府不断放权让利的过程,政府的财政收入能力不断受到削弱,财政收入占 GDP 的比重和中央财政占全国财政的比重不断下滑,严重影响到政府的宏观调控能力。这种状况一直持续到 1994 年分税制改革之后。《1999 年中国人类发展报告》援引王绍光、胡鞍钢的研究,总结得出了相同的结论:改革开放以后,至 1993 年实行分税制财政体制期间,中央政府筹集收入的能力受到削弱,是导致同期地区差距扩大的一个重要原因。在 1980—1993 年间,由于财政包干制的实行,这期间中央财政收入占 GDP 和全国财政收入的比重大幅度下滑,而中央财政控制外的预算外资金却呈爆炸性增长,致使中央政府在财政紧张的情况下无法在全国范围内重新调配资金。表 3-4 中列出了 1978 年以来各省市区在四个时期的平均财政盈余(赤字)与国民生产总值的比率,说明了在放权让利阶段中央财政收入的锐减与对贫困地区的收入转移减少的直接联系。在 1978—1980 年期间,30 个省中有一半拥有财政盈余。当时上海向中央上缴的财政收入超过了其国民生产总值的 50%,其他发达省市如北京、天津等也同样上缴财政收入。同时,中央政府向 15 个财政赤字省提供高达其国内生产总值 1/5 或 1/4 的补助。1980 年以后,富裕省份向中央政府上缴的收入锐减,导致中央对贫困省份的补贴也急剧下降。到 1991—1993 年间,最富有的上海向中央上缴的收入只占其 GDP 的 8.5%,而广东上缴份额更少,这一比例为 0.4%左右。这直接导致贫困和赤字省份来自于中央的补贴大幅减少,因此,80 年代到 90 年代前期中央政府也缺乏追求区域均衡所需的足够财政能力。

  1994 年开始的分税制和工商税制的全面改革,以及对预算外资金的清理规范,使得政府特别是中央政府的财政收入能力逐步增强,经过"九五"和"十五"期间的积累(每年财政收入比上年增长两千亿,到2003年,财政收入已突破两万个亿),政府财力大增,宏观调控能力明显增强。因此,总地来说,经过改革开放25年的快速发展,中国已经具备了逐步解决区域发展差距的条件,中央政府也有能力为促进区域协调发展提供体制、政策、资金等方面的支持。而科学发展观的确立、统筹区域发展要求的提出也标志着政府意愿的增强。

表3-4 1978—1993年各省财政盈余占国内生产总值的比例

(单位:%)

省市区	1978—1980年	1981—1985年	1986—1990年	1991—1993年
北京	25.63	14.29	3.54	1.05
天津	26.33	16.20	5.83	3.85
河北	6.00	2.38	-0.21	0.10
山西	-0.28	-0.95	-2.28	-0.82
内蒙古	-20.77	15.94	-11.12	-7.14
辽宁	22.38	11.50	2.68	0.99
吉林	-2.88	4.72	-5.74	-3.66
黑龙江	-7.33	-3.41	-2.51	-1.71
上海	51.07	38.68	17.26	8.54
江苏	11.26	9.09	3.34	1.37
浙江	6.98	6.84	3.16	2.03
安徽	3.17	1.19	-0.90	-2.30
福建	-1.38	-2.19	-2.47	-0.93
江西	4.48	-2.73	-3.51	-2.82
山东	10.18	4.39	-0.81	-0.01
河南	2.65	1.45	-1.06	-0.61

省市区	1978—1980年	1981—1985年	1986—1990年	1991—1993年
湖北	2.19	4.09	-0.09	-0.30
湖南	3.23	2.01	-1.12	-0.56
广东	4.76	1.38	-0.66	0.38
广西	-7.97	4.20	-5.97	-2.25
海南	-3.14	-5.12	-7.75	-5.87
四川	0.50	0.43	-1.50	-0.84
贵州	-11.70	-8.04	-6.30	-3.34
云南	-9.71	-5.07	-5.89	-1.19
西藏	无	-61.6	-50.8	-49.6
陕西	-1.24	-3.72	-3.85	-2.44
甘肃	6.56	-3.36	-5.61	-3.83
青海	无	-25.59	-16.20	-11.57
宁夏	-22.01	-23.03	-17.57	-10.17
新疆	-24.15	-18.17	-11.72	-7.02

资料来源:联合国开发计划署,《1999年中国人类发展报告》,中国财政经济出版社1999年版,第58页。

3.3.2 政府机构运转机制、公共选择的特点与政府调控失灵

不仅政府的意愿和能力会影响政府对区域非均衡的调控,而且,即使政府有均衡的愿望和能力,由于在政府机构运行机制和公共选择上固有的特点,同样会导致调控的失灵或打折扣。

西方公共选择理论在分析市场和政府关系时指出,政府介入经济活动的理由是市场失灵,但事实证明,政府活动的结果往往未必能矫正市场失灵。市场不能解决,政府也不能解决;有些问题虽然政府

可以解决,但要么成本很高,要么副作用很大,20世纪70至80年代西方经济中的滞胀就是一例。"当政府行动不能增进效率或政府把收入再分配给那些不恰当的人时,政府失灵就产生了。"①公共选择理论引入经济学方法,详细研究了民主制度下的公共决策程序,认为投票规则的缺陷、政治市场中行为主体的动机以及利益集团的存在导致了政府决策的缺乏效率;同时,由于政府的垄断地位、缺乏竞争和降低成本的激励导致政府机构运转的低效率;另外,政府的有些干预形式,如颁发许可证、配额、执照、授权书、批文、特许经营证等,也可能同时为寻租行为创造了条件,由此造成社会资源的浪费,导致效率损失。公共选择理论侧重于政治决策过程的分析,认为政治市场和公共选择机制的内在缺陷可能导致政府活动偏离公共利益目标。

斯蒂格里茨把政府失灵的原因归结为三方面:信息不完全、政府官员的动机、难以预期私人部门对政府计划的反应,从而使政府行为的后果具有不确定性。② 他认为,如同私人部门的决策面临信息不完全一样,公共部门制定和实施决策时也有信息不完全的问题。例如,政府难以确定把公共福利给予真正需要的人,政府要把真正应该享受福利的人与不应该享受福利的人区分开来,其成本可能很高,这导致政府在收入再分配上的缺陷。同样的情况也可能发生在中央政府与各个平级地方政府之间,中央政府也往往难以公平地把补助给予真正需要的地区。政府官员是为自己利益工作的,政府政策具有公共产品性质,这使得政府官员没有足够的动力去设计符合公共利益的政策。同时,政府官员是在一套既定的公务员规则下工作的。

---

① P. A. Samulson and W. D. Nordhaus: *Economics*, 13th Edition, McGraw-Hill Book Company,1989,769.

② 参见斯蒂格里茨:《经济学》,中国人民大学出版社1997年版,第503—505页。

这种规则往往不够灵活,对政府官员的评价一般只能从其错误中识别,这导致"避免错误或失误"成为政府官员的行为准则。另外,私人部门对政府行动的反应有时候使政府计划南辕北辙。

非市场失灵理论(non-market failure theory)从非市场的供求状况与特征入手,也分析了政府失灵的原因和表现。认为与市场失灵的领域和原因相对应,政府失灵主要表现在:内部性和私人目标;多余成本和成本递增;派生外部性以及影响力和权力的分配不公。在分析非市场活动时,内部性的存在意味着私人成本和私人收益很可能支配了公共决策者的计算,在非市场产出难以衡量、政府对消费者对其活动的反响反应不灵敏、不存在竞争性的生产者等情况下,它的存在导致非市场部门的总成本不断上升,产出低于社会效率产出。其表现主要是:预算规模增加,多多益善;技术进步,越新越复杂越好;信息获取和控制,比别人知道的越多越好(可以变成权势或权力)。在现实生活中,多余成本现象存在于诸如高速公路、水利工程、公共建筑物等许多公共项目的建设上。而且由于非市场活动一般都是在毫无竞争的条件下进行的,再加上私人目标的驱动,多余成本不仅存在,而且还可能不断增加,最终势必出现成本递增现象。之所以出现非市场活动多余成本和成本递增现象,根源在于非市场活动割裂了公共产出的成本与收入之间的联系,这必然会加重资源配置的不当程度。政府矫正市场失灵而采取的一些公共政策,有时可能在公共政策原本不打算影响的领域里产生未预料到的副作用,即派生外部性(derived externalities)。比如,某地政府颁布关于企业必须为受雇女职工购买生育保险的条例,可能会导致企业不雇用或减少雇用女职员,从而导致就业上的性别歧视。非市场部门同样存在分配不公。非市场活动或公共政策措施,无论是对市场分配的矫正、行业的管制、公共品的生产，还是市场不完善的弥补，都涉及权力的转移，也许会产生新的不公平，在缺乏法律有效约束的情况下，这种权力的再分配甚至会导致滥用职权和腐败的滋生，权力分配不公平在很大程度上反过来又会导致收入和财富的分配不公。

在政府已成为不可或缺的经济主体的背景下，虽然公共选择理论和非市场失灵理论否认政府干预的必要性似乎不合时宜，但它对政府失灵的分析提出了许多有价值、有启发性的思想和观点。这些思想在我们讨论中央政府对区域非均衡的调控和政府间关系处理时十分值得注意，甚至很多分析都直接适用。

最典型的就是政府机构运转的低效率和多余成本、成本递增现象。在中央政府均衡区域差距的手段和措施中，最常用的手段之一就是公共投资，但公共工程投资往往出现最终完工成本大大超出预算的情况，在我国更有甚者是工程质量的严重问题，频繁曝光的"豆腐渣"工程常常是公共工程。派生外部性问题，也存在典型的表现形式，政府出于地区间公平而对欠发达地区的转移支付往往导致各地争相哭穷，落后地区"等、靠、要"，缺乏对税收努力的激励，还可能出现各地与中央政府在补贴和投资上的讨价还价，即所谓的"跑部钱进"；信息不完全也同样可能发生在中央政府与各个平级地方政府之间。在联邦财政体制下，或集权制国家实行分税制情况下，中央政府往往无法准确地获知各个地方政府的实际财政能力，在各地争相哭穷的情况下更是受到干扰，因此，中央政府往往难以公平地把补助给予真正需要的地区。同时，由公共决策权力导致的滥用职权、腐败、内部性和私人目标问题，也无法杜绝。

综上所述，政府的均衡意愿和能力，以及政府机构运转的机制和公共选择程序的特点都可能会影响政府调控区域非均衡的效果。但这种分析并不是像公共选择理论那样要证明政府干预的无效,恰好相反,了解可能发生的情况,是为了更好地避免问题的出现。上述分析提示我们,政府的调控是必需的,但政府的调控必须选择恰当的方式和力度,把握政府活动的总体边界,同时还要考虑政府的意愿和能力的统一。

3.4 小结

● 市场失灵是政府整体经济活动以及范围界定的逻辑起点,同样也适用于政府对待区域非均衡状况的态度分析。

● 政府对区域差距的调控和矫正最直接的理由是出于对公平和效率及其在一定阶段约束下的权衡。政府出于公平原则调控区域差距的具体理由包括对财政横向不平衡、区域经济社会发展的不平衡及其可能引致的政治不稳定的考量;出于效率原则的理由在于政府必须矫正不同辖区间公共产品的外溢性,财政职能的空间维度分配和由此带来的财政的纵向失衡问题。政府还必须在宏观调控领域有所作为,对区域差距造成的总体社会福利损失和对全国总体经济增长和发展目标的牵制,对市场机制导致的诸侯经济与地区封锁和冲突、重复建设等加以干预和纠正。公平和效率间的权衡是各国尤其是实行赶超战略的发展中国家普遍面临的抉择,而寻求在适度差距下的快速健康发展成为追求的目标。

● 学术界从未停止对我国区域发展的预测规划,近年来政府决策和操作部门更是将缩小区际发展差距规划纳入到国家的宏观发展计划之中。鉴于区域差距扩大的长期性,政府调控区域差距的目标设置不能急功近利,必须是分阶段的、渐进的。笔者提出三个预测方案供选择,将其划分为三个阶段。从缩小社会发展差距、消除贫困入手,逐步缩小区域间的相对差距,最后使得绝对差距缩小到适度范围、各地区不再存在明显的社会发展差距。

● 政府的干预与调控是必需的,但也可能存在失灵。这是由公共决策的程序特征所决定的。探讨和重视政府失灵问题的政策含义在于强调政府调控的适度性,它提醒我们,政府调控是必要的,但并非万能,必须强调政府调控的活动边界和范围、政府调控程度的把握、政府的意愿和能力约束。

第4章 政府调控机制和理论模型

在本书第2章、第3章分别从区域差距实践和理论依据角度说明了政府调控区域差距和非均衡状况的必要性、目标和范围边界。本章的主要目的是在此基础上,进一步探讨政府平衡区域发展差距的作用机制,并尝试构建政府调控区域非均衡发展的基本理论框架。这一分析框架同时也将构成对本书以下各章内容之间逻辑关联的概括说明。

4.1 政府调控:财政平衡机制

政府调控区域非均衡发展的财政平衡机制,是通过政府制度政策因素与传统投入要素之间的相互影响而发生的。正是政府调控因素与传统投入要素的综合作用影响了区域的发展状况和地区差距及其变化。

4.1.1 政府因素与传统投入要素的综合作用

关于影响地区差距及其变化的因素,首先进入研究者视野的是传统的投入要素:资本、劳动力和土地(包括自然资源)。我国幅员辽阔,各地在自然资源禀赋上存在巨大差异,人们在短期内难以克服,由此决定了区域发展初始条件差别的客观性。但单纯从资源禀赋或单纯从区位条件来解释过去20年来中国的区域发展差距是缺乏足够的说服力的。事实上,随着生产的发展,产业结构的不断进步,生产对于自然资源的依赖性趋向于越来越弱,自然资源在解释地区差距为什么会发生变动方面显得越来越乏力。资本因素是最为直接的经济产出影响因素之一。资本在各地区间的配置和流动是影响区域经济增长,从而影响地区差距的一个关键因素。在市场条件下,劳动力总是从边际劳动生产率低的地区流向高的地区,有助于提高劳动力资源的利用率,缩小地区间的劳动报酬差距和人均GDP差距。劳动力流动不但为流入地提供丰富的劳动力,使之保持较低的工资成本和较高的国际竞争力,同时还提高迁徙者和流出地的人均产出水平,改善资源配置状况。实证分析也发现,劳动力市场发育程度直接影响各地区的经济增长率(蔡昉、王德文、都阳、王美艳,2003)。

除传统投入要素外,与传统要素密切相关的人力资本在各地区分布的差异和各地区的城市化程度、工业化程度,以及政府的区域发展战略和政策、相关制度因素的差别等等方面,对于研究地区差距的成因和变动趋势也至关重要。市场发育程度与地区经济发展水平直接相关,改革开放以来的中国经济发展是以体制转换为制度背景与动力机制的,因而市场化进程与区域经济发展具有很强的内在关联。中国的工业化与城市化进程直接表现为农村剩余劳动力向非农产业的快速转移,而这正是影响农村居民收入的关键。多项研究表明,东西部的收入差距突出表现在东西部农村居民收入的差距上。因此,欠发达地区的城市化和农村工业化对于缩小地区差距具有非常重要的意义。至于政府调控和区域差距的关系历来存在争议。有人认为政府调控是缩小区域差距的基础,也有人认为正是政府的干预调节导致了地区差距的日益扩大。但事实上,政府的作用类似双刃剑,往往既能导致区域趋同,也能导致区域趋异,这取决于政府调控的程度和方式。新中国的经济建设史,从某种程度上说就是在不同阶段选择均衡或非均衡的区域经济发展战略的历史。而改革开放以后二十多年里政府实施的向沿海倾斜的发展战略正是造成改革开放后区域发展差距扩大的主要原因之一。与政府的区域政策倾向密切相关的,还有中央和地方政府间的财政管理体制即财政集权、分权的程度与政府的财政地区政策。财政集权与分权的程度不仅影响中央政府的财政汲取能力,从而影响中央政府的区域均衡能力,而且在某种意义上也反映出中央政府在公平与效率上的权衡与取舍,反映政府的区域政策倾向。

区域差距的形成演变过程受到各种影响因素的共同作用,这些因素往往交织融合在一起,以合力形式发挥影响作用。传统要素的作用受到政府功能和政策等"人为"因素以及各地区市场化、工业化程度的广泛影响。政府政策因素可以通过"渗透"方式改变某一地区传统资本和劳动力因素的规模和质量。

(1)从政府政策对某一地区的外区资本流入来看。首先,政府的区域政策直接影响到中央政府的财政拨款规模和区位选择。随着公共财政框架的确立,中央政府对地方政府的拨款将日益规范化,政府的区域政策导向在此过程中的影响将更为重要;不仅如此,影响更大的是政府政策因素对外资规模和区位选择、对同级外区资本流入的影响。改革开放以来东部沿海地区得以先富,主要不在于中央政府的财政投入,更为重要的是中央政府给予的令其他地区当时无法想象的优惠倾斜政策,尤其是对外国资本进入的地区优惠政策和宽松的政策环境,以及随后对在东南沿海率先兴起的乡镇企业的政策扶持,带动了丰裕的国际、国内资本在东部落户。改革开放之后外资一边倒地向东部聚集的投资格局,与国家对东部地区吸引外资的特殊优惠直接有关。在过去20年的经济改革期间,市场导向的外商直接投资以及民间资本流动使资金大量流向东部,加速了东部地区的经济增长,同时也扩大了地区差距。因此,政府的功能和战略对一个地区吸引外资和其他横向资本流入的规模有着十分直接的影响。西部大开发战略的实施,中央财政对西部地区的大幅投入以及对西部地区投资的优惠政策,对西部地区吸引外资和其他地区民营资本进入也将或正在发生积极作用。

(2)从政府政策因素对劳动因素的影响来看。首先,政府对特定地区的人才流动政策对各地区之间劳动力流动的走向和规模存在重要影响。改革开放以来,中国一度出现的"民工潮",大量中西部劳动力向广东等东南沿海省市的大批涌入,还有大批各种类型人才的"孔雀东南飞"就是最好的例证。受收入和就业机会差距的吸引,农村劳动力有从中西部向东部地区流动的趋势,这有利于缩小地区间人均收入的差距,同时也有利于提高效率。

尤其是政府的功能和政策对人力资本的地区分布、各地区人力资本存量存在着长期、深远的影响。新增长理论将知识和专业化的人力资本积累看做是经济增长持续和永久的源泉和动力,并认为当前世界经济增长中各国经济增长率和人均收入差距越来越大的主要原因是各国在知识、技术和人力资本积累方面存在巨大差异。根据该理论,资本和劳动的存量变动会在短期内影响经济增长率(Solow,1956;Swan,1956),而人力资本存量的差异却有可能直接影响全要素生产率,从而影响长期的经济增长率(Romer,1986;Lucas,1988)。在其他条件相同时,人力资本存量较大的先进国家或地区有可能在长时期内保持相对较高的经济增长率。因此人力资本是影响地区差距长期趋势的因素。衡量人力资本的存量,有若干不同的角度。例如罗默用从事研究和开发的科技人员数量来表示人力资本,而卢卡斯用劳动者的受教育程度来表示人力资本。本书第 2 章对地区间社会发展差距的描述中,有关教育、科技、卫生医疗健康等指标的分析已经证明,中西部尤其是西部地区在人力资本的产出率方面无法与东部竞争。

新增长理论为政府调控供给的行为提供了恰当的理论基础,并且具有普遍的适用性。它在为发达国家和发展中国家的经济差距作出解释的同时,也为发展中国家尽快弥补这一差距提供了方法。新增长理论给予政府决策者的一个启示是:相对于经济增长的物质内容,知识与技术水平以及与此密切相关的教育、研发投入或许具有更加重要的意义。同传统的"赶超战略"相比,新增长理论更注重"面面俱到"地运用政府政策,其表现之一就是更加关注"人",更加关注"人力资本"的形成与作用。政府与其按照某种特定的模式塑造经济结构,不如将经济资源投入到提高市场参与者的知识技能水平上去,通过各种政策措施激发他们的创造性与创新热情,自发地推动市场体系的完善、产业结构的升级。

(3)各地区市场化和工业化、城市化程度和水平也是影响各地区传统要素生产率的关键因素。中西部地区的经济增长率与东部的差距在很大程度上是由于要素生产率低。而这主要取决于不同地区技术进步和市场化、工业化以及城市化程度的差距。这种差距决定了该地区的资本和劳动力需求,从而影响吸引外资和其他地区资本流入以及劳动力的迁入等程度。尤其是东西部在非国有经济的发展和要素市场发育方面的差距非常突出。这是制约中西部地区经济发展的一个关键因素。进一步转变政府职能,鼓励非国有企业发展,促进要素市场发育,改善法律制度环境等将对中西部的发展起到重要作用。与此同时,在市场导向的基础上推进城市化发展将是西部发展的一个推动力。

此外,政府制度和政策间存在相互作用。实践证明,政府的改革取向、一定的市场化和工业化程度以及一定的政府区域政策之间的关系高度相关。就中国情况而言,正是政府确定的体制转轨、市场化改革目标和取向促进了改革开放以来的快速市场化和工业化过程,而政府在这一时期所实施的向东南沿海地区倾斜的发展战略也正是顺应了这一进程的需要。

综上所述,区域差距与非均衡的产生及其变动是多种因素综合作用的结果(如图4-1所示)。作为传统要素的自然条件和初始起点,是影响地区差距形成的因素,但并不是造成各地区经济增长差异的主要原因。政府的调控通过对传统要素的"渗透",可以影响传统要素的禀赋结构和质量。在考察中国改革开放以来区域差距状况的变动趋势时,承认造成中国区域非均衡扩大的人为原因比单纯地运用自然条件揭示区域差距的扩大更有说服力。而且,由此引出的政策含义更值得我们关注。它说明,只要我们调整政府的区域政策偏好,就可能既避免两极分化,同时又不牺牲经济增长。认识到这一点,也为我们争取缩小区域差距增强了信心。

基于政府功能和制度政策对传统投入要素的广泛和长期作用,本章以下部分的内容着重探讨的是对政府调控机制的分析和理论模型的构建:将政府调控因素作为一个整体因子考虑,代入生产函数,试图构建一个总的政府调控理论模型。以后各章再作具体延伸分析,并分别建立转移支付和中央直接投资模型。

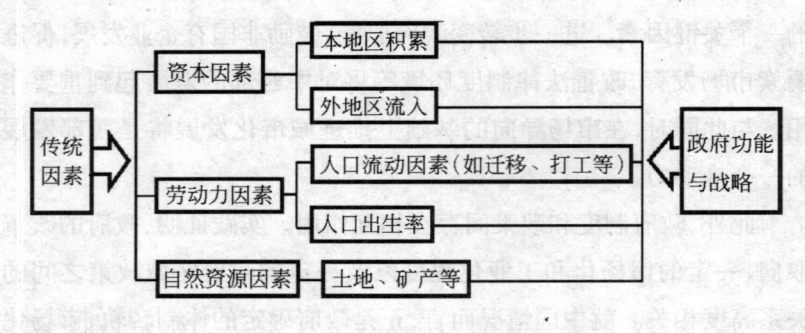

图 4-1 要素间的综合作用

4.1.2 政府调控与财政平衡机制

政府对区域差距、非均衡的调控有较多的政策工具可以选择采用,但政府可以直接动用的只有财政政策和手段,严格意义上的政府调控指的就是运用财政手段的调控。

政府的财政调控表现为一种通过政府支出活动改变现有区域非均衡格局的作用过程。这里的"支出"是中央政府为平衡区域差距所采取的各种支出的总称。既包括中央政府对下级政府的转移支付支出,也包括中央政府对各地区的直接投资,还包括中央政府预算内的财政扶贫支出,等等。这里值得注意的是,理论界在谈及政府对区域非均衡的财政调控时,往往认为政府可以动用"收入"和"支出"两大类手段。笔者认为,政府财政的确具有收、支两大类手段,但政府在均衡区域差距时却主要运用的是支出手段,所谓的收入手段,如税收优惠或地区投资刺激,事实上是变相的支出手段。

政府支出手段如何平衡地区差距?这和相关种类的财政支出的固有特征及其区域均衡效应有关。政府采取的不同的支出形式,对区域非均衡状况发生作用的机理是不同的,其产生影响的相关因素和领域各有侧重,从而具有不同的区域均衡功能。从国内外经验来看,政府最常采取的支出形式是政府间的转移支付和中央政府的公共投资。在我国,财政扶贫方式已发展成解决区域非均衡的一项系统性措施,构成我国政府平衡区域差距的一种主要形式。除此之外,在其他国家的区域政策中,还包括各种形式的经济刺激[①],以及政府采购(对落后地区公司的强制性采购比例)和公共区位形式(政府机构和公营企业单位的扩散或区位调整)。在此,笔者着重从抽象的一般层面构建一个财政平衡机制和支持手段系统的基本逻辑框架,更深入的专门探讨留到第5至7章。

(1)政府间财政转移支付

政府间转移支付包括中央政府(联邦政府)和地方政府之间,以及同级地方政府之间的收支划分和往来关系。[②] 这种财政资金在不同政府间的转移,不是一种直接的支出,而是资金使用权从一个实体转到另一个实体,在转移支付过程中,并未创造新的价值,也不增加资金供给量。即政府间财政转移支付并不改变社会财力总量,改变的是资金使用权。所以,转移支付并非终极支出,只有当接受转移支付的主体使用资金时,才形成终极支出。

中央政府以转移支付形式对地方政府的补助,各国最常采取的

---

① 参见陈耀:"对欠发达地区援助的国际经验",《经济研究参考》,2000年第28期。陈在对区域政策工具及其操作形式的分类中,将税收优惠等形式归为经济刺激类工具,具体包括:工业投资补贴,就业或工资补贴,租金补贴,居住区调整补贴,所得税、进口设备关税、出口利润税收减免,区位调整的税收返还和特许权,运费调整和补贴,特别折旧率、优惠贷款,信贷担保,社会保险支付特许权,土地征收和抵偿,低价出租或出售厂房,技术援助、培训和信息咨询服务。

② 还包括地方各级政府之间的财政关系,但本书主要涉及的是中央和地方政府之间的关系,较少涉及地方政府内部——省以下各级政府之间的关系。

是上级政府对下级政府的纵向转移支付模式,这种转移支付制度的设计初衷是为了弥补地方政府的财政缺口,既包括对联邦财政体制或分税制本身造成的地方政府纵向的财政收支缺口的弥补,也包括出于地区均等化目标对欠发达地区横向财政收支缺口的弥补。另一种模式是同级政府间的资金转移,即地区之间的横向转移支付,如德国财政平衡制度,表现为财力富裕地区向财力不足地区转移资金,其主要目标就是实现各地区之间财力的横向均等化。因此,政府间转移支付无论采取纵向的还是横向的形式,都具有直接的区域均衡功能和效应。就其均衡作用的领域来看,直接影响的是政府间的财政能力,具体而言是通过给予受援地区财政收入补贴的形式,来改变受援地区的财政收支对比状况,弥补受援地区的财政收支差额,从而平衡地区间财政收支能力。

从转移支付的种类来看,中央政府的无条件拨款(一般性补助)未规定资金用途,也不要求地方承担自有资金的拨款,在中国,无条件拨款实际上用来平衡地方各级预算。有条件拨款,规定了资金的用途,在我国通常被称为"专项补助或拨款",目前科目达上百种之多,主要是对地方经济发展和事业发展项目以及自然灾害等特殊情况的补助。从功能来讲,无条件拨款直接均衡地方政府财力,解决的是受助地方政府财力不足问题,而专项拨款直接的指向往往是经济、社会事业发展,但从国际经验来看,主要是教育、卫生事业的发展,因此,具有直接的均衡各地公共服务水平的功能。

总之,以政府间转移支付形式安排的财政支出,即中央政府拨出一部分收入给特定的地方政府使用,等于是增加受补地方政府的财政收入。从其区域均衡功能来看,主要集中于分配领域,直接作用指向是政府间的财政能力和公共服务水平,作用机理是通过对受援地区政府财政能力的直接支持而缩小受援地区与其他地区间的财力和公共服务差距。

(2)中央政府投资

中央政府除了"给地方政府钱花"以外,还可以进行直接投资,"把钱直接花在特定地区"。中央政府的公共投资,从某种意义上来说,比政府间转移支付具有更直接、更显著的"区域指向"。对中国而言更是如此,在研究中国的区域经济政策时,中央政府投资的地区分布结构问题历来是一个关注的焦点。

中央投资,主要用于各地大型基础设施的建设和完善,如自20世纪30年代以来,美国政府投资的重点领域是水电工程、全国公路网、信息网、环境保护和基础教育设施。日本政府缩小区域差距的一项重要措施是大力建设和完善交通系统,由中央政府组建的、国家控股的道路公团重点承建跨地区的干线道路和高速公路系统。政府投资在我国往往还涉及中央政府投资在不同地区创办大型国有企业。

由于政府投资直接涉足生产领域,甚至创办国有或国控企业,因此,如果政府投资的布局是出于均衡区域差距的话,从理论上来说,其均衡效应应该很明显。中央政府的直接投资不仅可以改善欠发达地区的公共服务水平,而且与政府间转移支付相比,其作用的领域更偏向于对欠发达地区生产和就业的影响,可以直接影响到相关地区的经济增长。

中央政府的投资,对欠发达地区来说,不仅存在经济学常说的乘数效应,而且还存在着"汲水"效应。虽说一个地区的发展所需投资主要应该依靠市场机制来筹措,从长期来看,一个过分依赖中央投资的地区在区域竞争中是缺乏竞争力的。但对欠发达地区来说,没有中央政府的前期投入,完全依靠市场机制作用的话,这里也会存在市场失灵——存在类似于咖啡和糖的互补性市场的解决问题。因此，中央直接投资对实现欠发达地区的起飞是必不可少的。

但同时值得说明的是，投资手段的运用，如果是重点投向发达地区，或由于向发达地区倾斜的政策的吸引而流向发达地区，也会导致地区差距的进一步扩大。

(3)财政扶贫

政府对反贫困具有不可推卸的责任，政府不仅可以通过对贫困地区和贫困人口的直接救助直接改变其贫穷状况，还可以通过对贫困地区基础设施的建设、创造就业岗位及人力资本投资，如医疗保健、教育、在职培训、成人教育和技术培训等方式改善贫穷地区生活环境，提高贫困人口脱贫能力。

以政府财政为主体的扶贫工程构成中国政府平衡区际关系的一大特色内容。改革开放以后，以中央财政为主设立并实施了"支援经济不发达地区发展基金"、"三西地区发展基金"、"边境地区建设补助基金"、"温饱基金"和各类扶贫开发基金。中央政府投入的财政性扶贫资金可分为三类：财政专项资金、中央财政对扶贫贷款的贴息和"以工代赈"资金。这些资金一部分纳入中央财政预算，以无偿形式使用，属于财政专项转移支付；另一部分则采取有偿使用——小额信贷方式。因此，从某种程度上说，财政扶贫属于专项转移支付范畴。

与转移支付和中央直接投资不同的是，中国的财政扶贫有两个显著的特点：一是开发式扶贫，即扶贫不仅影响贫困人口的生活，更注重贫困人口的生产和就业；二是扶贫的区域指向，即政府主要采取的是对贫困地区的连片整体扶贫，主要瞄准的是592个国定贫困县。因此，从影响范围来看，中国财政扶贫的作用既包括分配领域，也涉及生产和就业等经济领域，对贫穷地区基础设施的改善和主导产业的扶持。受援对象不是直接瞄准贫困个体与家庭,而是主要指向贫困地区。虽然这种以贫困地区代替贫困人口和家庭的做法受到一定程度的批评,但就财政扶贫的区域平衡效应来讲,其目的性及可操作性更强,对地区经济发展的促进作用更为直接,效果也更直观。它改变的是一个国家最贫困区域人口的生产、生活状况,直接缩小的是贫困地区与其他地区之间的绝对差距。其作用领域不仅包括分配,也包括生产;不仅包括政府公共服务,也包括企业和个人。

除此之外,各种形式的经济刺激如税收优惠、特别折旧等,主要面向投资,通过政府支出(以各种补贴的形式)或政府收入的减少来增加欠发达地区的吸引力,引导资金、人才等向欠发达地区的流动。政府购买向欠发达地区的倾斜是通过有意识的中央政府预算购买性

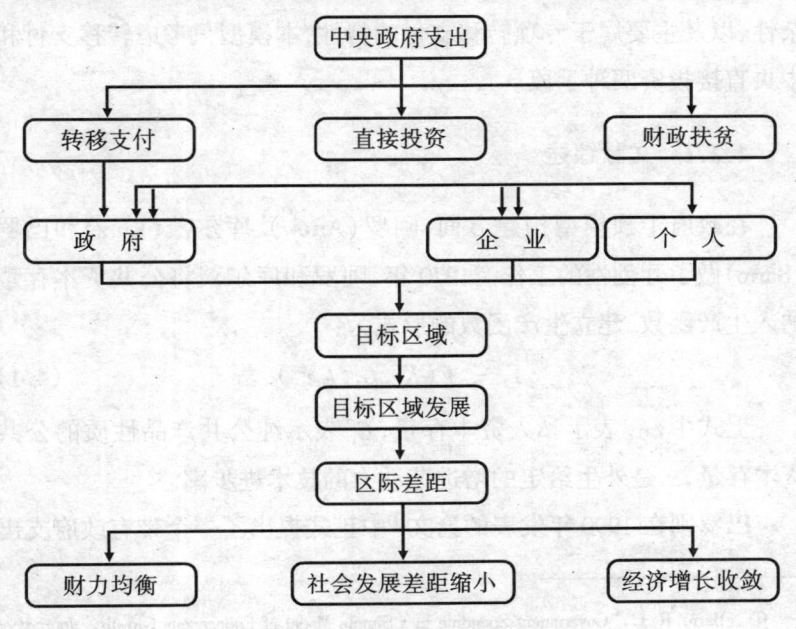

图 4-2 政府财政平衡机制示意图

支出,增加欠发达地区企业的需求,从而试图带动欠发达地区经济的发展。政府机构和公营企业单位的扩散或区位调整,对迁入地区扩大需求、带动相关产业发展以及文化、教育、卫生事业的发展产生广泛影响,对地区繁荣有着直接影响。

上述分析,可以参见图 4-2。

4.2 政府财政平衡理论模型

本章 4.1 节对政府调控和财政平衡机制作了一般理论层面的定性分析,在此,本人根据巴罗以及龚六堂等人的研究,试图将上述财政平衡区域差距的机制以理论模型方式表示。考虑到财政扶贫的复杂性,以及主要属于专项转移支付的特性,本模型只考虑转移支付和中央直接投资两种手段。

4.2.1 文献综述

在政府干预模型构建方面,阿罗(Arrow)、库尔茨(Kurz)和巴罗(Barro)做了开创性的工作。1970 年,阿罗和库尔茨将公共资本存量纳入生产函数,建立生产函数的形式为:

$$Y_t = F(K_t, G_t, L_t e^{xt}) \tag{4.1}$$

上式中,K_t 表示私人资本存量,G_t 表示纯公共产品性质的公共资本存量,x 是外生给定的增进劳动力的技术进步率。

巴罗则在 1990 年发表的论文[①]中正式提出了一个带有政府支出

---

① Barro, R.J., "Government Spending in a Simple Model of Endogenous Growth," *Journal of Political Economy*, 98(5):1990, 103-125.

的内生增长模型。该模型认为政府支出具有生产性作用,因而将人均政府支出代入生产函数:

$$y = f(k, g) = Ak^{1-\alpha}g^{\alpha} \quad (4.2)$$

上式中,y 代表人均产出,k 代表人均私人资本存量,g 代表人均政府支出,α 代表政府支出的边际产出弹性,A 代表技术因子。

由于政府保持收支平衡,政府支出等于税收,即:

$$g = t = \tau y = \tau Ak^{1-\alpha}g^{\alpha} \quad (4.3)$$

上式中,τ 代表税率。

通过消费者效用最大化,得出经济增长率为:

$$\gamma = \frac{\dot{c}}{c} = \frac{1}{\sigma}(f_k - \rho) = \frac{1}{\sigma}[(1-\alpha)(1-\tau)A^{\frac{1}{1-\alpha}}\tau^{\frac{\alpha}{1-\alpha}} - \rho] \quad (4.4)$$

上式中,$\dot{c}$ 表示消费对时间的导数,ρ 代表时间偏好因子,σ 代表消费的风险规避因子。则经济增长率 γ 与政府规模 τ 的关系是:当 $\tau = \alpha$ 时,经济增长率 γ 达到最大;当 $\tau = 0$ 或 1 时,经济增长率 γ 都为 $-\rho/\sigma$,即为负值。这表明,政府支出的规模过大或过小都不利于经济增长。只有当政府支出的规模等于其边际产出弹性时,政府对经济增长的促进作用最大。

巴罗还进一步考虑了私人决策和政府决策的不一致性。给定 τ 值,政府选择如下路径使消费者效用最大化,此时经济增长率为:

$$\gamma = \frac{\dot{c}}{c} = \frac{1}{\sigma}[(1-\alpha)A^{\frac{1}{1-\alpha}}\tau^{\frac{\alpha}{1-\alpha}} - \rho] \quad (4.5)$$

在总付税情况下,资本的私人边际报酬是 f_k,而不是 $(1-\tau)f_k$,理性的消费者选择如下路径使自己效用最大化,此时经济增长率为:

$$\gamma = \frac{\dot{c}}{c} = \frac{1}{\sigma}[(1-\alpha)A^{\frac{1}{1-\alpha}}\tau^{\frac{\alpha}{1-\alpha}} - \rho] \quad (4.6)$$

由此可见,只有当 $\tau = \alpha$ 时,政府与私人的决策才一致。二者不相等时,都会产生外部效应,经济增长只是一种社会次优。

根据巴罗模型,我们可以得到如下结论:

(1)政府支出具有产出效应。政府通过支出进行基础设施建设和制度建设等,为私人资本产生更大的产出提供便利条件,因而这种大于一般条件下的产出可看做政府支出的一种产出效应。

(2)政府支出规模只有适度才能促进经济增长率的提高。政府活动通过两个渠道影响经济增长:其一,税收使资本的税后边际产品减少,从而降低了增长率。税收的这种负效应反映在 $(1-\tau)$ 中。其二,政府支出的增加提高了资本的税后边际产品,从而促进了经济增长。税收对增长的这种正效应反映在 $\tau^{\frac{1-\alpha}{\alpha}}$ 中。政府活动对经济增长的影响是上述两个效应综合作用的结果。当税率 τ 较低时,正效应占优势,这时经济增长率随着税率的提高而提高;当税率 τ 较高时,负效应占优势,这时经济增长率随着税率的提高而减少;当税率取得某一值时,政府活动对经济增长率的正效应和负效应刚好抵消,经济增长率达到最大值。此时税率水平决定的政府支出规模为最适规模。

国内龚六堂、娄洪等分别建立了关于最优税率和转移支付、公共基础设施投资与经济增长的理论模型。龚六堂将政府分为地方政府和中央政府,将公共资本流量纳入生产函数和效用函数,得出各种税率与经济增长率之间的数量关系:当中央政府的收入税率低于20%时,随着收入税率的增加,经济增长率随之增加;中央政府的收入税率高于30%时,随着收入税率的增加,经济增长率反而下降;中央政府消费税税率与经济增长率正相关。[1] 娄洪则分析了多个地区不同

---

[1] 参见龚六堂、邹恒甫:"最优税率、转移支付与经济增长",《数量经济技术经济研究》,2002年第1期。

的基础公共设施流量对经济增长的影响,认为政府基础设施支出的外溢效应提高了两地区的经济增长率。[①]

综上所述,国内外学者往往将政府调控的某一方面(如公共资本投资、转移支付等)代入生产函数,得出经济增长与其的函数关系,没有同时综合考虑政府调控的各支持手段与经济增长的影响。本人试图从这一基本点出发,以上述模型为基础,构造一个含政府调控因子的内生经济增长模型。将政府的税收流量作为政府的调控强度指标,得出政府调控与经济增长率之间的关系,并以此为基础进一步探讨政府调控对地区差距所产生的影响。

4.2.2 政府财政平衡理论模型

4.2.2.1 假设条件

考虑一个有两级政府即中央政府、地方政府和一个消费者的经济。为了简单起见,本模型不考虑人口的增长,把经济中的人口视为固定不变的;不考虑技术进步;不考虑私人资本和公共资本的折旧;同时假定政府无消耗性支出,为了对地方经济进行调控,中央政府的所有财政收入都转化为中央政府直接投资存量和对地方政府的转移支付存量之和,地方政府的财政收入都转化为对地方的投资存量。

运用 Arrow-Kurz-Barro 的新古典生产函数,把中央政府的直接投资存量和地方政府的投资存量代入生产函数,因此,产出的 Cobb-Douglas 函数可以写成如下形式:

[①] 参见娄洪:《公共基础设施投资与长期经济增长》,北京:中国财政经济出版社 2003 年版,第 144—155 页。

$$y = f(k, g_s, g_c) = Ak^{1-\alpha-\beta}g_s^\alpha g_c^\beta \tag{4.7}$$

上式中，y 代表人均产出，k 代表人均私人资本存量，g_s 代表人均地方政府资本存量，g_c 代表人均中央政府直接投资的资本存量，α 代表地方政府资本的边际产出弹性，β 代表中央政府直接投资的边际产出弹性，A 代表技术因子。

4.2.2.2 约束条件

假定中央政府总是保持预算平衡的，中央政府的收入全部来源于税收，假定税率为 τ，由于中央政府无消耗性支出，因此它也是中央政府的调控因子。中央政府支出有两部分：一部分用于直接投资，一部分是对地方政府的转移支付。假定中央政府用于直接投资的比率为 τ_c，因此有：

$$g_c = \tau\tau_c y \tag{4.8}$$

地方政府的收入包括两部分，一部分是地方政府的税收收入 $\tau_s y$，τ_s 为地方政府的税收收入税率，另一部分是中央政府对地方政府的转移支付 $(1-\tau_c)\tau y$。假定地方政府的支出全部用于生产性投资 g_s，则有：

$$g_s = \tau_s y + (1-\tau_c)\tau y = (\tau_s + \tau - \tau\tau_c)y \tag{4.9}$$

4.2.2.3 模型动态化求解

由(4.7)式可以得出资本的边际产出：

$$y_k = f_k(k, g_s, g_c) = A(1-\alpha-\beta)k^{-\alpha-\beta}g_s^\alpha g_c^\beta$$

$$= A(1-\alpha-\beta)\left(\frac{g_s}{k}\right)^\alpha\left(\frac{g_c}{k}\right)^\beta \tag{4.10}$$

将约束条件(4.8)和(4.9)式代入(4.7)式，可以得到如下结果：

$$y = A^{\frac{1}{1-\alpha-\beta}}(\tau_s + \tau - \tau_c\tau)^{\frac{\alpha}{1-\alpha-\beta}}(\tau\tau_c)^{\frac{\beta}{1-\alpha-\beta}}k = bk \quad (4.11)$$

上式中令 $b = A^{\frac{1}{1-\alpha-\beta}}(\tau_s + \tau - \tau_c\tau)^{\frac{\alpha}{1-\alpha-\beta}}(\tau\tau_c)^{\frac{\beta}{1-\alpha-\beta}}$，可以看出，人均产出方程式是一个关于人均资本的线性方程。

从以上几个式子中，我们可以得出人均政府投资与人均资本的关系：

$$\frac{g_s}{k} = \frac{g_s}{y} \cdot \frac{y}{k} = (\tau_s + \tau - \tau\tau_c)b \quad (4.12)$$

$$\frac{g_c}{k} = \frac{g_c}{y} \cdot \frac{y}{k} = \tau\tau_c b \quad (4.13)$$

将(4.12)和(4.13)式代入(4.10)，可以得到如下形式的边际资本：

$$y_k = (1 - \alpha - \beta)A^{\frac{1}{1-\alpha-\beta}}(\tau_s + \tau - \tau_c\tau)^{\frac{\alpha}{1-\alpha-\beta}}(\tau\tau_c)^{\frac{\beta}{1-\alpha-\beta}}$$
$$(4.14)$$

若假定消费者的效用函数为跨期固定替代弹性效用函数，则该经济均衡问题可表述为消费者效用最大化问题：

$$\max U = \max \int_0^\infty e^{-\rho t} \frac{c^{1-\sigma} - 1}{1 - \sigma} dt \quad (4.15)$$

运用家庭最优化分析方法，可以得到竞争性均衡条件下人均消费的增长率为：

$$r = \frac{\dot{c}}{c} = \frac{1}{\sigma}[(1 - \tau_s - \tau)y_k - \rho] = \frac{1}{\sigma}[(1 - \tau_s - \tau)(1 - \alpha - \beta)$$
$$A^{\frac{1}{1-\alpha-\beta}}(\tau_s + \tau - \tau_c\tau)^{\frac{\alpha}{1-\alpha-\beta}}(\tau\tau_c)^{\frac{\beta}{1-\alpha-\beta}} - \rho] \quad (4.16)$$

若经济一直处于经济均衡路径，则该增长率也就是产出增长率。当以下三个式子满足时：

$$\frac{\partial r}{\partial \tau_c} = 0 \text{ 有} \frac{\tau_s + \tau - \tau\tau_c}{\tau\tau_c} = \frac{\alpha}{\beta}$$

$$\frac{\partial r}{\partial \tau_s} = 0 \text{ 有} (\tau_s + \tau - \tau\tau_c)(1 - \alpha - \beta) = \alpha(1 - \tau_s - \tau)$$

$$\frac{\partial r}{\partial \tau} = 0 \text{ 有} \alpha(1 - \tau_c)\tau + \beta(\tau_s + \tau - \tau_c\tau) = (1 - \alpha - \beta)\frac{(\tau_s + \tau - \tau_c\tau)\tau}{1 - \tau_s - \tau}$$

可以解得:

$$\tau_c\tau = \beta \quad \tau_s + \tau - \tau\tau_c = \alpha \tag{4.17}$$

即:中央政府用于直接投资的规模必须等于其产出弹性,地方政府的本级收入加上中央对其的转移支付,也就是说地方政府的财政支出等于其产出弹性。根据上式可以得到,中央政府对地方政府的转移支付实际上是弥补了地方政府财力的不足,使之能达到产出的最大化。

此时经济增长率达到最大,为:

$$r_{\max} = \frac{\dot{c}}{c} = \frac{1}{\sigma}[(1 - \alpha - \beta)^2 A^{\frac{1}{1-\alpha-\beta}} \alpha^{\frac{\alpha}{1-\alpha-\beta}} \beta^{\frac{\beta}{1-\alpha-\beta}} - \rho]$$

$$\tag{4.18}$$

由于本模型不考虑政府的消耗性支出,$\tau_c\tau$ 可以看做中央政府直接投资系数,$\tau_s + \tau - \tau\tau_c$ 可看做地方政府的投资系数。只有当二者分别等于其投资的边际产出弹性时,经济增长率最大,我们称之为最大经济增长率。如果二者不分别等于其投资的边际产出弹性,经济增长率就会小于最大经济增长率。

当 $\tau = 1 - \tau_s$,经济增长率为负值,此时

$$r_{\min} = -\frac{\rho}{\sigma} \tag{4.19}$$

中央政府的调控因子 τ 达到最大时,经济出现负增长。也就是

说政府对经济进行过多干预是不合适的,会导致经济的缓慢增长甚至负增长。

同样,当 $\tau = 0, \tau_s = 0$ 时,经济增长率仍为负值,此时

$$r_{\min} = -\frac{\rho}{\sigma} \tag{4.20}$$

与式(4.19)的结果完全相同,也就是说,中央政府和地方政府都不对经济进行调控会导致经济负增长。

如果将地方政府的政府调控因子 τ_s 视为给定的外生变量,则可以得到临界值:

$$\tau = \alpha + \beta - \tau_s \tag{4.21}$$

$$\tau_c = \frac{\beta}{\alpha + \beta - \tau_s} \tag{4.22}$$

也就是说,只有当中央政府调控因子和直接投资因子满足以上两式时(要求 $\alpha - \tau_s > 0$),经济增长率才达到最大。应该注意到,条件 $\alpha - \tau_s > 0$ 十分重要,此时地方政府的支出不能保证经济增长率达到最大,要求中央政府提供转移支付以满足其足够的财力。如果 $\alpha < \tau_s$,则地方政府可以向中央政府提供逆向的转移支付。

4.2.2.4 数据模拟及结论解释

在此笔者取 $\sigma = 1, A = 0.8, \alpha = 0.2, \beta = 0.2, \rho = 0.04, \tau_s = 0.1$, $\tau_c = 0.3$,[①] 讨论中央政府调控因子 τ 与经济增长率 r 之间的基本数量,运用计算机软件得到二者函数关系,如图4-3所示。从图中可

---

① 笔者对于以上7个变量的不同取值作过多组数值模拟,其结果具有相同的性质。限于篇幅,文中仅以此组数据的模拟结果为例进行说明。

以看出,当中央政府调控因子 τ 低于 0.3 时,经济增长率 r 随着 τ 的增加而增加;当 τ 高于 0.3 时,经济增长率 r 随着 τ 的增加反而下降。事实上,当 τ 从 0 提高到 0.3 时,经济增长率从 -0.04 提高到 0.044 5;当 τ 达到 0.72 时,经济增长率接近为 0。

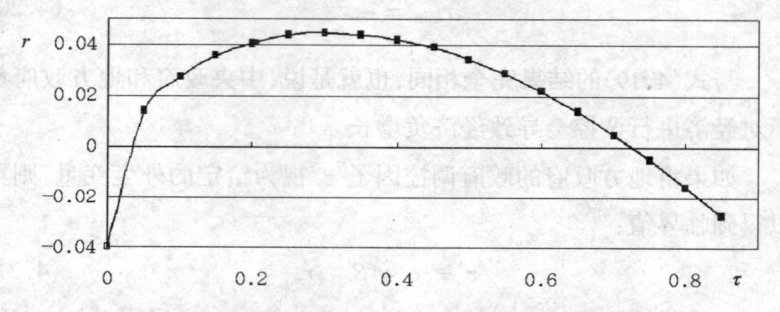

图 4-3 中央政府调控因子 τ 与经济增长率 r 之间的关系

可以这样来解释这个现象。我们知道,政府调控通过两个渠道影响经济增长:第一,政府调控必须收税,而税收使私人资本的税后边际产品减少,从而降低了增长率。在本模型中,中央政府对地方政府进行调控的负效应反映在 $(1-\tau-\tau_s)$ 中。第二,中央政府和地方政府进行调控,支出的增加提高了资本的税后边际产品,从而促进了经济增长。中央政府调控对增长的这种正效应反映在 $(\tau_c\tau)^{\frac{\beta}{1-\alpha-\beta}}$ 中,地方政府调控对增长的正效应反映在 $(\tau_s+\tau-\tau_c\tau)^{\frac{\alpha}{1-\alpha-\beta}}$ 中。政府调控对经济增长的影响是上述两个效应综合作用的结果。当调控因子较小时,正效应占优势,这时经济增长率随着调控因子的提高而提高;当调控因子 τ 较高时,负效应占优势,这时经济增长率随着调控因子的提高而减少;当调控因子取某一值时,政府调控对经济增长率的正效应和负效应刚好抵消,经济增长率达到最大值。此时调控水平决定的政府调控规模为最适调控规模。数据模拟显示,政府调控规模与地区经济增长呈倒 U 型关系,政府调控过大或过小都不能保证地区经济以最优增长速度增长。

在此基础上,我们可以进一步讨论中央政府调控与不同地区之间经济增长的问题。投资的边际产出弹性在经济发达地区和经济落后地区是不一样的。在经济发达地区,由于资本相对比较充足,基础设施相对比较完善,因此政府投资的边际产出弹性在发达地区要比落后地区要小。也就是说,$\alpha_{发达} < \alpha_{落后}$,$\beta_{发达} < \beta_{落后}$,下标"发达"、"落后"分别表示发达地区和落后地区。根据式(4.17),当 $\tau_c\tau = \beta$ 时,$\tau_s + \tau - \tau\tau_c = \alpha$,每个地区的经济增长率达到最大。所以有:

$$(\tau_c\tau)_{发达} = \beta_{发达} < (\tau_c\tau)_{落后} = \beta_{落后}$$

$$(\tau_s + \tau - \tau\tau_c)_{发达} = \alpha_{发达} < (\tau_s + \tau - \tau\tau_c)_{落后} = \alpha_{落后} \quad (4.23)$$

上式表明,中央政府对经济落后地区的调控因子,即对落后地区补助(包括直接投资和转移支付)总规模要大于对经济发达地区的总规模,才能保证落后地区的适度增长。

4.3 小结

● 传统的投入要素——资本、劳动力和自然资源一直受到理论界和决策部门的关注。而政府制度安排和政策因素以及与此相关的各地区之间市场化、工业化以及城市化程度在解释中国地区差距的变动原因时似乎更有说服力,正是政府制度和政策因素对传统要素的渗透作用,导致了在自然资源因素变化不大的不同时期区域差距的显著变动与区域间的非均衡发展。政府调控的这种渗透功能也决定了政府调控因素得以对区域非均衡发展及其演变趋势发生作用,但政府调控不一定导致区域均衡。

● 可供政府选择的区域调控政策工具十分广泛。但从政府和财政的关系角度看,财政工具系统,尤其是政府支出手段——政府间财政转移支付和中央政府的直接投资,构成政府平衡区域差距的直接和核心手段。许多国家尤其是中国的实践经验也表明,财政专项扶贫也构成调控系统的一个独特的组成部分。三者各自通过自身不同的作用机制并相互配合,对区域差距发生多方面的影响,从而成为本书阐述的政府调控区域差距和非均衡的支持系统的主要支持工具。

● 国内外学者的研究侧重于利用生产函数,探讨政府干预的某一方面(如公共资本投资或转移支付等)与经济增长的关系,没有将政府干预的主要因素同时综合加以考虑。本人试图从这一基本点出发,将政府的税收流量作为政府的调控强度指标,构造一个包含政府调控的内生经济增长模型,得出政府调控与经济增长率之间的关系,并进一步探讨政府调控对地区差距的影响作用。结论是:政府支出规模只有保持在一定临界值范围内才能促进经济增长率的提高。由于各地区边际产出弹性的不同,中央政府对落后地区的转移支付和直接投资都必须高于发达地区,这种支持是政府调控得以平衡地区差距的基础。

第5章 政府财政支持系统（Ⅰ）：政府间转移支付

从世界各国经验来看，政府之间的转移支付无疑构成中央政府解决区域非均衡问题的主要支持方式。一般来说，中央政府通常以转移支付方式对地方政府的经常性项目支出需求提供支持。本章的主要内容包括相互联系的两个方面：一是对转移支付的区域均衡机制的一般分析，包括对第4章政府调控模型的进一步延伸；二是在此基础上，对我国分税制实施以来的转移支付、横向对口支援的区域均衡效应及其原因进行必要的实证分析，并提出相关的政策建议。

5.1 政府间转移支付的区域均衡机制

政府间转移支付的区域均衡机制，与转移支付存在的理由和目标以及转移支付采取的不同拨款形式密切相关，在很大程度上取决于转移支付目标的确定和特定转移支付类型的选择。

5.1.1 转移支付存在的理由、目标与区域均衡

政府间转移支付（intergovernmental fiscal transfer），从广义来讲，泛指政府之间的财政收入转移。主要是纵向的，中央政府对地方政府或上级政府对下级政府的收入下拨或地方政府对中央政府或下级政

府对上级政府的收入上缴;世界上也存在同一级次的不同政府之间的转移支付,俗称罗宾汉模式;如德国。从狭义角度来讲,是指以因素法为基础的、规范的转移支付制度,通常只涉及上级政府对下级政府的转移支付,不包括下级政府对上级政府的收入上缴和同一级次政府间的收入转移。本书采用的是广义的转移支付概念。具体地说,对转移支付的区域均衡机制的一般分析将只涉及上级政府对下级政府的单向转移支付,但对中国分税制下的实证分析将不可避免地要涉及政府间的双向资金流动,关于对口支援的讨论还涉及同级政府间的横向资金流动。不过,本书较少涉及省以下政府内部的转移支付。

5.1.1.1 转移支付存在的理由、目标

政府间转移支付存在的理由是什么?转移支付有哪些目标?西方有关财政分权的文献讨论了政府间转移支付存在的诸多经济理由或目标。

政府间的财政转移支付之所以在各国普遍存在,主要基于以下理由:(1)分税制财政体制下政府间纵向财政缺口的存在:中央政府单元一般收大于支,从而自给有余(盈余);而地方政府单元一般支大于收,从而不能自给(赤字)。[①] 分税制财政体制的制度设计从根本上造成了中央和地方事权(或责任)与财权不对称所形成的财政"纵向不平衡",为中央政府将一部分"结构性剩余"转移给地方来弥补其"结构性赤字"提供了直接理由(曾军平,2000年)。(2)地方政府的

[①] 鲍德威和威迪逊认为由于跨地区之间要素流动会带来税基变动,因此,在中央和地方之间,中央政府的课税权限大于其支出责任,地方政府的课税权限小于其课税能力的安排是符合效率原则的。

存在及各地在财政能力和支出成本上的差异。它直接表现为平行的各地方辖区间的财政缺口,即各地方辖区用以满足"公共服务均等化"的财政收入能力是不同的。但无论各地方政府财政能力如何,中央政府有责任保证所有的公民,无论他们居住在哪个地区,都能够享受到基本的公共服务水平。正是出于使各地方政府都能达到基本的公共服务水平的目的(这里并未严格区分公共服务水平的层次高低,对此理论界存在争论,下文相关部分将作讨论),从而奠定了中央政府应实施转移支付的一个基本理由。(3)地方政府在提供公共产品时产生的"外部性",或存在收益"外溢"。奥尔森(Olson,1969)认为,它是在不考虑收入分配的情况下,将联邦政府的资金转移给州政府的唯一合理理由。由于提供公共产品中存在的外部性,会导致公共产品的供给不足,因而,中央政府必须通过转移支付体系来寻求扩大这部分公共产品供给的途径,鼓励地方政府提供具有外溢性的公共产品。另外,还有中央政府意图和偏好的贯彻等原因。①

出于上述原因,政府间转移支付主要集中于实现以下目标:

一是纵向平衡。地方政府的支出职责和收入能力的缺口可通过两种途径予以填补:要么中央政府赋予地方政府更多的筹集收入的权力,要么中央政府向地方政府转移收入,或两者并举。② 而发展中

---

① 如中央政府出于宏观经济总体目标的考虑,通过转移支付来协调地方政府的支出,或刺激地方政府努力增加本级收入,或为中央政府实现其宏观经济的稳定政策提供足够的弹性。或是当中央政府对某地所提供的公共产品的评价高于地方政府自身的评价时,即地方公共产品成为优值品(merit goods)时,需要中央政府通过适当的途径加以纠正,政府间的财政转移支付是一种经常使用的行之有效的手段。还有中央委托地方承办的事务,以及出于巩固和加强国家凝聚力等考虑,也是转移支付存在的理由。

② 中央政府有四种可供选择的办法来解决地方财政缺口:鼓励或授权地方政府增加收费;鼓励或授权地方政府增加税收;与地方政府分享某些税种,即税收分享;对地方政府实行转移支付,即收入分享。

国家在前者受到限制的情况下,修正这种失衡更成为政府转移支付制度的主要目标。

二是横向平衡。纠正或调整地区间财政能力或公共服务水平的横向失衡,保证同样状况的人,不管其居住在什么地方,都能享受同等的财政待遇(也称为均等化),是政府间转移支付制度的另一大目标。在转移支付制度中,横向均衡的直接目标是减少富裕和贫穷省份之间的财政差异。

三是纠正辖区间外溢。如果赋予地方政府自主决策的权力,会导致地方政府对具有较大外溢性的地方公共产品供应不足。并且只要公共服务存在着明显的外部性,地方政府就不会对提供公共服务抱有积极的态度。因而通过特定形式的(有条件的)转移支付来激励地方政府提供更充分水平的公共服务,也构成中央政府的一个目标。

除了上述三方面的因素和相应的目标之外,政府间实行转移支付的目标还包括:公共财政管理体制,因为中央政府比地方政府有更强的税收能力,先由中央政府通过征税筹集收入,然后再以转移支付的形式转移给地方政府,这样就能使成本费用较低;刺激地方政府努力增加本级收入;鼓励地方提供优值品,使地方政府的支出与中央政府的目标协调一致;为中央政府实现其宏观经济稳定的政策提供足够的弹性。此外,转移支付的非经济目标也总是存在,特别是对我国这样一个多民族国家更是如此。

5.1.1.2 转移支付目标与区域均衡

实施政府间转移支付可能是出于上述目标中的一个或几个,也可能是出于其他不甚合理的因素①。但综观政府财政转移支付的所有目标,评价一个转移支付制度的影响应综合考虑制度设计中的横向和纵向两个方面,即:首先确定有多少资金可用于转移支付,然后再确定这些资金在各级政府间应如何分配。因此,转移支付的目标一般可概括为横向平衡和纵向平衡。

横向平衡在政府转移支付目标体系中有着更为重要的地位。这一方面是因为,就规范的政府转移支付制度的终极目标来说,就是要在提高财政收支效率的基础上,使全国各地都能提供大体相等的公共服务水平。换言之,横向平衡目标本身是规范的政府转移支付制度设计所追求的根本目标。另一方面是因为,政府间的转移支付即使是出于其他目标的考虑,也不能不同时考虑区域间的横向平衡效应问题,这一点从横向平衡与其他目标,特别是与纵向平衡之间的关系中可以得到证明。

(1)从它与纵向平衡的关系来看,即使是出于纠正或调整纵向失衡的目的所进行的转移支付也会产生相应的横向效应,纵向平衡是基础,横向平衡目标本身涵盖纵向平衡的要求。纵向转移支付通常发生在这种情况下:当某地方政府在付出了全国平均税收努力的情况下所获得的财政收入仍然无法满足本地公共服务支出的需要时,其财政赤字由中央政府的一般性转移支付拨款解决。但值得注意的是,这种情况在理论上适用于一国范围内所有地方政府,国内任何一

---

① 罗伊·巴尔将这些不甚合理的因素概括为四类:为了限制地方政府的自主性;力图保持或强化全国范围内的一致性,即消除各地方政府在收支结构上的差异可能会成为中央政府的目标之一;认为地方政府的官员更接近于当地居民,更易受当地居民的影响,因而地方政府比中央政府更易腐败,势必造成收支的更大浪费;转移支付制度很可能成为将财政赤字向地方转移的方法之一,当中央预算面临压力时,中央政府可减少对地方政府的转移支付数额以减轻中央预算的压力。

个区域的地方政府只要符合中央转移支付所需条件均可享受。而且,这种转移支付在任何确定的年份通常都会发生在中央政府与多个平级的地方政府之间,因而,平级的地方政府之间总是会存在横向的比较,这种比较不仅存在于政府间的一般性转移支付过程中,而且存在于政府间的专项转移支付活动中。换言之,即使是出于纠正或调整纵向失衡的目的所进行的转移支付也会产生相应的横向效应。因此,虽然出于纵向平衡目的的转移支付在形式、范围等方面与出于不同区域间的横向平衡目标的转移支付会有所区别,但纵向平衡的横向效应是不能忽视的。此外,考察两者之间的关系,还应关注两者在地区间公共财政能力均等化中的作用,即在实现地区间横向平衡过程中纵向平衡的作用。地区间公共财政能力的均等化是纵向平衡与横向平衡的有机统一,纵向平衡是基础,横向平衡是目标。无论是什么原因,纵向财政缺口需要得到弥补,否则,缺乏财政自给能力的政府无法得到必要资金以履行其支出责任。而弥补横向财政缺口的目的在于促进基本公共服务的地区均等化。如果确认地区间服务均等化事业是最值得追求的、重大的国家政策目标,那么,通过转移支付弥补横向缺口就显得非常重要。但这并不意味着需要分别建立旨在弥补纵向财政缺口和横向财政缺口的转移支付体系。虽然纵向和横向缺口在概念上不同,但实际上弥补横向缺口的过程也就是弥补纵向缺口的过程。世界上很少有哪个国家分别系统地测算横向和纵向缺口,纵向和横向缺口可以综合起来进行测算,并通过一套统一的均等化转移支付得到弥补。因此,横向平衡目标本身涵盖了纵向平衡的要求,而纵向平衡也是横向均等化的基础。

(2)从它与外部性的关系来看。纠正辖区间的外溢在一定程度上本身就具有横向平衡意义。当中央政府出于纠正公共产品外部性的考虑而进行转移支付时,可通过向地方政府实施有条件的转移支付以鼓励地方政府加大对这些具有外部性的项目的支出。中央政府通常是通过转移支付来试图减轻公共服务外部性所带来的影响,从而鼓励增加一些特定的公共产品的提供。而这种转移支付的实施不仅促进提供本公共产品的地区的公共服务能力,而且也必然会惠及公共服务的外溢区域,也会产生相应的横向效应。此外,出于对地方政府税收努力的激励,或出于宏观调控的目标,转移支付同样也会产生相应的横向效应,在设计和实施过程中也要考虑其横向的影响。

总之,从转移支付存在的理由和目标来看,虽然存在多种理由和目标,但均等化是横向平衡的长期性的终极目标,即在对各地财政状况(需求与能力)和税收努力统一评估的基础上,通过转移支付实现全国范围内的公共服务水平均等化。① 因此,转移支付如果设计得当,符合转移支付存在的理由及目标,尤其是将横向均等化目标作为终极目标的话,是有利于改善区域非均衡发展状况,有利于区域均衡的。

5.1.2 转移支付的不同形式与区域均衡

5.1.2.1 转移支付的拨款类型

根据巴尔(Bahl)和林(Linn)(1992年)创建的二分法,发展中国

---

① 按照罗伊·巴尔的概括,在各国的政府转移支付制度中,收入水平的均等、财政能力的均等、支出需求的均等,以及个人可得到收入的均等,都被纳入了均等化目标的范围。但从效率角度和发展中国家的现实考虑,将财政能力与支出需求、支出成本相比较所体现出的地方政府的行政能力,即公共服务水平作为衡量均等化的指标更为合理。因此,转移支付的终极目标是实现社会公平,而直接目标是财政能力均等化。在此基础上还应考虑的是一国政府在一定历史时期的阶段性目标。

家和转轨国家多种常见的转移支付形式总结如表 5-1 所示。[1]

表 5-1 政府间转移支付形式

确定地区间资金分配的方法	确定所有可供分配的转移支付资金的分配方法			
	分享特定比例的中央或州级政府的税收	专项支付	成本补偿支付
依据税收来源分配	A	—	—
依据公式分配	B	F	
全部或部分地给予成本补偿	C	G	K
专项支付	D	H	—

从上表可以看出,通常有三种方法确定政府转移支付资金的规模,四种方法在各辖区之间分配可供分配的转移支付资金。在二分法体系中,纵横向的彼此交错确定转移支付的特定形式,不同类型的转移支付所产生的影响是各不相同的,每一种类型都对应着不同的目标。简单地说,中央政府对地方政府的转移支付拨款最基本的类型有两种:无条件拨款和有条件拨款。

无条件拨款(unconditional grants)[2],不规定拨款的使用范围和要求,地方政府可按自己的意愿自主决定如何使用这些拨款。这无异于地方增加了一笔收入,特别值得注意的是,无条件拨款中,以解决横向的财政不平衡为目标的转移支付通常被称为"均等化"转移支付(equalization transfer)。区域均等化目标的实现以无条件拨款特别

---

[1] 罗伊·巴尔:"发展中国家和转轨国家间转移支付的理论与实践",杨灿明主编:《政府间财政转移支付研究文集》,经济科学出版社 2000 年版,第 168 页。

[2] 也称为一般性拨款(general purpose grants)、非选择性拨款(non-selective grants)或者是收入分享(revenue-sharing)。

是均等化转移支付为主。

有条件的拨款(conditional grants)[①],中央政府在拨款的同时指定这些拨款的用途,即专款专用。有条件拨款有非配套补助(non-matching grants)和配套补助(matching grants)两种形式。如果中央政府向地方政府提供一笔固定数额的补贴(a lump-sum grants),不要求地方政府提供配套资金,但规定它必须用于指定的项目,即为有条件非配套拨款。如果中央政府要求地方政府提供规定份额的配套资金(配套额可以确定为占受补地方政府支出额的某个百分比,比如说50%的配套补助意味着受补地方政府每支出1元,可获得0.5元的中央补助),则是有条件配套拨款(percentage grants)。如果是不封顶的(matching open-ended grants),则中央政府不规定受补地方政府可以得到的最高限额,地方政府只要有自有资金,就可一直按自有资金投入的某个百分比从中央政府获得配套资金补助。中央在这一项目上的补助随地方政府花费的增加而相应增加。如果是封顶的(matching closed-ended grants),则中央政府会明确规定一项补助的最高数额,在这个限额以下,中央政府按规定的比例对地方项目进行补助;超过这个限额,不再增加补助。在配套补助的情况下,中央政府的拨款额是变化的,它取决于拨款接受者的行动,特别是在不封顶的情况下更是如此。

自20世纪80年代初期里根政府开始,在美国流行一种分类拨款(block grants),或叫做整块拨款,实际上是一种使用范围较宽的、有条件配套性拨款形式(wide-specific grants)。与以前规定大量细节的专项拨款相比,分类拨款不具体指明受补地方政府应该使用该款

---

① 也称专项拨款(specific grants)或是选择性拨款(selective grants)。

项的细目与用途,在资金使用方向上具有更多的灵活性。这种拨款形式由于既能较好贯彻中央政府意图和偏好,又能为受补地方政府提供一定的资金使用的回旋余地,所以呈扩大趋势。

5.1.2.2 不同转移支付形式的效应和政府方案选择

政府间转移支付的区域均衡机制与政府间转移支付的不同形式的内在功能直接相关。政府间转移支付之所以具有这种区域均衡机制,是由于转移支付方式对受补地方政府的支出存在着特定影响,而且不同的具体转移支付形式存在不同的影响。因此,中央政府的区域均衡目标的实现仰赖于对一定转移支付方式的选择和总体转移支付制度的设计。一般来说,中央政府对地方政府的拨款会使受补地方政府产生收入效应和替代效应。收入效应意味着受补政府拥有更多的资源归其支配使用;替代效应则表示由于拨款降低了受补项目的成本,从而使资源从非拨款项目转移到受补项目,扩大受补项目的支出。

经济学可以证明,无条件转移支付无异于给地方政府增加了一笔收入,具有收入效应。统一的均等化转移支付可同时弥补地方政府的纵向和横向财政缺口。换句话说,政府出于对区域非均衡调控而实行的转移支付宜采取无条件拨款的形式。这一结论可用图 5-1 来表示。假设某一地区内居民对产品的偏好一致,且符合效率原则,该图表示该地居民对区域性公共产品 X 与私人产品 Y 所作出的选择。图中 AB 为地区原有的预算线,代表各种可行的区域性公共产品 X 和私人产品 Y 的组合,AB 与一无差异曲线 U_0 相切于 E_0 点,当不存在补贴时,该区居民在预算线 AB 上选择 E_0 点所代表的消费组合。此时,该区居民要消费数量为 OF 的公共产品,就必须放弃 IB 数量的私人产品(即课以 IB 的税收),税率为 IB/OB。当中央政府提供一笔数量为 BD 的无条件拨款,将预算线提高到 CD,并且与无差异曲线 U_1 相切于 E_1 点。此时该地区对公共产品的消费为 OH,比中央补助前提高了 FH。可见,从一般理论来说,无条件拨款具有明显的收入效应,能使受补地方政府预算支出增加,改善受补政府的公共产品供给能力。

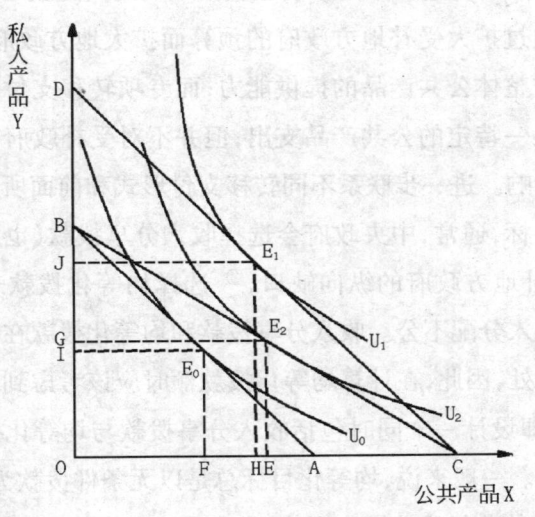

图 5-1 不同转移支付形式的效应

可以同时对比有条件拨款,即专项拨款的区域效应。专项拨款对受补地方政府主要产生替代效应。由于专项补助的突出特征在于规定了转移支付的具体用途,地方政府必须依照中央政府的要求将专项补助如数用于提供某一特定的公共产品,所以如图 5-1 所示,如果中央政府对该地提供数量相当的专项拨款,拨款比率为 CA/OA。预算线外移,但这只带来受补公共产品量的增加,而不意味着其他产品的同时增加,其他产品的最大消费不会超过 OB 水平。

新的预算线与无差异曲线 U_2 相切于 E_2 点。在这种情况下,纳税人将在无差异曲线 U_2 上选择 E_2 点所代表的消费组合。显然,U_2 在 U_1 下方。因此,从最大程度满足受补地方政府利益的原则出发,无条件拨款将优于专项拨款。[①]

可见,无条件转移支付和有条件转移支付对受补地方政府支出的影响是不同的。这种不同影响也直接影响到其区域均衡效应。无条件拨款通过扩大受补地方政府的预算而扩大地方政府的支出,从而改善地方整体公共产品的提供能力;而专项转移支付会扩大受补地方政府某一特定的公共产品支出,但并不对受补政府的其他支出产生直接影响。进一步联系不同转移支付形式和前面所述的政府间转移支付目标,通常,中央政府会选择收入分享拨款(也属于一般性拨款)来弥补地方政府的纵向缺口,[②] 选择均等化拨款来纠正地区间的横向收入分配不公。收入分享拨款和均等化拨款在考虑因素上具有相似之处,因此,在计算均等化拨款额时应该考虑到收入分享拨款的影响,即设计一个同时包括收入分享拨款与均等化拨款的一般性拨款计划。一般来说,均等化目标总是以无条件拨款为主的,可这并不否认在某些场合有条件拨款也可在一定程度上解决均等化问题,有条件的拨款通过制度设计完全可以兼顾横向公平。专项转移支付虽然主要适合于中央政府对区域外溢性的纠正,但实践中有两点仍然值得注意,一是专项转移支付本身可以运用于对区域非均衡

---

① 至于专项拨款的不同形式的具体效应变化,可参见钟晓敏的《政府间转移支付论》,立信会计出版社1998年版,第8—12页。

② 中央政府有四种可供选择的办法来解决地方财政缺口:鼓励或授权地方政府增加收费;鼓励或授权地方政府增加税收;与地方政府分享某些税种,即税收分享;对地方政府实行转移支付,即收入分享。

的纠正,二是即使不是如此,也要考虑专项转移支付的实施及规模可能对区域非均衡产生的冲击,即至少不对区域横向均衡产生副作用。而对区域性外部效应的纠正,理论上存在多种可能的办法,[①]但更多的时候只能是由中央政府通过对相关地方政府的财政拨款来促使外部效应内在化,这时中央政府的拨款显然是有条件的,必须用于提供特定的公共产品或服务项目,而且最好是配套性补助。

因此,作为政府对区域非均衡的调控形式的选择,首选方案当然是均等化拨款,对有条件配套补助的选择要慎重,因为一方面配套补助比无条件拨款和非配套补助能更有效地增加中央政府感兴趣的项目的投资,因而可以用于均等化目的,但是更为重要的是,它对配套资金的要求往往导致贫困地区无力参与配套补助的竞争,从而总体上反而起到了扩大区域差距的作用。从各国经验来看,中央政府一般都是同时采取一般性转移支付和专项转移支付,以实现不同的作用目标,即同时用于地方政府纵横缺口的弥补、外部效应的纠正及中央政府意图和偏好的贯彻。在此情况下,转移支付的区域均衡机制和效应受到上述各种形式组成的转移支付制度的综合影响,所以,方案的设计尤其要考虑转移支付体系内部构成的总体区域均衡效应,防止不同形式转移支付效应的相互冲突和对均等化目标的负面影响。

可以用图5-2表示财政转移支付的区域均衡作用机制。

[①] 例如奥茨提出的重新调整各辖区的面积,使辖区面积刚好与公共产品所覆盖的受益范围相同(Oates W. E., *Fiscal Federalism*, New York: Harcourt Brace Jovanovich, 1972)。或由中央政府统一提供这类产品或服务。但前者理论上可行却难以运用于实践,后者会带来效率损失。可行的办法是中央政府的专项转移支付。

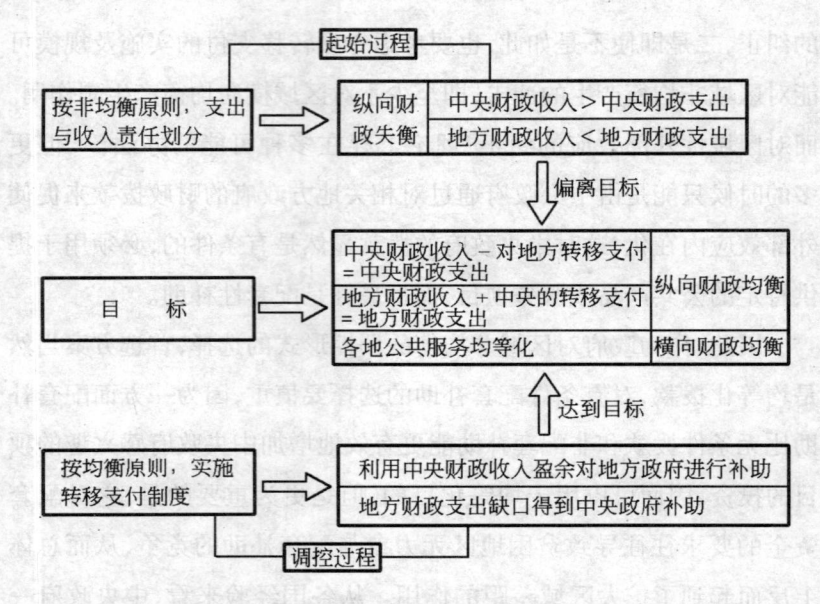

```
┌─────────────────┐   起始过程
│按非均衡原则,支出│──────┬──────▶┌────┬──────────────────┐
│与收入责任划分   │      │       │纵向财│中央财政收入>中央财政支出│
└─────────────────┘      │       │政失衡│地方财政收入<地方财政支出│
                         │       └────┴──────────────────┘
                         │                    │偏离目标
                         ▼                    ▼
                 ┌──────────────────────────────┐
                 │中央财政收入-对地方转移支付    │
                 │=中央财政支出                  │纵向财政均衡
    ┌───┐        │地方财政收入+中央的转移支付    │
    │目 标│──▶   │=地方财政支出                  │
    └───┘        │各地公共服务均等化             │横向财政均衡
                 └──────────────────────────────┘
                              ▲ 达到目标
┌─────────────────┐           │
│按均衡原则,实施  │──▶ ┌──────────────────────────┐
│转移支付制度     │    │利用中央财政收入盈余对地方政府进行补助│
└─────────────────┘    │地方财政支出缺口得到中央政府补助      │
         │             └──────────────────────────┘
         └─调控过程
```

图 5-2 政府间转移支付的均衡作用机制

以上为在一个抽象层次上对财政拨款的一般性影响的分析,抽象掉了特殊财政体制因素。下节将进入对我国特定体制背景下转移支付的经济效应的特殊性的分析。

5.1.3 政府间转移支付理论模型

第 4 章我们讨论了政府干预区域非均衡的一般理论模型,在此,我们在一定条件下作进一步延伸,得出中央政府的转移支付模型。

第 4 章的政府调控与平衡模型将政府调控简单地分为转移支付和直接投资两种形式。如果我们将中央政府的调控因子 τ 视为给定的外生变量,而将中央政府用于转移支付的比率$(1-\tau_c)=\tau_t$ 看做内生变量的话,则此模型就转化为转移支付模型。

5.1.3.1 模型条件

本模型的假设条件和政府调控与平衡模型基本一致。运用 Arrow-Kurz-Barro 的新古典生产函数,把中央政府的直接投资存量和地方政府的投资存量代入生产函数,因此,产出的 Cobb-Douglas 函数可以写成如下形式:

$$y = f(k, g_s, g_c) = Ak^{1-\alpha-\beta}g_s^\alpha g_c^\beta \tag{5.1}$$

上式中,y 代表人均产出,k 代表人均私人资本存量,g_s 代表人均地方政府资本存量,g_c 代表人均中央政府直接投资的资本存量,α 代表地方政府资本的边际产出弹性,β 代表中央政府直接投资的边际产出弹性,A 代表技术因子。

我们假定中央政府总是保持预算平衡的,中央政府的收入由税收决定,假定税率是 τ。中央政府支出有两部分:一部分用于直接投资,一部分是对地方政府的转移支付。假定中央政府用于转移支付的比率为 τ_t,称之为转移支付因子,因此对直接投资有:

$$g_c = \tau(1-\tau_t)y \tag{5.2}$$

地方政府的收入包括两部分,一部分是地方政府的税收收入 $\tau_s y$,τ_s 是地方政府的税收收入税率,另一部分是中央政府对地方政府的转移支付 $\tau_t \tau y$,由于假定地方政府的支出全部用于生产性投资 g_s,则有:

$$g_s = \tau_s y + \tau_t \tau y = (\tau_s + \tau\tau_t)y \tag{5.3}$$

5.1.3.2 模型动态化求解

由(5.1)可以得出资本的边际产出:

$$y_k = f_k(k, g_s, g_c) = A(1-\alpha-\beta)k^{-\alpha-\beta}g_s^\alpha g_c^\beta$$
$$= A(1-\alpha-\beta)\left(\frac{g_s}{k}\right)^\alpha\left(\frac{g_c}{k}\right)^\beta \quad (5.4)$$

将约束条件(5.2)和(5.3)式代入(5.1)式,可以得到如下结果:

$$y = A^{\frac{1}{1-\alpha-\beta}}(\tau_s + \tau_t\tau)^{\frac{\alpha}{1-\alpha-\beta}}(\tau - \tau\tau_t)^{\frac{\beta}{1-\alpha-\beta}}k = bk \quad (5.5)$$

上式中令 $b = A^{\frac{1}{1-\alpha-\beta}}(\tau_s + \tau_t\tau)^{\frac{\alpha}{1-\alpha-\beta}}(\tau - \tau\tau_t)^{\frac{\beta}{1-\alpha-\beta}}$,可以看出,人均产出方程式是一个关于人均资本的线性方程。

从以上几个式子中,我们可以得出人均政府投资与人均资本的关系:

$$\frac{g_s}{k} = \frac{g_s}{y}\cdot\frac{y}{k} = (\tau_s + \tau\tau_t)b \quad (5.6)$$

$$\frac{g_c}{k} = \frac{g_c}{y}\cdot\frac{y}{k} = (\tau - \tau\tau_t)b \quad (5.7)$$

将(5.6)和(5.7)式代入(5.4)式,可以得到如下形式的边际资本:

$$y_k = (1-\alpha-\beta)A^{\frac{1}{1-\alpha-\beta}}(\tau_s + \tau_t\tau)^{\frac{\alpha}{1-\alpha-\beta}}(\tau - \tau\tau_t)^{\frac{\beta}{1-\alpha-\beta}} \quad (5.8)$$

我们若假定消费者的效用函数为跨期固定替代弹性效用函数,则该经济均衡问题可表述为消费者效用最大化问题:

$$\max U = \max\int_0^\infty e^{-\rho t}\frac{c^{1-\sigma}-1}{1-\sigma}dt \quad (5.9)$$

运用家庭最优化分析方法,可以得到竞争性均衡条件下人均消费的增长率为:

$$r = \frac{\dot{c}}{c} = \frac{1}{\sigma}[(1-\tau_s-\tau)y_k - \rho] = \frac{1}{\sigma}[(1-\tau_s-\tau)(1-\alpha-\beta)$$
$$A^{\frac{1}{1-\alpha-\beta}}(\tau_s + \tau_t\tau)^{\frac{\alpha}{1-\alpha-\beta}}(\tau - \tau\tau_t)^{\frac{\beta}{1-\alpha-\beta}} - \rho] \quad (5.10)$$

若经济一直处于经济均衡路径,则该增长率也就是产出增长率。当以下三个式子满足时:

$$\frac{\partial r}{\partial \tau_c} = 0, 有 \frac{\tau_s + \tau\tau_t}{\tau - \tau\tau_t} = \frac{\alpha}{\beta}$$

$$\frac{\partial r}{\partial \tau_s} = 0, 有 (\tau_s + \tau\tau_t)(1 - \alpha - \beta) = \alpha(1 - \tau_s - \tau)$$

$$\frac{\partial r}{\partial \tau} = 0, 有 \alpha(1 - \tau_t)\tau + \beta(\tau_s + \tau_t\tau) = (1 - \alpha - \beta)\frac{(\tau_s + \tau_t\tau)\tau}{1 - \tau_s - \tau}$$

可以解得:

$$\tau - \tau_t\tau = \beta \quad \tau_s + \tau\tau_t = \alpha \tag{5.11}$$

此时经济增长率达到最大,为:

$$r_{\max} = \frac{\dot{c}}{c} = \frac{1}{\sigma}[(1 - \alpha - \beta)^2 A^{\frac{1}{1-\alpha-\beta}} \alpha^{\frac{\alpha}{1-\alpha-\beta}} \beta^{\frac{\beta}{1-\alpha-\beta}} - \rho] \tag{5.12}$$

如果我们将 τ_s 和 τ 视为外生变量,则可以得到临界值:

$$\tau_t = \frac{\tau - \beta}{\tau} \tag{5.13}$$

$$\tau_t = \frac{\alpha - \tau_s}{\tau} \tag{5.14}$$

也就是说,只有当中央政府转移支付因子 τ_t 同时满足(5.13)与(5.14)两式时,经济增长率达到最大。

5.1.3.3 数据模拟

下面我们取 $\sigma = 1, A = 0.8, \alpha = 0.2, \beta = 0.2, \rho = 0.04, \tau_s = 0.1, \tau = 0.3$,讨论中央政府转移支付因子 τ_t 与经济增长率 r 之间的基本关系,运用计算机软件得到二者函数关系如图5-3所示。从图中可以看出,当中央政府转移支付因子 τ_t 低于0.35时,经济增长率 r 随

着 τ_t 的增加而增加,当转移支付因子 τ_t 高于 0.35 时,经济增长率 r 随着 τ_t 的增加反而下降。当中央政府的所有收入全部用于对地方政府的转移支付时,经济增长率为负数。

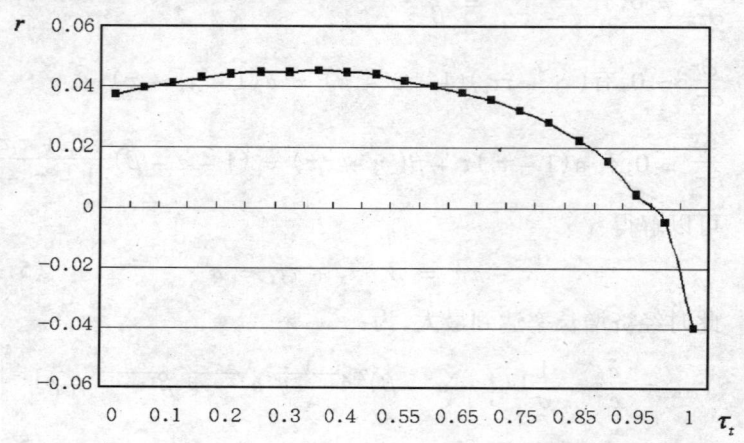

图 5-3 中央政府转移支付因子 τ_t 与经济增长率 r 之间的关系

可以这样解释。政府的转移支付通过两个渠道影响经济增长:第一,由于我们的模型忽略中央政府和地方政府的消耗性支出,中央政府通过税收所得到的转移支付使中央政府直接投资的边际产品减少,从而降低了增长率,这种负效应反映在 $(1-\tau_t)\tau$ 中。第二,政府转移支付提高了地方政府支出资本的边际产品,从而促进了经济增长,对增长的这种正效应反映在 $(\tau_s + \tau\tau_t)$ 中。中央政府的转移支付对经济增长的影响是上述两种效应综合作用的结果。当转移支付因子 τ_t 低于临界值时,正效应占优势,这时经济增长率随着转移支付因子的提高而提高;当转移支付因子 τ_t 超过临界值时,负效应占优势,这时经济增长率随着转移支付因子的提高而减少;当转移支付因子 τ_t 为临界值时,转移支付对经济增长率的正效应和负效应刚好抵消,经济增长率达到最大值。转移支付因子 τ_t 等于临界值转移支付因子 τ 所决定的转移支付规模为最适转移支付规模。

如前所述,政府投资的边际产出弹性在发达地区要比落后地区要小。也就是说,$\alpha_{发达} < \alpha_{落后}$。根据式(5.10),当 $\tau_s + \tau = \alpha$,每个地区的经济增长率达到最大。所以有:

$$(\tau_s + \tau\tau_t)_{发达} = \alpha_{发达} < (\tau_s + \tau\tau_t)_{落后} = \alpha_{落后} \quad (5.15)$$

由于在经济落后地区的财政收入小于经济发达地区,因此一般有 $\tau_{s发达} > \tau_{s落后}$,所以必然要求 $\tau_{t发达} < \tau_{t落后}$,即中央政府对经济落后地区的转移支付因子要大于对经济发达地区的转移支付因子,即中央政府的转移支付必须向落后地区倾斜,才能保证经济落后地区的适度增长。本章后面的实证分析可以证明,这一点对于我国的实践来说尤其重要。

5.2 中国政府间纵向转移支付模式与实证分析

第5.1节在一个抽象层次上对政府间财政转移支付的一般性影响作了分析,抽象掉了具体国别财政体制因素,并在政府财政平衡基本模型基础上,延伸出政府转移支付调控模型,得出政府间转移支付因子对地区经济增长的影响轨迹。本节将进入对我国特定体制背景下转移支付区域效应的特殊性分析。

5.2.1 我国现行纵向转移支付制度的构成及其特征

自建国以来,特别是改革开放20年以来,我国在中央政府和地方政府之间已经建立了一套财政资源转移方法,形成了具有中国特色的政府间补助体系。在计划经济条件下,统收统支是政府间财政关系的基本特征,下级政府的所有支出都是由上级政府来决定的,而下级政府征收的所有收入都要上解到上级政府。在这样的体制下是无所谓转移支付的。长期以来,我国一直把这种政府间财政转移支付的活动称之为"体制上解"和"体制补助"。正式启用并广泛运用"财政转移支付"概念始于1994年分税制财政体制改革。1994年,为适应建立社会主义市场经济体制的要求,我国在中央政府与地方政府之间实施了以分税制为核心内容的财政税收管理体制改革,初步建立了分级财政体制的基本框架,形成了纵向不平衡的财力分配新格局。作为分税制财政体制改革的一项重要内容,中国初步建立了政府间财政转移支付制度,实施十多年来,转移支付总额不断扩大,已经成为各级地方政府预算支出的重要收入来源。

现行转移支付制度具体内容包括:(1)税收返还。为了照顾地方的既得利益,实行分税制后,采取了税收返还制度。① 属于一般补助性质的转移支付,且具有明显的中国特色。(2)各类专项拨款。目前,中央政府对地方的专项拨款包括农、林、水、气、文、教、卫等数十种之多,数额达几千亿元,占转移支付总额的50%。这些专款编预算时列中央支出,执行中划转给地方按规定的用途使用,其中包括一部分用于重大自然灾害救济的专项拨款。(3)过渡期转移支付。这是中央财政对地方财政的专门的均等化拨款。从1995年开始,中央财政根据财力状况,每年从中央财政增量中拿出一部分,选择一些客观性及政策性因素,采用相对规范的办法,实施过渡期转移

---

① 具体测算办法:以1993年为基期年,核定1993年中央从地方净上划的数额,即消费税+75%增值税-中央下划收入,全额返还给地方。1994年以后,税收返还在1994年基数上逐年递增,递增率按本地区增值税和消费税平均增长的1:0.3的系数确定。

支付。① (4)体制补助或上解。一种一般性的财政转移支付。即原财政包干体制下中央财政对部分省、自治区的定额补助和部分省市向中央财政上解收入的办法在分税制财政体制下继续执行。(5)年终结算补助(或上解)。中央财政在每个财政年度终了后都要与地方财政对上一财政年度在财政体制之外发生的某些事项进行结算。既有中央对地方的补助又有地方对中央的上解,属于上下级政府之间的双向财力转移,是对既定财政体制的一种补充。

很显然,我国现行的转移支付制度具有明显的过渡性特征,原财政包干体制中的资金转移因素与分税制中的税收返还和过渡期转移支付同时并存、双轨运行。它既包括原财政包干制中的转移支付办法:中央政府对地方政府的体制补助和地方政府对中央政府的体制上解、中央与地方之间的年终结算补助或上解及中央政府对地方的各类专项补助;也包括新的分税制体制下的转移支付办法:中央财政对地方财政的均衡拨款,即过渡期转移支付办法,以及中央对地方的税收返还。即使是分税制体制下的转移支付,主要构成还是税收返还,其设计初衷是出于对地方既得利益的照顾。

5.2.2 中国纵向转移支付制度实证分析

关于中国分税制实施以来的地区财政差距和转移支付制度的区域效应,国内外学者的研究较为活跃。比较有代表性的有两种思路。

---

① 分配方法是采用因素法,通过核定各地区标准支出需求(包括民族地区政策性支出需求)和财力以及税收努力程度等因素,运用公式法得出转移支付需要额。然后再将中央财政当年用于过渡期转移支付的总财力和各地需求额按一定系数进行调整,各转移支付对象最后按调整系数得到实际转移支付额。如1994年,中央用于过渡期转移支付的总财力为20亿,客观因素转移支付系数为0.025,政策性转移支付系数为0.15。调整后的补助额与各地区原有缺口相比微不足道,所起作用很小。

一是对我国分税制实施后,政府间转移支付与各地区政府财力差距变化的实证分析(曾军平,2000;刘溶沧、焦国华,2002)[①],但考察时间期限较短、较早。另一条思路是围绕转移支付与地区经济收敛之间的关系展开的。马拴友、于红霞采用增长回归方法对1995—2000年的转移支付与地区经济增长收敛情况及原因作了较为详细的分析。[②] 结论是分税制实施以来政府间的转移支付没有明显的区域均衡效应,反而加大了区域间的不均等,原因在于资金分配不科学、不合理。但如前所述,转移支付对地区差距的作用是直接指向各地政府财力的,难以直接影响地区经济差距。其模型的解释力偏低,对待相应的结论应持谨慎态度。上述考察为本书提供了启发,笔者在此分别从我国现行转移支付的静态项目构成、动态的财政能力差异变动两方面作较为全面的实证考察。

5.2.2.1 从现行转移支付的总体规模和结构考察

先看现行中央对地方财政转移支付的总体规模。表5-2和图

---

① 曾军平较早分别采用传统指数法和增长回归法对分税制实施后几年的转移支付效应作了实证分析。曾的结论是从1994—1996年,中央对地方的转移支付反而加大了地区间人均财政收入的差距,但变化幅度呈下降趋势,而地方对中央的上解具有较大的再分配效应,其效应远比中央对地方转移支付来得明显。人均GDP高的省份所获得的人均总转移及人均净转移比人均GDP低的省份反而要高。刘溶沧、焦国华是采用传统指数法(classical indexes)分别考察全国各地区的人均财政收入和支出差距以及各地税收努力程度和财政支出成本差异,并就转移支付前后的各地收入、收支进行对比,最后得出转移支付效应的相关结论,认为各地区在接受中央转移支付补助后,地区间财政能力差距没有明显变化。黄佩华、迪帕克等人则认为中国分税制后的转移支付起到了反均等化的作用。曾军平:"政府间转移支付制度的财政平衡效应研究",《经济研究》,2000年第6期;刘溶沧、焦国华:"地区间财政能力差异与转移支付制度创新",《财贸经济》,2002年第6期;黄佩华、迪帕克等:《中国:国家发展与地方财政》,中信出版社2003年版。

② 参见马拴友、于红霞:"转移支付与地区经济收敛",《经济研究》,2003年第3期。

5-4分别反映了中央对地方转移支付的相对规模和绝对规模。从中可见,以转移支付占财政收支的比重衡量,中国有着世界上最为庞大的政府间转移支付,并且随着人均GDP的增长而增长。自1994年以来,中央政府对地方的转移支付剧增,中央一直把本级收入的40%—50%转移给地方政府。从表5-2和图5-4(图中两条曲线,上方的一条是中央对地方补助支出曲线,下方的一条是中央对地方补助支出扣除地方上解中央收入后的中央对地方净补助曲线)可以发现,2000年以来,无论是中央政府转移支付的历年绝对规模还是占中央总支出、地方财政总收入的比重,均呈上升趋势。转移支付占中央财政总支出的比重不仅过半,而且连年上升。因此,我国现行转移支付的较大的总体规模,为区域均衡提供了必要的条件,按理应该能发挥区域均衡作用。但事实证明,既定规模下的支付结构有着更为重要的影响。否则的话,只能是一个大而无效率的支付体系。对中国而言,更主要的问题还在于支出结构不合理,真正用于横向均等

表5-2 中央对地方财政转移支付的规模

年份	中央政府转移支付总规模(亿元)	中央政府转移支付占当年中央总支出的比重(%)	中央政府转移支付占当年地方财政总收入的比重(%)
2000	4 668	46	42
2001	6 015	51.1	43.6
2002	7 477.77	53	47
2003	8 240	52.6	45.6
2004	10 378.7	56.8	46.6
2005	11 224.08	57.1	—

注:本表数据由作者根据历年政府预算报告数据整理得出。除2005年为预算数据外,其他均为实际执行数据。

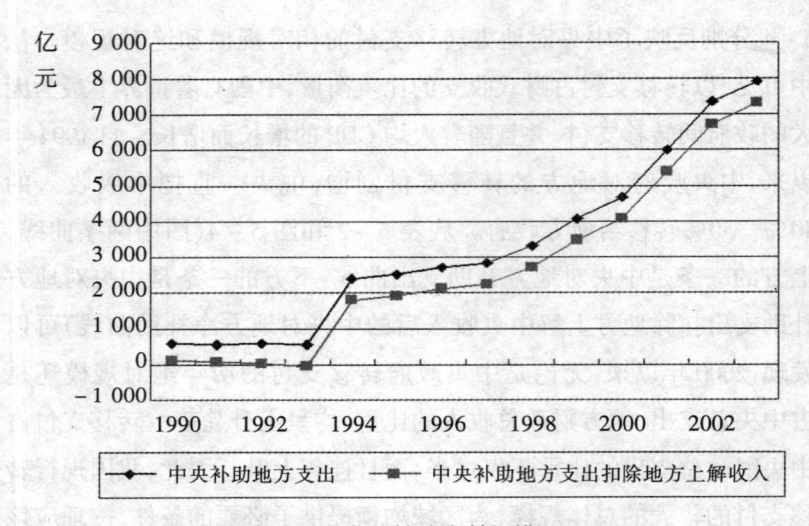

图 5-4 中央对地方的转移支付规模(1990—2003)
注：根据《中国财政年鉴》(2003)，第 343 页"扣除地方上解和补助地方后的中央财政收支表"数据和 2004 年政府预算报告相关数据整理绘制。

化的资金不足。按照世界银行黄佩华等的看法，实际的情形是政策目标既不明确又没有强有力的实施机制，形成了一个规模大而无效益的政府间转移支付体制。

进一步，考察现行转移支付的构成项目。表 5-3 是中央政府一些年份的转移支付构成项目与所占比重情况。[①] 根据表中数据和进一步的资料，笔者作分类分析。

首先，考察分税制实施以来中央对各地过渡期转移支付的规模。理论上说，转移支付制度的横向平衡效应应当直接地、集中地体现在其公式化转移支付上。1995 年起我国依据公式化分配的方式开始

[①] 由于资料收集的困难，无法列出分税制实施后的所有年份的总额和项目构成，但不影响问题的分析结果。

表 5-3 中央转移支付的构成项目及比重

(单位:10亿元)

	总额	税收返还	额度补贴	专项转移支付(拨款)*	过渡期转移支付	结算补贴	其他补贴
1996	271.6	194.9	11.1	48.8	3.5	9	4.4
%	100	71.8	4.1	18	1.3	3.3	1.6
1997	285.4	201.2	11.2	51.6	5	11.1	5.4
%	100	70.5	3.9	18.1	1.8	3.9	1.9
1998	332.3	208.3	11.3	87.8	6.1	15.1	3.8
%	100	62.7	3.4	26.4	1.8	4.5	1.1
2000	466.8	220.7		89.9	8.545		
%	100	54.4		22.15	2.1		
2001	517.6	233.5	12	256	13.8		
%	100	45.1	2.3	49.5	3.1		
2002	824.0	301.4	32.3	402.5			
%	100	36.6	3.9	48.8			

注:①2001年的预算包括对社会保障基金的补贴、提高工资和财政刺激计划。
②2000、2002年部分数据由笔者根据当年政府预算报告整理得出。
资料来源:黄佩华、迪帕克等,《中国:国家发展和地方财政》,中信出版社2003年版,第44页。

实施过渡期转移支付办法。在设计实施中较充分地考虑到了客观因素,主要分配给中西部地区,并特别体现了对少数民族地区的重点倾斜,真正具有缩小地区差距的性质。但从数量结构来看,表现出如下特征:(1)过渡期转移支付呈逐年增长,由实施之初1995年的20个亿增加到2001年的138亿,但从过渡期转移支付与税收返还、专项拨款的数量和所占比重对比来看,则无论是年度绝对规模还是在转移支付总额中所占比重都太小。从表5-3也可以看出,多数年份的过渡期转移支付仅占中央转移支付总额的不到2%,2001年首次达到3%,而税收返还的比重同年为历史最低,也超过45%。据马拴友、于红霞的研究,1998—2001年,过渡期转移支付包括对民族地区的转移支付平均只占1.3%,而同期,税收返还占转移支付总额的比重平均高达62.1%,各种专项拨款补助占20.1%(马拴友、于红霞,2003)。再如,以2000年为例,在中央对地方的补助4 668亿之中,一般性转移支付包括过渡期转移支付在内为838亿元,过渡期转移支付额仅85.45亿元,而专项拨款却达899亿元。[①] (2)过渡期转移支付受益面积广大,且不断增加。表5-4显示了1995-2001年间中央对各省市区的转移支付额度。表中显示,除北京、天津、上海、江苏、浙江、广东东部六省市外,其余省市区均得到不同程度的过渡期转移支付,主要受益地区为中西部,还包括东部的河北,2001年开始还包括了东部的福建、山东和海南以及辽宁。由于总体规模本身有限,受益面积却涉及25个省区,以至于过渡期转移支付成了名副其实的"撒胡椒面"。

过渡期转移支付的过小规模和过大受益范围使其作用甚微。究其原因,一是中央财力的限制。分税制和转移支付制度实施之初,正是中央政府财政收入占全国财政收入比重最低时期(1993年中央政府财政收入占全国财政收入的比重为22%,占GDP的比重为12.6%),但这一理由近年来已不存在,分税制改革已使中央财力得到逐步提高,近年来更是大为改善,相关比重已上升到2002年的

---

① 参见张志华:"我国中央对地方分税制及其财政转移支付制度",《中国财经信息资料》,2001年第20期。

表5-4 过渡期转移支付计划

(单位:亿元)

	1995	1996	1997	1998	2000	2001
总额	20.70	34.64	50.21	60.57	85.45	138.16
北京						
天津						
河北	0.69	1.03	1.58	1.91	2.79	4.60
山西	0.35	0.96	1.59	1.96	3.21	4.91
内蒙古	2.47	3.71	4.97	5.76	7.90	12.17
辽宁						0.07
吉林		0.47	0.96	1.34	2.15	5.39
黑龙江	0.50	0.79	1.79	1.92	2.78	6.83
上海						
江苏						
浙江						
安徽	0.81	1.10	1.60	2.05	3.20	7.23
福建						0.14
江西	0.77	1.44	1.98	2.43	3.72	6.52
山东						0.26
河南	1.41	1.95	3.65	4.32	5.61	9.50
湖北	1.34	1.75	2.66	3.03	4.60	7.65
湖南	0.95	1.51	2.04	2.34	3.65	7.63
广东						
广西	1.09	1.84	2.52	2.98	4.57	7.60

	1995	1996	1997	1998	2000	2001
海南			0.63	0.88	1.25	1.78
重庆				0.76	1.55	2.69
四川	1.81	2.95	3.63	3.81	5.33	9.22
贵州	2.59	3.69	4.26	5.58	7.77	9.61
云南	0.12	0.20	0.20	0.24	0.38	1.71
西藏		1.00	1.77	2.10	3.04	4.54
陕西	0.55	1.62	2.45	2.72	3.74	5.77
甘肃	0.71	1.32	2.06	2.29	3.04	4.09
青海	1.04	1.91	2.94	3.97	4.44	5.00
宁夏	1.04	1.59	1.93	2.21	2.84	3.75
新疆	2.46	3.81	5.00	5.97	7.91	9.50

资料来源：黄佩华、迪帕克等，《中国：国家发展和地方财政》，中信出版社2003年版，第44—45页。

55%、18%。[①] 二是过渡期转移支付办法设计存在明显的非均衡因素：不调整地方既得利益，中央财政仅从每年的收入增量中拿出一部分资金，逐步调整地区间的利益分配格局。不调整地方既得利益，仅调节增量的做法直接导致了在整个转移支付总量中公式化转移支付的规模和数量过小，即使存在横向均衡效应，其作用力也太小。可见，这些年过渡期转移支付虽然增长很快，但它的增量来源从根本上限制了它的区域均衡效应的发挥。因此，作为均等化转移支付的我国过渡期转移支付制度，虽然在理论上存在较好的区域均衡效应，但实践中由于制度设计上存在的非均衡因素，致使现有的均衡因素由

---

① 参见《中国财政年鉴(2003)》，中国财政杂志社2003年版，第363、338页。

于受地方既得利益的限制而未充分发挥其区域均衡效应。除非改变过渡期转移支付的增量限制,政府为均等化支付提供足够的资金,否则,过小规模的公式化转移支付体制只具有象征意义。

其次,看税收返还的规模和比重。与过渡期转移支付的小规模相反,税收返还构成我国现行转移支付体系的第一大科目。税收返还在转移支付中所占的比例过高是既成事实,1996年这一比重高达71.8%,近些年由于政府有意提高专项拨款比例而有所下降,但2001年仍高达45.1%。1998—2001年,税收返还占转移支付总额的比重平均高达62.1%。由于税收返还还只是一种资金转移形式,而不是收入分享形式,它按照收入来源地进行资金分配,哪个省份经济越发达,"两税"增长越快,中央对其进行税收返还的额度也就越大。这种照顾既得利益的制度设计,从根本上起到了直接拉大贫富省份之间的财政能力差异的作用,上解中央两税按基数返还地方的方式,使大部分转移支付的财力失去均衡功能。因此,转移支付中过高比例的税收返还的存在,进一步加大了区域财力不平衡状况,使得强者恒强,弱者恒弱,与转移支付应有的横向平衡效应背道而驰。图5-5显示,税收返还正如预期的那样,与各地财政收入高度相关,其省际分布不均衡。

再看中央对地方的专项拨款。自建国以来我国长期实行中央对地方的专项拨款,近年来增长迅速。专项补助虽然更能够体现中央政府在支持地方政府提供某项公共产品方面的政策意图,存在发挥均等化作用的潜力,但过去实践却发现它同样不利于区域间的横向平衡:(1)专项补助数额较之于一般性均衡拨款过大,且几乎成了固定的项目拨款,灵活性小。专项拨款比重大于一般性转移支付的状况自1998年以来就一直存在。政府这一调整本意是通过悄悄降低

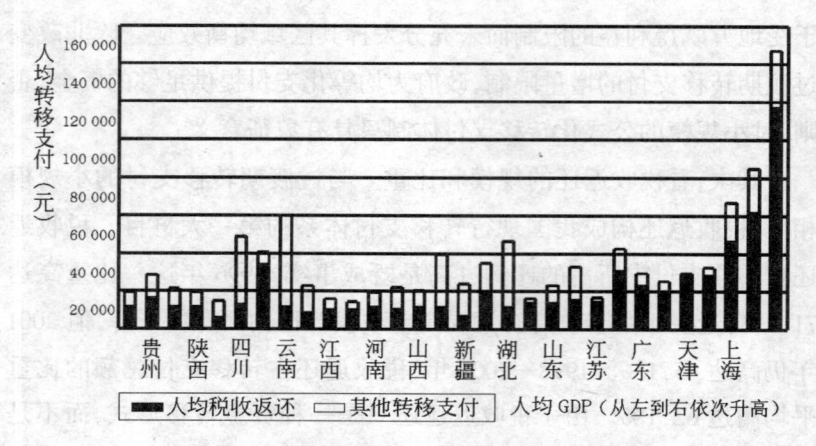

图 5-5　1998 年按省份划分的人均转移支付

资料来源：黄佩华、迪帕克等，《中国：国家发展和地方财政》，中信出版社 2003 年版，第 46 页。

税收返还比重来调整现行政府间转移支付制度对既得利益的保护程度，但在实践中，以前述 2000 年为例，专项补助额几乎是公式化转移支付额的 11 倍。从专项拨款的使用来看，项目种类繁多，主要是向城市地区粮食和其他消费补贴倾斜，1998 年以来，部分用于积极的财政政策计划，1999 年政府提供了近 500 亿元资助资本支出，以帮助刺激经济增长。近年来也用于帮助地方财政解决养老金拖欠等社会保障问题（黄佩华，2003）。但概括而言，由于在实践中，专项拨款从总体上看主要是针对东部发达地区，享受一般性转移支付的主要是中西部地区，过大的专项补助数额必然不利于中西部欠发达地区，并对一般性转移支付的区域均等化作用带来负面效应，必然进一步拉大区域之间的已有差距。(2) 专项拨款的分配缺乏科学的依据和标准，也与建立公式化和透明化的转移支付制度的目标相违背。存在"讨价还价"、"人情款"和"撒胡椒面"等人为、随意问题，而在这种"跑部钱进"的中央与各地的博弈过程中,欠发达地区往往缺乏发言权和竞争力,这一点从专项拨款的资金用途与实际地区分布的矛盾中可以得到说明。我国中央对地方的专项拨款几乎涉及所有范围,也包括用于对贫困地区发展义务教育等支援不发达地区支出项目,但从总体分布来看,专项拨款却主要分布于我国东部较发达地区。从国际经验来看,公式化和透明化的转移支付有利于提高地方政府预算的效率,过大的专项转移支付也违背建立公式化和透明化的转移支付制度的目标。

除此之外,我国还实行有条件的成本补偿方式、原体制上解或补助和结算上解或补助等资金分配方式。前者即中央给予一定数目的专项拨款,要求地方有一定的配套资金的方式,主要用于有外溢性的地方项目,但问题在于,对地方配套资金的要求使得贫困地区无法承担此类项目,或勉强承担却使财政状况更加恶化,赤字更加严重。1998年以来中央国债投资对地方配套资金的要求已使许多地方政府叫苦连天就是例证。因此,有条件的成本补偿方式由于对地方配套资金的要求在实施中与地区间公平的目标背道而驰。至于原体制上解或补助和结算上解或补助,是典型的"中国特色",中央财政虽然也使用结算补助以救助财政资金困难的省份以及因政策变化而对预算造成不利影响的省份,但这种方式与转移支付的政策目标不相关,而且存在资金的双向流动,不仅基本上不具有均等化效果,而且存在资金的双向流动。尤其值得注意的是,地方对中央的上解具有较大的再分配效应,其效应远比中央对地方转移支付来得明显。[①] 从图5-4中两条曲线间的差额可以看出其负面效应。

[①] 参见曾军平:"政府间转移支付制度的财政平衡效应研究",《经济研究》,2000年第6期。

加上这种上解虽然各地数目不等(2000年北京市最高383 252万元,西藏最低3 077万元),[①]但涉及面广、数额大,覆盖全国所有省、自治区、直辖市,还包括一些计划单列市,从而在客观上冲抵了过渡期转移支付办法实施带来的微弱的对财政横向平衡的正面影响。

可见,从现行转移支付的总体规模和结构来看,其实施时间虽短,但总体规模增长很快。高水平的转移支付已成为中国政府间财政关系的一大特征。但由于总体结构上以税收返还和专项拨款占主体地位,公式化转移支付规模过小,因而其总体区域均等化效应微弱,对同期持续扩大的区域差距难以发挥均等化作用。

5.2.2.2 现行转移支付实施前后各地实际财力均等化效应比较

如前所述,在目前的分税制财政体制下,地方财政表现出对中央转移支付的高度依赖性,中央对地方的财政补助特别是税收返还,构成地方可支配财政收入的一项重要来源。同样,由于转移支付的双向资金流动的存在,地方财政总收入并不全部形成地方财政支出,富裕地区还要向中央上解财政收入。因而,各地财政支出指标大致反映了各地实际可支配的财政资源,能相对真实地反映地区间的财政能力差异。我们以人均财政收入、人均财政支出来衡量各地区间财政平衡程度。通过比较各地人均财政总收入变动与人均本级收入变动的差额以及人均财政支出的变动轨迹,来分析分税制实施以来各地财政收支实际水平的均等化状况。

人均本级财政收入的变异系数反映了转移支付前省际间财力分

[①] 参见中国财政杂志社编:《中国财政年鉴(2001)》,中国财政杂志社2001年版,第287—329页。

配的公平程度；以人均财政总收入计算的这一指标反映了中央对地方转移支付后的财政平等状况。地方财政总收入＝地方本级收入＋地方预算外收入＋中央补助收入(包括中央对地方的税收返还)。地方财政总支出＝地方预算内支出＋预算外支出，或地方财政支出＝地方财政总收入－地方上解中央收入。

比较转移支付前后省际间人均财政收入的差异的变动可以反映转移支付的总体区域均衡效应。表5－5列出了1995—2003年间中央政府转移支付前后各省际间人均财政收入和支出的变异系数。

表5－5 现行转移支付制度的横向均衡效应情况(1995—2003年)

变异系数		1995	1996	1997	1998	1999	2000	2001	2002
人均地方本级财政收入变异系数(%)	A	95.37	98.07	102.44	103.04	105.67	102.49	110.47	123.21
人均地方预算内外收入变异系数(%)	B	79.41	78.21	80.18	92.01	95.21	91.34	95.13	103.38
人均地方财政总收入变异系数(%)	C	89.41	99.07	93.83	89.88	86.56	76.15	75.3	77.9
差异变动	C－B	0.1	0.208 6	0.136 5	－0.021 3	－0.086 5	－0.151 9	－0.198 3	－0.254 8

变异系数		1995	1996	1997	1998	1999	2000	2001	2002
差异变动	C−A	−0.059 6	0.01	−0.086 1	−0.131 6	−0.191 1	−0.263 4	−0.351 7	−0.453 1
人均地方本级财政支出变异系数(%)	D	68.51	72.12	78.07	77.24	77.32	71.03	69.38	69.45
人均地方预算内外总支出变异系数(%)	E	64.03	63.4	67.09	74.88	75.43	68.26	65.35	66.42
人均地方财政总支出变异系数(%)	F	70.95	103.05	79.81	89.16	77.43	68.86	69.88	72.84
差异变动	F−E	0.069 2	0.396 5	0.127 2	0.142 8	0.02	0.006	0.045 3	0.064 2
差异变动	F−D	0.024 4	0.309 3	0.017 4	0.119 2	0.001 1	−0.021 7	0.005	0.033 9

注：①根据《中国财政年鉴》(1995—2003)各年份数据整理计算。
②本表收支为自然口径的地方本级收支决算数。
③1997年以前的四川省含重庆市，1997年以后开始设立重庆直辖市，撤原重庆市，四川省不含重庆市；因西藏省情况特殊，在测算中剔除。
④地方预算内外总收入/支出＝地方本级财政收入/支出决算数＋地方预算外资金收入/支出；地方财政总收入＝地方本级财政收入＋中央补助收入(包括中央对地方的税收返还)；地方财政总支出＝地方本级财政收入＋中央补助收入(包括中央对地方的税收返还)−地方上解中央收入。

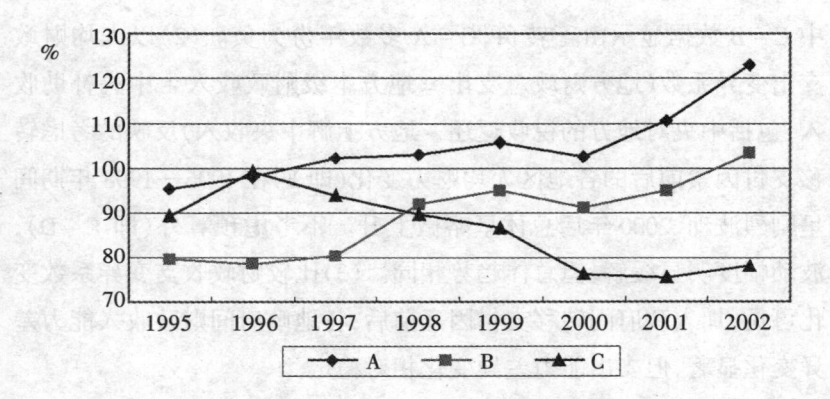

图 5-6 现行转移支付制度的横向均衡效应情况(收入情况)

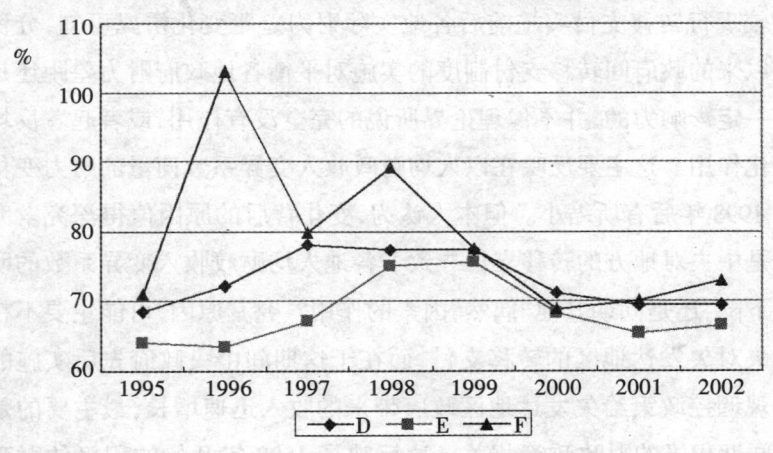

图 5-7 现行转移支付制度的横向均衡效应情况(支出情况)

从表中数据和图可见：

(1)以人均财政收入变异系数反映的加入转移支付因素前后各地区人均财力的变化，呈缩小趋势，且幅度越来越大。这体现在从历年来包括中央补助收入在内的人均地方财政总收入的变异系数变化(即 C)来看，表现为总体趋于下降(自 1996 年开始)的趋势。并且表中 C－B 数据显示由正转负，C－A 多数年份为负。(2)以人均财政支出变异系数(地方财政总支出＝地方本级财政收入＋中央补助收入，包括中央对地方的税收返还－地方上解中央收入)反映的考虑转移支付因素前后的各地区人均财力变化(即 F)在 1996—1998 年期间呈剧烈波动，2000 年后总体呈略微上升。不考虑预算外(即 F－D)，波动幅度明显缓解，但总体趋势相同。(3)比较财政收支变异系数变化可见，加入政府间转移支付因素前后，各地政府间财政收入能力差异变化显著，但支出能力差异变化相对稳定。

如何看待与解释各地人均财政收支的这种变化？其原因何在？比较现行转移支付实施前后各地实际财力差距变化情况可知，分税制以来的政府间转移支付制度的实施对平衡各地政府财力差距还是有一定影响力的，并不像理论界所说的完全没有作用，或者起着反均等化作用。这主要反映在以人均财政收入变异系数衡量的财力变化在 1998 年后有所缩小。但本人认为，变化背后的原因值得深究。究竟是中央对地方的转移支付导致了各地人均财政收入变异系数的明显下降，还是同期其他"偶然"因素的作用？究其原因，可能主要不在中央对欠发达地区的转移支付，而在于这期间中央政府先后实施的宏观调控政策给欠发达地区政府带来的收入迅速增长，最主要的是与同期积极的财政政策相关。这反映了 1998 年开始的积极的财政政策和随后 2000 年实施的西部大开发战略，以及"八七扶贫计划"期间中央财政的大规模的扶贫攻坚工程投入，对西部欠发达地区政府财政收入的正面影响和过程。但这也从广义上说明，中央政府向欠发达地区的大规模资金投入转移对于改善欠发达地区政府收入状况作用显著。

分析影响各地人均支出变化包含的变量可以发现，首先是受政府对预算外资金管理方向转变的影响,预算外资金在20世纪90年代中后期存在大幅波动,必然反映到各地人均财政支出变异系数的变动上;其次,中央对各地区的税收返还和地方上解中央收入,这两项都促使原本差异变动较为稳定的人均财政支出变异系数出现扩大趋势。还可能是1998年以来中央政府向中西部倾斜的各项政策导致了这些地区财政支出的迅速扩张。例如,1997年少数民族自治地区包括五个自治区和其他自治州、县(旗)的财政支出合计为792.62亿元,收支差额为-443.61亿元;1998年分别猛增到915.41亿、-506.25亿元,分别比上年增长16%、14%;其后各年均迅速增长,2002年分别达到2001.74亿元、-1397.3亿元,是1997年的2.53倍和3.15倍。[①]

总之,上述分析表明,现行转移支付制度并未像理论模型预示的那样,起到应有的区域均衡作用。虽然同期地区财政收入差距下降显著,但它是在各地人均财力差距很大的前提下发生的,且出现在积极的财政政策实施的背景下,因此,有一定"偶然性"。转移支付对均衡地区财力差距有一定影响,但影响甚微。究其原因,主要在于转移支付制度设计上对地区既得利益的保护。表现在:总体资金分配结构上以税收返还为主;均等化转移支付规模受到增量源头的制约,只能起"救济"作用以解决贫困地区各部门人员的"吃饭"问题;专项拨款比重日益增大,目标又不够明确,透明度低,随意性大,在执行中欠发达地区讨价还价能力低。因而现行转移支付制度的总体区域均等化效应微弱,对同期日益扩大的区域差距难以发挥均等化作用。而

[①] 数据来源:根据国研网数据中心"少数民族自治地区财政支出"得出,2005年1月7日。

鉴于转移支付制度在规范的财政体制和解决地区非均衡问题中的重要地位,进一步调整和完善转移支付制度十分迫切。

5.2.3 纵向转移支付改革的对策建议

有两个理由共同决定了我国转移支付(纵向)的今后走向。一个理由是分税制改革以来的转移支付现实。上述实证考察分析均表明,和其他国家相比,我国已有较大规模的转移支付,但并未起到其应有的区域均衡作用,反而扩大了地区间的财政差距,主要原因和问题在于出于对地方既得利益的保护,使得转移支付的资金分配结构不公平、不科学。另外一个理由是,考虑到中央政府目前面临的收入约束和大量紧迫的支出需求,世界银行的黄佩华和迪帕克等举了银行部门改革和养老金制度改革作例子(黄佩华、迪帕克,2003年),认为中央增加对地方政府转移支付分配额度的可能性十分有限。因此,今后政府纵向转移支付制度的完善比较现实的选择路径是,在保持现有转移支付规模下按照区域均等化目标作结构调整。通过修改和合并现行的多重转移支付体系,为均等化转移支付计划提供足量的资金,以使之具有实际意义。

笔者提出以下具体对策建议:

(1)修改和简化现行转移支付形式,建立由一般性转移支付、专项转移支付和特殊性转移支付相结合的、符合区域均等化目标的转移支付体系。明确各类转移支付的用途:一般性转移支付用于解决各级政府之间的纵向和横向财政缺口问题,专项转移支付用于定向解决各类社会事业如交通、教育和环境保护等的专项发展问题和强化中央政府的宏观调控能力。另外,配合使用特殊性转移支付用于对某些地区突发性自然灾害、非意料严重事故或者中央出台重大政

第5章 政府财政支持系统（Ⅰ）：政府间转移支付

策对地方利益造成严重影响时的特殊性补助。为此：

首先，必须取消下对上的转移支付，改现行政府间资金"双向流动"为"自上而下"的单向流动。中央政府应尽早考虑取消原体制和结算上解收入，将具有均等化转移支付性质的体制补助、结算补助资金纳入一般性转移支付，以确保资金的公平合理分配，对具有专项转移支付性质的资金纳入专项转移支付的范围。地方上解中央收入的做法有违国际惯例，同时具有较大的再分配效应。但取消富裕地区向中央政府的收入上解，关键是要解决中央用于转移支付的收入下降问题。这可以通过政府间共享收入的调整和转移支付制度的重新设计来解决，也可以通过中央政府的发债暂时解决。

其次，增加均等化转移支付的比重，明确用于均等化的收入份额或比例。只有提高均等化转移支付的比重才可能发挥其均等化效应，促使均等化转移支付由象征性走向实质性。为此，必须从根本上改变其增量来源的约束，明确用于均等化的收入。可以有不同选择：它可以是以现有过渡期转移支付总额为基数，按固定数额逐年递增；也可以是按照一定比例与中央集中"两税"增量（来自增值税和消费税的中央收入的增加部分）挂钩，还可以是中央财政收入的一定比例。相对而言，以指定的收入来源和中央收入的一定比例的方法比较有弹性，中央集中增量愈多，宏观调控能力愈强，用于地区财力均衡的力度愈大。同时，还应改变目前过渡期转移支付的提法。

第三，触动现行地方既得利益，解决税收返还问题，从制度设计上摈弃妨碍转移支付均衡功能的因素。要增强现行转移支付的区域均衡效应，必须改革现行转移支付制度的第一大科目——税收返还制度。目前国内理论界提出了不同选择和做法：一是逐步削减税收返还的办法。如将体制补助、体制上解、结算补助中的定额结算部分、固定数额的专项上解并入税收返还。通过归并,可减少中央财政的税收增量返还;同时,中央财政可减少对体制上解地区(一般是财力较充裕的地区)的税收增量返还,增加对体制补助地区(通常是财力较薄弱地区)的税收返还增量,在某种程度上达到调节地区间财力分布的目的(刘溶沧、焦国华,2002)。或者切出税收返还的一定比例(30%)用于过渡期转移支付,但如何切出却有待解决(马拴友、于红霞,2003)。近年来国家也在通过悄悄扩大专项转移支付的办法以抵消税收返还的非均衡效应。二是主张下决心触动现行财政利益分配格局,取消中央税收返还,将其作为中央可支配财力全部用于均衡性拨款。前者是中国各项改革惯用的渐进方式,后者则面临来自既得利益地区的压力。笔者认为,从及早规范中央和地方各级政府间的财政关系和转移支付制度角度出发,应尽早取消税收返还,将其并入均等化转移支付,按照核定标准收支后的公式化办法重新在各地区进行分配。况且,分税制财政体制和转移支付制度实施已十年,转移支付的功能、目标以及发展趋势也已为理论界和实际部门所熟悉,来自既得利益地区的压力应已逐渐变小。

第四,控制专项转移支付规模,理顺和简化专项转移支付项目,引入因素和公式核算拨款额和配套率,发挥专项转移支付拨付的区域均衡潜力。1998年以来,专项拨款规模不断增大,且名目繁多,最终投向发达地区的多。加强对专项拨款的管理,当务之急是控制或压缩总量,并对现行的专项拨款进行清理整顿,明确专项拨款的方向和范围。中央专项转移支付的基本目标是保证全国各地公共服务的水平和质量的标准化,主要用于中央对跨地区性(具有外溢性)公共产品和中央委托地方承担事务的拨款,按照国外经验,主要集中于交通等基础设施和教育、卫生、环境保护、社会保障等社会事业与公共服务项目。我国专项拨款之所以最后出现发达地区得到多、欠发达地区反而少的现象,主要问题在于中央政府目标定位上的偏差,某种程度上还带有谋求平衡的思想。因此,中央政府应该及早纠正这种目标和指导思想上的偏差,在坚持总量规模不再增加的基础上,我国的专项转移支付应调整投向,压缩资本建设性项目,增加公共服务性项目,同时将行政管理开支、公检法开支等项目剔除(这些项目的支出缺口由一般性转移支付解决),继续稳定对义务教育、农业科技产业化、救灾等方面的投入,确保粮棉补贴支出和下岗职工基本生活费补助等社会保障类支出,加大对支援西部经济不发达地区、天然林保护工程等资金投入,以适应专项转移支付的基本目标。也可以考虑借鉴国外经验,部分项目引入分类拨款(block grants)方式,以减少名目繁多的项目。值得注意的是,对专项拨款规模和结构的设计调整必须考虑到政府的区域均等化目标,可以通过专项拨款的投向设置发挥专项转移支付拨付的区域均衡潜力。可以参照日本的国库补助金(属专项拨款)的原则和做法,中央政府对所有地方政府一视同仁,在分配专项拨款时,负责分配的专业部门(如交通部、教育部等)不能对任何地方政府有任何歧视(马骏,1998)。这将不会对区域均等化造成负面效应。

(2)建立中央对省级以下政府的直接转移支付。在我国,存在上一级政府只为直接下级政府制定法律规章的传统,[①] 现行的转移支付制度也是如此,中央只规定了中央与省区市间的转移支付办法,仅要求各省参照中央对地方的转移支付逐步建立省级以下转移支付。到目前为止,省以下转移支付仍处在建设中。这使得中央政府控制

---

① 黄佩华、迪帕克等人认为,这种传统可以追溯到中国的封建社会。

最基层政府提供服务的效果变得鞭长莫及,因为每一中间级政府都有某些对政策进行解释和实施的决定权,而且与其他国家相比,中国目前政府级次过多。另一方面,每个省区市内部的差距都堪称全国差距的缩影。因此,鉴于各省内部财力的巨大差异,中央政府仅仅关注中央与省政府之间的转移支付是不够的,也无法达到理想的均等化效果。中央政府应当考虑直接向负责提供服务的基层政府进行转移支付,即使这意味着涉及省级以下政府。同时,如果中央政府保留其在制定有关社会服务(如义务教育)的国家政策方面的职责,那么它也应当建立相关机制以实施这些政策,包括一般补助或专项补助。2005年的政府工作报告中首次表示,从今年起,免除国家扶贫开发重点县农村义务教育阶段贫困家庭学生的书本费、杂费,并补助寄宿学生生活费,这意味着我国贫困地区592个县约1 400万农村贫困家庭的中小学生将可以享受国家提供的全免费教育。并计划到2007年在全国农村普遍实行这一政策,使贫困家庭的孩子都能上学读书,完成义务教育。在解决"三农"问题上,也可采用同样的方式。此外,中央还应当要求各省指定明确的、用于均等化目标的收入来源。

(3)细化中央补助地方支出预算,增强资金分配的透明度。据国家审计署"关于2003年度中央预算执行和其他财政收支的审计工作报告"指出,当前中央补助地方支出已占中央财政总支出的一半以上,但财政部在每年编制和报告中央财政总预算时,未将其细化到地区和项目,使资金的分配缺乏透明度,也影响地方完整、准确地编报财政预决算,不利于政府和人大加强预算管理和监督。因此,应当细化中央补助地方支出预算,编制分地区、分项目的详细预算,增强资金分配的透明度。相应地,地方各级财政也应将上级补助收入及其分配使用情况完整地编入本级预决算,接受同级政府和人大的监督。

这样做有利于避免挤占挪用、随意调整、项目的预算安排与实际情况不符等现象,规范资金用途,提高转移支付资金使用的效率。

除此之外,从改善转移支付的约束条件来看,转移支付制度的改革和进一步完善还需要有必要的配套改革,这主要集中在财政体制的进一步完善上。必须进一步理顺中央与地方的财政分配关系,明确中央与地方在事权与财权、支出与收入上的界定,应当全面明确各行政级次单位的支出责任和收入划分。这要求:① 其一,重新审查、进一步明确对各级政府间支出责任的划分。1994年的分税制财政体制改革没有对支出责任划分进行重新审查,这本应作为分税制改革的组成部分,它已被大大延误了。现行支出责任划分的不明确已经导致了地方责任划分的高度重叠,弱化了责任感,导致了服务供给的低效率和供给不足。比如中央政府应该考虑再次集中为社会保障提供资金和服务,包括养老金、残障和遗属抚恤金、失业补偿等。另一方面,鉴于中国各省的面积很大,大多数省份的面积大于世界上大多数国家面积,应当明确省级政府在有关均等化方面的部分职能,均等化目标应当成为中央政府和各省级政府的一项共同责任。江苏省等省内均等化转移支付的成功经验也证明了省级政府分担均等化职能的可行性。其二,改变现行依据税收来源地分配资金的方式为按消费地分配。1994年分税制实施以后,我国采取的是依据税收来源分配特定比例的中央税的方式,即将增值税、资源税及证券交易税作为共享税。这种划分兼顾了中央和地方两方面的经济利益,却忽略了由此可能带来的地区与地区之间的利益冲突和税源争夺问题。从

---

① 本部分内容参考了黄佩华、迪帕克等人的观点。黄佩华、迪帕克等:《中国:国家发展与地方财政》,中信出版社2003年版。

地区角度看,目前的增值税存在着产地和消费地之间税负转移问题,东部地区的产品大量销往西部地区,会造成落后地区的消费者负担发达地区税款的现象,这不利于消除我国东西部地区之间的贫富差距。除此之外,尽管中国改革开放的过程一直伴随着分权的过程,但分权的目标却从未明确过。中央政府亟需对分权的目标予以明确,从而使财政制度的设计与之配套,以达到预期效果。

5.3 中国政府间横向转移支付模式与制度设想

在我国,除了中央政府与地方政府间的纵向转移支付外,还存在事实上的政府间横向资金转移。

5.3.1 横向转移支付原理及国外经验借鉴

横向转移支付是同级地方政府之间的资金转移,在联邦制国家表现为联邦各州级政府之间的转移支付,发达州对欠发达州的收入转移。中国自1979年开始的省级政府间的对口支援帮扶也具备横向转移支付的某些特征。横向转移支付是在纵向转移支付的基础上进行的,其目标具有一致性,与纵向模式相比,最大的区别在于补助的来源不是中央政府,而是富裕地区,中央政府不动用自身财力。它是中央政府利用其权威性,或者通过法定的形式,进行地区间财力再分配,使发达地区向不发达地区转移资金(如图5-8所示)。就国外实施经验来看,横向转移支付模式的实施需要较高的民族同质性约束,国际上目前仅限于斯堪的纳维亚国家和德国采用。德国的转移支付制度因其突出的区域均衡效果已成为当今世界上独具特色的、得到普遍认可的成功典范。[①] 以下部分将详细分析德国的横向财政平衡制度以期得出启发性思路。

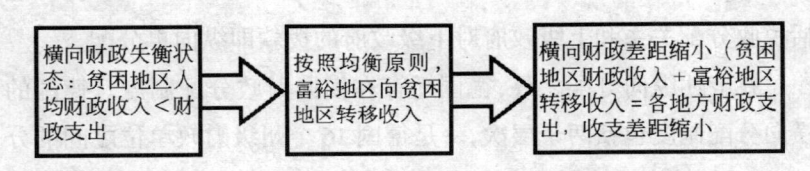

```
┌─────────────┐    ┌─────────────┐    ┌─────────────────┐
│横向财政失衡状│    │按照均衡原则，│    │横向财政差距缩小（贫困│
│态：贫困地区人│ ⇒ │富裕地区向贫困│ ⇒ │地区财政收入＋富裕地区│
│均财政收入＜财│    │地区转移收入 │    │转移收入＝各地方财政支│
│政支出       │    │             │    │出，收支差距缩小     │
└─────────────┘    └─────────────┘    └─────────────────┘
```

图 5-8　横向转移支付的区域均衡机制

联邦德国实行的是一种以纵向平衡为主、纵横交错的转移支付制度，这种转移支付体系是在其特定的政治、经济、历史和文化背景下产生的，并经过了四十余年的不断修正和完善。从影响其转移支付实施的体制和环境来看，德国的社会市场经济模式、立国五原则之一(社会福利国家)和德国的基本法的宗旨对其财政体制和转移支付制度都有着直接而深远的影响。德国的社会市场经济模式和立国原则之一都强调国家对全国社会福利的保障，德国基本法的基本宗旨和要求是强调整个国家"国民生存条件的一致性"。三者都体现出国家要保障社会各阶层、各地区民众所享用社会经济福利的合理性、公平性。因此，在德国，政府通过财政职能的履行，通过建立一整套完善的财政平衡制度，来保证国家宪法及经济制度的实施。现行财政转移支付制度作为财政政策的主要部分，是根据德国的历史、经济发展需要，在社会市场经济理论基础上，建立在基本法原则基础上的。

[①] 德国实行的是以纵向平衡为主、纵横交错的转移支付体系，但这里考察的重点是其横向转移支付制度。

5.3.1.1 德国横向转移支付的主要内容

在德国,三级政府之间(联邦与州、州与市镇之间)的财政分配包括税收分配关系和上级政府对下级政府的拨款即纵向再分配。①

在上述纵向分配之外,德国还存在横向财政分配制度。德国的横向分配制度包括两个层次,一是德国16个州级财政单位之间的分配;二是州内各个市镇之间的分配(暂不考虑)。这两种横向分配又称为财政平衡,它是理解德国财政制度的核心概念,也是我国理论界提出借鉴德国财政转移支付制度的原因所在。德国财政平衡基本理论的出发点,是德国国内各个地区的居民具有享受相同生活条件的权利。所谓财政平衡,就是通过财政手段保证各地区居民能够实现这种相同的生活水准。

德国州级财政平衡的具体实行分为三个步骤,相应地包括三个方面的内容。

首先是增值税收入的预先平衡。增值税是联邦和州的共享税,共享分配比例不固定,不同的年份不一样。从1998年开始,市镇也参与增值税的分配。分配后的增值税由州分享份额的四分之三,先按各个州的居民人口分配。其分配依据是增值税最终是由消费者负

---

① 税收分配关系是由其财政体制决定的。联邦德国实行的也是分税制财政体制,联邦与州之间、州与市镇之间根据事权划分需求,按税种划分收入,其中联邦直接税包括矿物油税、保险税、烟税、烧酒税等8种,联邦和州两级共享税为公司税和增值税,工资所得税由于联邦政府在与州共享中同时可以确定工资所得税划归各市镇的比例,因此实际上已成为三级政府的共享税。州级政府有独立的税收收入,但共享税是州级税收的主要来源,联邦政府对州的补助拨款所占比重不高,为州级税收收入的7.9%。市镇财政收入的主要来源是税收和州对市镇的拨款。上级政府对下级政府的拨款即纵向再分配也分为专项拨款和一般拨款。

担的、与消费支出有关的税收,根据最终消费地原则,这部分增值税应该按人口分配。由州分享的其余四分之一部分用于各州的财政平衡,即增值税的预先平衡。增值税的预先平衡通常被视为92%人均税收水平的平衡。即人均税收低于全国平均水平的92%以下的州,可以从这属于所有州级政府的增值税里取得一部分收入,这一般是他们的人均税收与92%人均税收水平的差额。1997年,德国州级增值税预先平衡总额为132.63亿马克,5个东部新州为净调入州,11个西部老州(包括柏林)为净调出州。其中调入最多的是萨尔森州,共40.87亿马克,调出最多的是北莱茵州,为35.49亿马克。[1]

第二步是财力水平平衡。它是在增值税预先平衡基础上,根据各州财政支出和财政能力所作的平衡,其基本依据是增值税预先平衡以后产生的州财政收入(包括市镇收入的50%)。具体地讲,州际财政平衡资金的分配包括相互衔接的四个环节:第一个环节是计算各州的财力基数,即各州包括增值税预先平衡的人均财政收入。第二个环节是计算财政平衡基数,即一个州要达到联邦平均的人均财政支出水平所需要的财力。对于人口密集的州级市,人均财政支出的需要比较高。为此,德国提出了一个校正系数,经过该系数的调整,州级市人均财政支出需求便比一般的州高出35%。第三个环节是把财力基数(代表财力供给)与财政平衡基数(代表财力需求)相比较,并按一定档次标准定出接受平衡基金的州及应得数额、自求平衡的州和付出平衡基金的州及支付数额。如果一个州的财力基数大于

---

[1] 参见财政部"财政制度国际比较"课题组编著:《德国财政制度》,中国财政经济出版社1999年版,第119页。

它的平衡基数,就必须向财政平衡的"大锅"里缴款;相反,如果一个州的平衡基数大于它的财力基数,它就可以从财政平衡的"大锅"里得到补助。但是,这种平衡不是绝对的平均,在一个州的财力不足以抵补它的支出的情况下,通过州级平衡,至多也只能满足它支出需要的95%。第四个环节也是最后一个环节是,在联邦财政部主持下,由联邦和应付出平衡基金的富州按计算结果向接受援助的穷州划拨平衡资金。据财政部《财政制度国际比较》课题组编著的《德国财政制度》提供的资料表明,1997年,德国用于财力水平平衡的资金总额为119.40亿马克。净付出的州为北莱茵、巴伐利亚、巴登—符腾堡、黑森等6个西部老州。接受补助的州除所有东部新州外,还有西部的下萨克森、莱茵兰—法尔茨、萨尔和不来梅州。5个新州和柏林,从州级财政平衡中得到的补助按人均计算,为1 000马克以上,人均付出最多的州为黑森州,714马克。[①] 财力水平平衡是德国财政平衡制度的核心环节。

第三步是联邦财政补充补助。它是联邦政府在财力水平平衡后对仍低于平均财政能力的贫困州的进一步补助拨款。联邦补充补助分为差额补助、其他补充补助和投资补助。其中联邦差额补助是在对州级平衡以后,各州之间仍然存在的差别进行补助,补助的限额是差别的90%,通过联邦补充补助之后,各个州财政支出需要的99.5%得到了保证。1997年,联邦用于补充补助的总支出达284.70亿马克,超过了州两项平衡(即增值税预先平衡和财力水平平衡)的

---

① 参见财政部"财政制度国际比较"课题组编著:《德国财政制度》,中国财政经济出版社1999年版,第121页。

数额，一共有 11 个州得到了联邦的补充补助。[①] 其他补充补助和投资补助则特别偏重于基础设施较差的地区。因此，联邦补充补助事实上是在财力水平平衡基础上，再次平衡地区差异。虽然联邦对州的补助通常作为财政纵向转移支付看待，但由于这种补充补助的目的是平衡各州之间的财力，因此，它成为德国的财政体系中州级横向平衡的一个重要层次。

德国的财政转移支付制度（包括上述横向转移支付制度）建立于 20 世纪 50 年代，但在德国统一后，面临着重建东部、将东部纳入西部原有的社会市场经济体制的艰巨任务。为此，德国在 1990 年到 1994 年底的过渡阶段，对东部新州实行的是不同于西部老州的州级平衡体系，东部老州沿用过去的体系，对东部新州则通过"统一基金"等给予财政援助。德国统一基金成立于 1990 年，在 1994 年以前，用于东部新州的财政支出，基金主要部分来自于联邦政府和老州的补助以及借贷。除此之外，欧洲复兴计划特别财产（ERP 特别财产）1990 年后也被用于"东部重建"。德国还于 1991 年开征了"附加团结税"专门用于国家统一的任务。这些过渡性平衡办法和其他财政措施保证了两德一国一制的统一和东部地区的社会稳定。

5.3.1.2 借鉴意义

鉴于德国实行的也是分税制预算管理体制，国内东西部之间也存在巨大差距等共同情形，德国的财政平衡制度为中国解决东西部区域差距问题提供了思路和借鉴。

[①] 参见财政部"财政制度国际比较"课题组编著：《德国财政制度》，中国财政经济出版社 1999 年版，第 123 页。

(1)德国的财政平衡制度具有明确的政策目标:实现区域间财力和公共服务水平均等化(不仅是最低限度的)。这一目标来源于德国立国五原则之一:德国是一个社会福利国家;服从于德国基本法的一条重要条款:德国国内各个地区的居民具有享受相同生活条件的权利;同时与德国的基本立国思想和当权政府的执政理念也是分不开的。尤其值得一提的是,这种精神和目标并未因为东西德的合并任务的艰巨而改变,而是在德国统一后自然也将东部新州纳入其中,成为联邦政府对东部新州人民的一种承诺。联邦政府在这之后的一切财政措施都服从于这一目标,这提示我们,政府对社会公平目标的谋求和一贯坚持是转移支付均等化目标能否实现及其实现程度的前提,而且德国政府对区域间收入分配的干预并未影响其经济的发展和市场经济模式的运行。

(2)德国的财政平衡制度以彻底的分税制为制度基础和前提,各级政府间事权财权十分明晰具体。德国的财政层次一共有三级,根据德国法律,中央政府的主要任务是负责整个国家的国防、外交、社会安全、社会保障和建设高速公路等等;州政府的主要任务则在文化方面,具体为发展学校的教育事业和促进科学研究,同时,维护本州范围的社会安全、社会保障和公共卫生事业;市镇政府的事权或者任务有三类:指令性、非指令性和自愿任务,并对各项任务有十分具体的规定,如自愿任务为游泳池、新的公共交通干线、电影院等的建设。各级政府的财权则以事权的划分为依据,德国的三级政府均有自己独立的税收,联邦与州之间、州与市镇之间均有共享税收入,并有纵向的转移支付来调节之间的缺口。德国各级政府在事权上的明晰、细化是值得我国学习的。

(3)德国的财政平衡制度是在联邦政府的财力集中程度较低的

前提下施行的。德国公共财政支出占 GDP 的比重在 20 世纪 70 年代中期曾经达到 35%以上,但在 70 年代后期和 80 年代,其财政政策的核心是持续削减公共支出,以实现"苗条的国家"。其中虽然由于东西德统一曾导致比重有所上升,但 1997 年又恢复到 32%左右的水平。[①] 联邦政府(中央政府)财政支出占整个财政支出的比重 1994 年仅为 16.71%,[②] 而我国财政支出占 GDP 的比重 2002 年为 18%,中央财政支出占财政支出的比重 2002 年为 30.7%。比较而言,德国联邦政府在财力集中程度较低的前提下实施的财政平衡制度十分值得中国参考。

(4)德国的财政平衡制度的实施综合应用了多层途径和方式。首先,德国的横向转移支付是在纵向转移支付的前提下,为了区域间的横向平衡目标而实行的,因此以纵向的调节为主。在此前提下,横向的财政平衡本身又是通过三个相互联系的步骤实施的:增值税的预先平衡是基础,在此基础上来核算各州的财力基数;财力水平平衡是核心和主体,主要通过水平平衡来实施区域间的横向财力调节;补助拨款是最后补充,解决水平平衡后仍然存在的地区间财力和公共服务水平差异。这与中国目前实施的省际间的对口支援帮扶相比要系统、严密、规范得多。

(5)德国财政平衡制度的资金分配方式具有公式化、规范化和法制化的特征。这无论是从增值税的预先平衡,还是财力水平平衡过程,抑或是各州财力水平平衡后的联邦补助,均有充分体现。增值税

[①] 参见财政部"财政制度国际比较"课题组编著:《德国财政制度》,中国财政经济出版社 1999 年版,第 42 页。

[②] 同上,第 45—46 页表 4-3"德国 1994 年按任务划分的公共财政支出构成"的数据汇总得出。

的预先平衡是指，人均税收低于全国平均水平的 92% 以下的州，可从州级政府的增值税总额中取得一部分收入，这依赖于对全国人均税收及其与 92% 人均税收水平的差额的测算。财力水平平衡以公式化、规范化的财力基数、财政平衡基数及校正系数为前提，其中"平均财力水平"的核算、确定是关键。而补充补助以财力水平平衡后的 90% 为限额。不仅如此，这种州际间的横向平衡是在联邦德国法律规范和联邦财政部主持下实施的，并非州与州之间的自主自愿行为。

德国的横向转移支付制度为我们解决东西部财政差距提供了一种启发性思路，但如果在我国付诸实施还需要充分考虑到中德之间存在的差异。这些差异包括中德之间在政体和预算管理体制上存在的根本性差异，如联邦制与集权制，地方政府有无税收立法权和公债发行权等；也涉及具体的转移支付操作办法，如德国的横向转移支付与纵向转移支付关系并不密切，实行的是共享税为主体的分税制，增值税的预先平衡在区域间的横向财政平衡中十分重要。但在中国，地方政府缺乏税收立法权和公债发行权的体制安排要求转移支付首先要保证财政的纵向平衡，而当政府转移支付把首要目标放在财政纵向平衡上时，调节横向平衡的效应就大打折扣。这种差异会直接影响到中国引进横向平衡的制度设计。增值税的 75%（和消费税）直接构成中央对地方纵向转移支付的依据（以税收返还形式）。按现行转移支付办法，它不仅无法发挥横向平衡功能，而且由于对既得利益的保护而有损横向均等化目标。至于德国财力水平平衡后的联邦补充拨款步骤对区域间财力的再次平衡，在中国落实起来则由于转移支付实施后我国地区间财政能力差距没有明显变化的事实而更为困难。另外，中国作为发展中国家，对经济快速增长的渴求也会影响政府对公平程度的选择。

表5-6 转移支付前后德国人均财政收入与全国平均值的相对差

	自有收入	共享增值税后	州际均等化后	联邦拨款后
西部	11%	5%	2%	1%
东部	-39%	-18%	-7%	5%

注：相对差定义为(州人均财政收入 - 全国人均财政收入)/全国人均财政收入 × 100%。此数据为1996年估计值。

资料来源：马骏，《论转移支付》，第34页，表2-4。

5.3.2 中国地方政府对口支援的实证考察
—— 以全国支援西藏为例

5.3.2.1 对口支援的产生和概况

对口支援无论是物资、技术援助，还是资金援助，其实质都是发达省市的部分财力无偿转移到不发达省份。

1979年7月，中共中央召开边防工作会议，并批转了中共中央(1979)52号文件，文件确定组织内地发达省市实行对口支援边境地区和少数民族地区。即北京支援内蒙古，河北支援贵州，江苏支援广西、新疆，山东支援青海，天津支援甘肃，上海支援云南、宁夏，全国支援西藏。

1984年9月，经国务院批准，国家经委、计委、民委和国家物资局共同在天津召开了"全国经济技术协作和对口支援会议"，又增加了上海支援新疆、西藏，广东支援贵州，沈阳、武汉支援青海等对口支援任务。此后，国家计委、经委均发出文件，对进一步扩大对口支援的范围作出要求。各省市区及中央各部委作出响应，对口支援这种地区间的横向帮扶形式在全国各地陆续展开。目前，对口支援涉及工业、农业、商贸、科技、人才、文教、卫生、扶贫、劳务等各个领域，并逐步形成了北京支援内蒙古，天津支援甘肃，上海支援云南、宁夏、新疆，山东、辽宁、沈阳、湖北、武汉支援青海，江苏支援广西、新疆，广东、河北支援贵州，全国（以四川、上海、浙江、天津为主）支援西藏的基本格局。这种对口支援包括地区间、援助主体与受援地区部门内部、行业内部的人力、物力、财力等的广泛支援。

以上海为例。上海市按照中央的统一部署，从1979年起，先后承担了对口支援新疆、宁夏、西藏、云南等西部民族省、区的任务。二十多年来，为西部地区经济、社会发展作出了重大贡献。特别是近几年来，上海市为做好对口支援云南省、西藏日喀则地区、新疆阿克苏地区、重庆市万州区和湖北省宜昌县的工作，在市委、市政府的领导下，以区县为主体，条块结合，采取经济协作、社会帮扶、干部交流等多项措施，取得了显著的成效。据不完全统计，"九五"以来，上海在云南、三峡库区、西藏、新疆4个对口省、区共无偿援助资金5.1亿元；建希望小学410所；建卫生所378所；建温饱试点村401所；建移民安置试点村4个；选派挂职干部和开展青年志愿者扶贫接力活动284次；组织劳务输入5 000多人；为对口地区培训各类干部近2万人次。在4个省、区实施经济合作项目134项，上海投入资金达4.83亿元。通过上海和对口地区的共同努力，目前，云南三地州（文山、红河、思茅）已有150万人解决温饱；三峡库区有8 000多移民得到妥善安置；西藏日喀则地区的受援县，4年多来经济保持两位数的增长速度，牧民人均年收入增长30%以上。[①]

教育部组织开展的"对口支援西部地区高等学校计划"（以下简

---

① 上述数据引自郭桂珍："领导重视，措施得力，上海对口支援工作成效显著"，《宏观经济管理》，2000年第7期。

称对口支援)已经执行了3年(2001年7月开始),目前共17对院校(原14对学校,2002年增加师范类3对院校)均开展了形式多样、内容丰富的支援活动,成效显著。截止到2003年12月,对口支援有关项目数据如下:支援与受援学校签订各种协议101份;支援学校派到受援学校任教教师341人次;受援学校接受支援学校资金481.7万元,价值1 120.95万元的仪器设备2 394台,价值约1亿元的软件28套,价值165.44万元的图书98 849册数;支援学校到受援学校挂职锻炼14人次;受援学校到支援学校挂职锻炼53人次;支援学校在受援学校举办文化交流、报告会、讲座等417次;支援学校接受受援学校保送硕士生243人、博士生28人;支援学校接受受援学校进修、访问学者及短期培训403人次;共同承担省级科研项目19项、国家级项目25项;支援学校接受受援学校本科插班生369人;支援学校领导到受援学校访问222人次。受援学校的思想观念得到更新,学校的管理水平上了新台阶,学科建设有了可喜的进步,师资队伍的建设得到快速发展。通过对口支援,受援院校的学术气氛空前活跃,教师的教学积极性和学生的学习积极性大大提高。[1]

在全国的对口支援工作中,以全国支援西藏范围最大,成就最为突出。

5.3.2.2 全国支援西藏的概况

西藏由于其历史和现实以及地理环境等方面的原因,在现代化进程中面临一些突出问题,这些问题成为制约西藏现代化发展的"瓶

---

[1] 上述数据来源于中国网2004年7月13日的文章:"教育部'对口支援西部地区高等学校计划'取得可喜成绩"。

颈"。西藏解放四十多年来,中央政府给西藏的财政补贴和用于西藏重点项目建设的基建投资合计近200亿元人民币,仅1979年至1986年,中央政府给予西藏的各种专项补助就达59亿元;目前国家每年给西藏的财政补贴为10亿元,按人均计算,在全国各省、自治区、直辖市中是最高的。在此基础上,中央从确定全国支援西藏后的1979年以来,先后召开了四次西藏工作座谈会。1994年召开的第三次西藏工作座谈会,在总结历年援藏工作经验基础上,决定采取"分片负责、对口支援、定期轮换"的办法,从内地有关省市和中央国家机关选派干部对口支援西藏。2001年,中央第四次西藏工作座谈会决定将对口援藏工作延长10年,并加大对口支援力度,扩大对口支援范围。截至目前,全国18个省市、中央国家机关五十多个部委和单位、15家国有重要骨干企业参与了对口支援,卫生、检察、教育等一些系统和行业的援藏工作也相继纳入对口支援。对口支援省市、部委和单位先后选派了三批共2 081名干部进藏工作,提供援助项目3 100多个,投入资金61.6亿元。2003年9月召开的第三次全国对口援藏工作座谈会被认为是做好援藏干部工作的一次承前启后的十分重要的会议。会议高度评价了对口支援省市、中央国家机关和国有重要骨干企业的对口支援工作,充分肯定了援藏干部的奉献精神和工作业绩。会议期间,18个省市的援藏干部领队和15家国有重要骨干企业的援藏干部代表分组座谈了援藏工作情况,彼此沟通了信息,交流了经验。

据估算,"十五"期间,国家和全国支援将为西藏安排资金701.6亿元,平均每年140.2亿元,全区262万人口,人均援助资金达到2.67万元。截止到2002年7月2日,中国国家经贸委已经安排落实71个项目对口支援西藏,总金额达到10.62亿元。

不仅如此,对口支援西藏的最大特点是经济援助与人才、技术、物资援助并举。承担援助任务的省市、中央国家机关和国有重要骨干企业,在对西藏经济支援的同时,根据中央统一安排选派干部进藏,并大力开展智力、技术援藏,积极推进人才兴藏战略的实施。各地还选派各类专业人才和工程技术人员、大批教师和大中专学生援藏,并创办西藏班(校)。据统计,1979—2001年,仅西藏大学一校就接受各地大学援藏教师308人。2001年以来,通过对口支援关系,共为西藏培训各级各类干部7 800人次,定向招收学生252人。

上述中央和各省市的双向援藏特别是横向对口支援对西藏的快速发展成效显著,援藏工作有力地推动了西藏经济跨越式发展。事实证明,对口支援缩小了西藏与内地省市的发展差距。据统计,1994—2002年间西藏GDP年均增长12.5%,经济社会发生了前所未有的新变化,地方财力显著增强。2002年,西藏国内生产总值达到159亿元,地方财政收入8.73亿元,城镇居民人均可支配收入7 762元,农牧民人均纯收入1 521元,分别比中央召开第三次西藏工作座谈会的1994年增长1.5倍、5.1倍、1.3倍和86.2%。[①]

但从援藏工作的实施过程来看,也存在明显问题:(1)援助的目标和手段问题。援藏工作虽然开展了二十多年,但至今仍无立法,主要依赖的是行政手段,中央政府本身也缺乏明确的时间进程安排和目标规划。虽然对口援助的目的是缩小受援地区与其他省市区的经济社会发展等差距,但具体的各期要达到什么目标、分几个阶段及今后走向、受援地区要具备的条件、援助金额的确定等均没有以法律形

[①] 以上数据资料来源于《全国支援西藏》,西藏人民出版社2002年版;新华网2003年9月21日:"援藏工作有力推动了西藏经济跨越式发展";中国西藏信息中心2002年:"西藏发展的'瓶颈'及第四次西藏工作会议的对策"。

式固定下来。援藏工作由中组部、国家人事部、国家计委、国务院扶贫办、国家民委等部门会同各省市、中央其他部委及中管企业负责。这种援助体制使得对口支援工作缺乏可持续性,中央政府本身也缺乏明确的时间进程安排和目标规划。在市场经济和分税制财政体制下,在中央和地方的财政关系格局下,这种对口支援面临新的问题。鉴于今后各省级政府事权、财权的进一步独立,道义上的援助承诺、或以完成政治任务的态度实施援助可能难以兑现或完全兑现。(2)援助过程的无序性。目前对口支援的资金、人力、技术及物力,均按照各系统内部进行转移,资金、物资分散,缺乏统筹安排,随意性强。同时工青妇、工商联、科教文卫、广播电视、交通通讯、工商企业等各行各业结合各自特点,通过各种形式,开展对口支援工作,有钱出钱,有力出力,有人才技术出人才技术,未充分考虑受援地区的需要。尤其是资金安排的分散,不利于受援主体——西藏政府的宏观统筹调度,进而影响对口支援资金的使用效率。承担援助的各地区和单位之间也互不联系,缺乏交流。(3)在市场经济情况下,各省市的对口支援多采用项目投资的方式,援助地区希望将无偿援助与互惠互利结合起来。这说明迫切需要明确各省市的对口支援与有偿的跨地区投资的界限。另外,在综合考察对口支援效应时,还要注意到对西藏的对口支援之所以成效显著,是因为对西藏的对口支援涉及18个省市及中央五十多个部委,还有15家大型国有骨干企业。这是其他西部受援省区未享受到的。

综合考虑上述问题,笔者建议效仿德国的做法,即中央政府将各省级区域之间的对口支援关系以法律形式固定下来,并明确各对口关系的援助条件与金额,类似于其横向转移支付;西藏自治区等受援地区应首先确定受援工作的总体思路,制定受援规划,将接受支援与本地发展目标结合起来,从本地的总体需求出发,统筹安排,注意逐步由"输血"向"造血"转变,以增强受援地区的"内生"发展能力。中央应加强对受援项目的管理和稽查,确保援助资金用于受援地区和项目;适应新的形势,对口支援的省市区之间签订的项目,建议采用价值计量,在法律规定的数额之内为无偿援助,超过部分则为横向联合的有偿经济技术合作。这样,既能保证对口支援得以落实,又可将无偿援助与有偿的经济技术合作区分开来。

5.3.3 建立中国政府间横向转移支付的制度设想

5.3.3.1 可行性分析

关于目前我国对西部转移支付的基本模式选择,存在较大争论。笔者认为,是否需要引入横向转移支付,须综合考虑中央政府的财政能力和全国对转移支付的实际需求对比以及引入横向转移支付的可行性。

从中央政府的财政能力和各地对转移支付的实际需求对比来看,中国是一个特大的发展中国家,幅员辽阔,其中仅西部欠发达地区就包括了12个省市区,1995年全国有18个省区享受转移支付补助,到1998年则扩大到22个省区。2001年起,享受过渡期转移支付补助的省区达到25个,而当年用于过渡期转移支付的总财力仅为138.16亿元。转移支付范围的扩大本身是横向平衡的需要,但除非追加转移支付的数额,否则必然会影响到区域均衡的效果。庞大的中西部欠发达地区的存在使得转移支付的范围在短期内无法缩小。在这种情况下,只有两条途径:一是进一步挖掘中央财政收入用于下级政府转移支付的潜力。改革开放以来放权让利政策的实施,曾使得中央财政收入占全国财政收入的比重呈逐年下滑的趋势。1994年分税制财政体制的实施及整顿分配秩序、规范预算外资金管理等一系列措施的采用,使得情况有所改观,但这一比重仍然偏低,徘徊在20%以下。加上中央政府在其他改革上的资金需求,完全依靠中央或上级政府完成数额巨大的转移支付,其财政压力和工作难度非常大,稳定性差,效果无法显著。因此,这一途径受到政府财政在一定时期的职能目标和其他财政支出需要的限制。二是寻找其他途径作为辅助,以减轻中央财政的压力。因此,在中国这样一个东西部发展不平衡的发展中大国,引进横向转移支付,以此作为纵向转移的补充,减轻中央财政的压力,可以说是必然的选择。

而从横向转移支付实施的可行性来看,我国这些年来已经实施的省际间的对口支援,虽然是一种未通过立法予以确认的、非规范的横向帮扶措施,但它的存在就已经说明了在我国引进横向转移支付的可能性,可谓是横向转移支付的一个雏形。

因此,笔者主张引入横向财政平衡模式,以此作为现行纵向转移支付的补充。通过地区间的部分横向转移支付来平衡地方公共服务能力,有利于减轻中央财政压力。同时中央通过纵向模式对地方进行专项和宏观的资金转移,使资金转移更能体现中央意图,增加中央的宏观调控能力。转移支付模式的设计应由纵向模式逐渐向纵向为主、纵横交错的模式过渡。

5.3.3.2 设想方案

具体而言,考虑到与目前对口支援的衔接,拟划分阶段、逐步推进。

在短期内,主要的任务:一是重新明确对口支援的目标,制定受

第 5 章　政府财政支持系统(Ⅰ):政府间转移支付　211

援地区的条件和援助金额,保证对口支援资金用于横向均衡目标。对口支援的最终目标是解决区域间的横向非均衡,缩小受援地区与全国平均水平的差距,应该根据全国统一的横向均衡目标,制定和落实各阶段的子目标。二是加强受援地区政府对援助资金的统筹安排,提高援助资金的使用效率。三是区分发达地区的跨地区投资与对口援助。在这些年的对口支援中,为了激励发达地区,中央政府一直强调"互惠互利"的原则。但目前为激励发达地区到欠发达地区投资,已实行了税收优惠等政策。相反,强调互惠互利不利于对对口支援的横向均等化性质的认识,因此,作出区分是必要的。四是考虑取消中央各部委及中管企业的财力对口支援。因为中央各部委属中央财政供养单位,部委以财力形式支援欠发达地区,实际上仍然是中央财力的纵向转移,却未反映在政府间的纵向转移支付规模中。因此,中央各部委的对口支援应以人才支援为主,至于企业的支援行为应纳入企业慈善行为。

　　从长期而言,须借鉴德国财政平衡制度,将分散的、非规范的、道义性和公益性援助和一对一或几对一的对口支援方式转化为由中央政府主持实施的规范的、法定的横向转移支付形式。具体操作思路是中央政府不垫支,通过核定、对比每个财政年度各地财政能力和支出需求,以确定援助地区及金额和受援地区及其金额,是地区间财力水平平衡的过程。与对口支援不同的是,横向财政平衡要将对口支援的财力形成平衡基金,而基金的形成是通过核定各地财力供给和财力需求而得出的,核定的过程将各地划分成受援区(接受平衡区)、自求平衡区和援助区(付出平衡基金区),体现一种动态的目标和均衡。

　　具体包括以下环节:(1)财力基数和平衡基数核定。财力基数

(代表各地财力供给)的核定,即核定各省市区政府的本级财政收入(包括分享收入)+中央补助收入(纵向转移收入)在内的各地人均财政收入;平衡基数(代表财力需求)的核定,即财政支出需求核定,核定各省市区政府达到全国平均的人均财政支出水平所需要的财力。(2)确定校正系数和补助额。矫正系数主要考虑人口密度和民族因素,人口密集的省市区和民族地区人均财政支出的需求较高;对受援省区的补助额只是财力基数与平衡基数之间差额的一定百分比(如95%),不是全额,以体现激励机制。(3)援助地区和受援地区及数额的确定,即财力基数与平衡基数的比较。把财力基数与财政平衡基数相比较,并按一定档次标准定出接受平衡基金的省区及应得数额、自求平衡的省区和付出平衡基金的省市区及支付数额。如果一个省市区的财力基数大于它的平衡基数,就必须向财政平衡的"大锅"里缴款,相反,如果一个省市区的财力基数小于它的平衡基数,它就可以从财政平衡的"大锅"里得到补助。如果一个省市区的财力基数和平衡基数相等,则自求平衡。(4)最后一个环节是平衡基金的划拨。在中央政府,具体是财政部主持下,由中央和应付出平衡基金的富裕省市按计算结果向受援助省区划拨平衡资金。

5.3.3.3 相关配套问题

在纵向转移支付为主的前提下,通过横向财力均衡的补充实施,势必显著增强现行转移支付制度的区域均衡效应。但横向财力均衡制度的建立和完善,还需考虑以下制度环境和配套问题的解决。

(1)明确横向财政均衡的基本出发点、性质。社会主义的最终目标和横向公平的需要决定了横向财政均衡的目标是地区间的横向公平、各地区间的"共同富裕"。应明确横向财政均衡是社会主义制度的最终目标和制度优越性的内在体现,不能因为平均主义的"大锅饭"曾经带来的低效率而不敢旗帜鲜明地提倡公平,模糊横向均等化的必要和目标。相反应该看到,政府间转移支付包括横向财政平衡制度的实施,其作用领域主要集中在政府组织系统内,与市场机制的资源配置基础地位并无冲突,从国际经验来看,转移支付制度是市场经济国家政府间财政体制的不可缺少的组成部分,是对市场机制初次分配的纠正和补充。事实证明,转移支付包括横向转移支付只要设计得当,不仅可以有效地解决区域间的公平问题,而且不会或较少带来效率损失。

(2)重新审查和划分中央政府和地方政府间的税收分享制度。按照1994年分税制财政体制规定,增值税、资源税和证券交易印花税属于中央和地方政府的共享税,共享税的法定比例构成地方政府的本级收入。而就所得税来说,个人所得税目前属地方固定收入,企业所得税实际上是共享税,但却是按企业所有权隶属性质在中央和地方之间分享。从长期看,个人所得税终将成为中央税,企业所得税也宜改为按比例分享。国务院已经决定,从2002年1月1日起,实施所得税收入分享改革(中央与地方之间六四分享方案)试验。当年中央财政因这项改革增加的收入约为126亿元,按规定全部用于对地方,主要是对中西部地区的转移支付。规范收入分享制度是实施财政横向平衡的前提和内容之一,因为各地税收分享的收入是构成财力基数的组成部分。

(3)明确中央政府和各级地方政府在横向均衡中的作用。要改变目前对口支援的地方政府分散决策的做法。横向财政均衡制度的整个实施过程要在中央政府的主持下进行,虽然中央政府在这一过程中不垫支,但平衡基金的形成和使用,即各地用于横向均衡的财力的上缴和接受补助的地方财力的划拨必须由中央政府负责主持实施。

(4)通过修改预算法或者单独的横向财政平衡立法,以法律形式规范落实政府间的横向转移程序,明确相关主体的责任和义务。

5.4 结论和政策建议:中国政府间转移支付的模式选择和完善

● 政府间转移支付制度是各国解决地区间财力非均衡状况的主要手段。政府间转移支付的区域均衡效应与政府间转移支付存在的理由、目标和不同转移支付形式的内在功能相关。政府间转移支付存在的理由和目标众多,但纵向平衡是基础,横向平衡是目标。无条件转移支付和有条件转移支付对受补地方政府支出的影响是不同的,进而也直接影响到其区域均衡效应。无条件拨款通过扩大受补地方政府的预算而扩大地方政府的支出,从而改善地方整体公共产品的提供能力;而专项转移支付会扩大受补地方政府某一特定公共产品的支出,但并不对受补政府的其他支出产生直接影响。

● 通过进一步构建政府间转移支付模型,从理论层面可以证明,中央政府向地方政府的财力转移,可以直接改善欠发达地区政府的财力不足状况,并促进欠发达地区的经济增长,但数据模拟显示,转移支付的规模必须是适度的。

● 就我国现行转移支付制度来看,政府间的高水平的资金流动已是我国财政体制的一大特征,之所以未能起到理论上证明应起的作用,主要问题是资金分配结构不科学、不合理,税收返还和专项拨款比例过大,过渡期转移支付反而只具有象征意义。而造成这一切的根本原因在于转移支付的制度设计。为了改善转移支付的区域均衡效应，必须重新审查合并现行转移支付体系，建立以均等化转移支付为主、专项转移支付为辅的纵向转移支付体系。

● 鉴于目前中央政府的财政能力和全国对转移支付的实际需求对比、纵向平衡对横向平衡目标的挤压以及事实上已经存在规模不小的横向转移支付等因素，从长期来看，我国势必要借鉴德国经验，引进横向转移支付，规范目前的横向对口支援，实行以纵向平衡为主、纵横交错的政府间的转移支付制度。

● 转移支付制度的进一步完善需要财政体制改革的相应配套。为此，需要修改预算法，进一步明确各级政府的支出责任、收入权限的划分，对转移支付模式、纵横转移支付改革相关内容重新作出规定。更深入地，还涉及减少地方政府级次及地方公共部门就业规模等深层次改革。

● 虽然改进转移支付的方案设计有利于改进转移支付资金的使用效率，但一国一定时期的区域均衡程度最终由政治决定。德国就是最好的例子。

第 6 章 政府财政支持系统（Ⅱ）：政府投资及激励

本章主要讨论的是作为政府财政支持手段的政府直接投资。与政府间转移支付制度不同的是，中央政府的直接投资主要解决的是地方政府资本性项目的融资问题，并且具有更显著的区域指向。地方政府资本性项目所需资金，首先来源于地方政府的投资，在许多国家地方政府也通过发行公债为资本性项目筹资，来自于中央政府的投资和专项拨款也构成地方政府投资的资金来源渠道之一。但通常由于积累较弱的欠发达地区对中央投资的依赖程度较高、各投资主体在范围选择上的互补性以及在中国地方缺乏公债发行权，因而中央直接投资构成政府调控区域差距的重要支持手段。本章将重点从理论和实证角度分别分析政府投资（包括国债专项投资）的区域均衡效应，并就与此相关的政府投资刺激的具体形式展开分析。

6.1 政府投资及其区域均衡效应

在研究中国的政府区域调控政策和手段时，中央投资的地区分布结构问题历来是一个关注焦点。

6.1.1 政府投资及其分工

在现代经济中,社会总投资由政府部门投资和非政府部门投资组成。政府投资,或称公共投资,属于一种以贯彻政府经济政策、实现政府宏观政策意图为出发点和归宿的政府经济行为。从政府投资涉足领域来看,只要是政府安排的固定资产投资和流动资金拨款,并形成国有资产的经济行为均属于政府投资的范围。在过去计划经济时期,政府投资以经济建设投资为主,并主要是以兴建国有企业的方式进行。在市场经济条件下,公共投资的领域则更为侧重政权建设和事业发展建设投资,经济建设投资表现出逐步从竞争性领域退出的态势。从投资资金来源来看,我国政府投资的资金来源包括:税收收入,它构成预算内财政投资的主要资金来源;国家债务收入,国债收入除了用于弥补当年财政赤字和到期债务还本付息之外,基本上或大部分用于经济建设投资,是财政投资的一个不可或缺的资金来源,并构成财政政策调节经济运行的重要工具。在1998年以来积极财政政策的背景下,国债投资的规模已远远超过预算内投资规模。从广义角度,财政投资还包括预算外投资,这部分投资渠道复杂,规模巨大,甚至超过了预算内投资规模。相应地,政府投资包括预算内投资、国债专项投资,在存在预算外资金的情况下还包括预算外投资。

6.1.1.1 政府投资与民间投资

政府投资和非政府投资范围的划分,是由不同类型的建设项目的性质差异和政府投资与非政府投资之间的不同特点决定的。按照全社会固定资产投资的使用方向、不同投资主体的投资范围,以及各个行业建设项目不同的经济效益、社会效益和市场需求等情况,所有投资项目划分为竞争性项目、基础性项目和公益性项目三大类。[①]不同类型项目的投资、资金筹措及使用方式不同(如图6-1所示)。

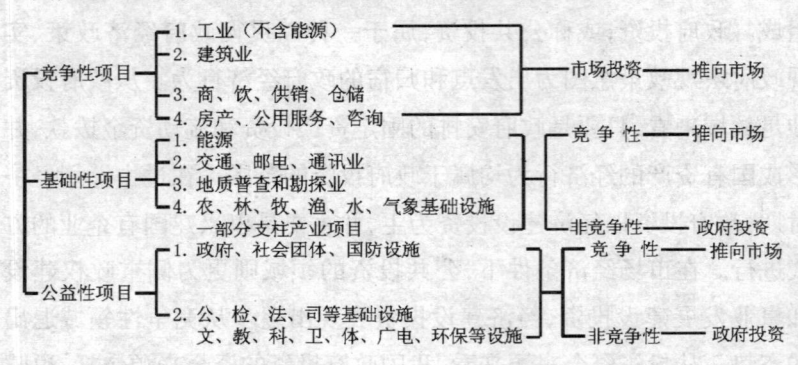

```
                 ┌ 1. 工业(不含能源)
                 │ 2. 建筑业                         ── 市场投资 ── 推向市场
  竞争性项目 ────┤
                 │ 3. 商、饮、供销、仓储
                 └ 4. 房产、公用服务、咨询

                 ┌ 1. 能源
                 │ 2. 交通、邮电、通讯业             ─┬ 竞争性 ── 推向市场
  基础性项目 ────┤ 3. 地质普查和勘探业                │
                 │ 4. 农、林、牧、渔、水、气象基础设施 │
                 └   一部分支柱产业项目              ─┴ 非竞争性 ── 政府投资

                 ┌ 1. 政府、社会团体、国防设施       ─┬ 竞争性 ── 推向市场
  公益性项目 ────┤ 2. 公、检、法、司等基础设施        │
                 │   文、教、科、卫、体、广电、环保等设施 ─┴ 非竞争性 ── 政府投资
```

图6-1 不同类型项目的投资、资金筹措及使用方式

一般来说,在上述三类项目中,社会公益性项目社会效益最高而经济效益最低,由于其消费的非竞争性和受益的非排他性,私人部门不愿承担,同时也无力承担,从而决定了此类项目的投资只能由政府财政投资。经济效益最高而社会效益最低的竞争性项目,主要向社会提供私人产品。在市场经济条件下,各级政府一般不参与竞争性项目活动,属私人部门包括企业和居民个人投资领域,自主决策,自负盈亏,采取项目等级备案制,由国家产业政策进行引导。而基础性产业,其经济效益和社会效益介于公益性和竞争性之间,其投资兼具营利性与公益性双重特征。一方面,基础设施、基础产业构成其他产业发展的共同外部支持条件和技术保障,基础设施和基础产业不仅

[①] 这种划分是在1993年《中共中央关于建设社会主义市场经济体制若干问题的决定》提出深化投资体制改革原则要求之后,根据决定精神所作出的。

通过自身发展来推动经济增长,[①] 往往还通过为其他产业提供直接或间接的服务来进一步带动经济发展。这种外部效应的存在决定了政府对此类项目投资具有不可推卸的作用。在中国这样的发展中国家更是如此。另一方面,基础设施和基础产业项目也往往成为规模报酬递增行业,带来直接经济效益。这种双重特征决定了这类项目的投资既不能由政府全部包揽,也不能由民间资本独立承担,一般由政府投资为主,与非政府部门共同投资。

应该指出,上述划分比较笼统,在实践操作中公益性项目和基础性项目还需要再作分解。如公益性项目中基础教育与高等教育、成人教育,基础性科研与应用性研究,群众性文化活动与商业性文化演出,医疗和卫生保健等的区分,基础产业中的一般道路建设与高速公路的建设等,前者具有非竞争性,而后者具有竞争性。因此,进一步地,可以考虑在具有竞争性的公益性项目和基础性项目投资中,逐步引入社会资金参与投资,推向市场,以确保政府投资的重点。与此相关,一部分政府投资,即公共提供的项目也可以采取私人生产的形式,以提高效益。

由此可见,在市场经济条件下,政府投资的重点是为私人经济部门的投资活动创造外部条件,集中于市场配置资源失灵的领域,如价格不能完全反映供求关系的基础设施和基础产业的建设、某些自然垄断产业的建设等等。国家财政主要承担交通、能源、原材料、军工、邮电、科研、教育、公用事业、环境保护、农田水利工程等基础设施、基础产业和自然垄断产业的建设支出。这些设施和产业是国民经济顺

[①] 世界银行:《1994年发展研究报告——为发展提供基础设施》深刻论述了基础设施与经济发展之间的关系:基础设施存量增长1%,则GDP会增长1%。

利运行的物质基础和先决条件。现阶段,基础设施和基础产业仍构成我国整体发展的"瓶颈",国家财政必须把基础设施和基础产业作为自己的投资方向和重点,才能优化产业结构,促进国民经济的持续、高速、健康发展,在欠发达地区更是如此。政府投资经济活动以追求国民经济效益和社会效益为目的,而不单纯考虑某项投资所直接产生的赢利。

从国际经验看,在不同国家及其不同的发展阶段,政府投资范围和比重具有一致性,但也具有一定差别。工业化国家由于其经济发达、市场机制完善、社会筹资能力强,由此决定政府投资主要定位在弥补市场缺陷、提供公共产品等方面,具体投资范围限于基础设施、储备战略性物资以及补充和增加特定主体的资本等。因此,工业化国家的政府投资比重相对较低。在发展中国家,由于大多处于经济起飞阶段,基础设施相对落后,国民经济的一些重要领域和产业需要政府投资新建或扶持,因此,政府部门投资发挥着更大作用。

6.1.1.2 中央政府投资和地方政府投资

进一步地,从中央和地方政府的投资分工来看,中央政府投资一般用于全国性或跨地区性的公共事业、基础设施、极少数大型骨干企业、国防航天、体现国家高新技术水平的重大高新技术产业的投资,以及全国性重要自然资源和环境保护的投资。而地方财政投资则侧重于区域性公共服务,承担本地区教育、科研、城镇住宅,以及公用事业和设施、区域性交通、邮电、农田水利、能源、原材料工业建设等。中央政府投资大部分来源于国家财政无偿取得的税收,其余部分来源于有偿取得的收入如发行的国债、国外借款等。地方政府投资的资金来源包括本级财政收入,也包括来自中央政府的专项转移支付资金和目前中央的代地方发债。在西部大开发中,中央财政投资仍然必须关注那些跨地区的大型项目,以从宏观层面启动西部地区的大规模基础建设,改善西部地区的大环境,带动更多其他投资进入西部。同时中央财政还可利用转移支付中的专项补助,增强、调节西部地方政府的财政实力,使其有能力从事这些项目的投资。

从中央和地方投资的分工关系可见,在不考虑其他因素条件下,中央政府投资的地区分布对地区发展影响很大。中央政府对大型基础产业和基础设施的投资安排,直接改善覆盖区域的投资硬环境,对公益性项目的投资可以直接提升当地的公共服务水平,尤其是全国性或跨地区性重大建设项目安排在哪一地区,对地区经济结构的形成和变化影响极大,会对地区经济格局发生重要作用。从国外经验来看,市场经济中的公共财政都有一定的投资支出。例如,在财政支出中资本支出所占比重,美国联邦政府财政1990年和1991年都约为8%,州财政每年7%—8%,地方财政为11%—12%;德国联邦政府财政一般为4%—6%,州财政为13%—16%,地方财政平均为20%。发展中国家中央财政的资本性支出比重也较高,1995年,阿根廷和南非分别为7%和9%;印度、墨西哥、罗马尼亚和智利分别为11%、12%、13%和16%;韩国和马来西亚占20%和23%;泰国和印度尼西亚高达33%和46%。其中,基础设施是重要的支出对象。[①]可见,向公共财政的转变,并不等于财政完全退出投资领域。公共财政并不排斥财政投资,而在于财政投资必须保持公共性。

---

① 参见马拴友:"中国公共资本与私人部门经济增长的实证分析",《经济科学》,2000年第6期。

6.1.2 政府投资的区域均衡机制和理论模型

6.1.2.1 政府投资的区域均衡作用机制

政府投资的区域均衡作用机制可以从两个层面进行分析。

第一,从政府投资作为全社会总投资的组成部分来看。众所周知,地区投资是地区经济增长的第一原动力。现代西方经济理论对投资与经济增长的关系有许多精辟论述。凯恩斯学派较早提出的投资乘数理论从数量角度说明了投资与经济增长的关系,萨缪尔森将其主要思想归纳为:"增加一笔投资会带来大于这笔增加额数倍的国民收入增加,即国民收入的增加额会大于投资本身的增加额!用于投资的款项——像政府、外国的或家庭的支出的任何独立的变动一样——可以说是极为有利和一举数得的。"[1] 20 世纪 40 年代产生的哈罗德—多马模型进一步深化了投资理论,强调投资是经济发展的原动力,投资在经济增长中起着双重作用,它既创造需求也创造生产能力。新经济增长理论的代表人物罗默、卢卡斯和吉利斯等人进一步深入研究了发展中国家投资的功能和作用。与传统投资理论对物质资本的重视不同,新经济增长理论更为强调知识积累及人力资本投资在经济增长过程中的作用,同时认为虽然投资并不像早期增长模型设想的那么大,但"在任何情况下,尽管资本积累不再被视为贫困国家摆脱困境的灵丹妙药,然而非常清楚的是,只有社会能够在国民生产总体中保持一个相当规模的投资比例时,才能在长时期内维

---

[1] 萨缪尔森:《经济学》(上册),商务印书馆 1986 年版,第 321 页。

持适当却是强劲的收入增长率"[1]。各国尤其是发展中国家的实践也表明,一定规模的投资是实现经济增长的动力。改革开放以来,我国经济增长表现为消费需求和投资需求共同拉动,且投资需求拉动不断增强的特征,而且投资的变化是引致地区经济增长和区域经济差异变化的重要原因之一。因为地区经济增长的实现是各经济要素聚合作用的结果,而这种聚合恰恰是靠资本的联合与推动来实现的。地区的资本积累、吸纳能力的高低是决定地区经济增长快慢的决定性因素。国际研究特别是关于公共资本与总产出的实证分析(大部分通过估计总量生产函数)都发现公共资本对经济增长具有重要作用。在国内,马拴友利用生产函数框架,评价了中国公共资本的经济增长效应,发现其产出弹性大约为 0.55,说明公共资本对市场化部门具有很强的正外部性。[2] 其政策含义是在政府职能转换和实行公共财政情况下,国家直接投资逐步退出一般竞争性领域,但不能忽视对基础设施或具有自然垄断行业的公共投资。因此,对于作为社会总投资的一部分的政府投资,上述关于投资对一国经济增长的作用机制同样适用,通过政府对欠发达地区的直接投资,可以直接拉动投资地区的经济增长,从而缩小与发达地区的经济发展差距。

第二,从政府投资领域选择的特殊性来看。如果进一步考虑中央投资项目主要是基础性和公益性项目,是那些具有垄断特征、外部效应大、产业关联度高、具有示范和诱导作用的基础性产业、公共设施以及新兴的高科技主导产业的话,政府投资所产生的效应,就不局

---

[1] [美]吉利斯、波金斯、罗默等:《发展经济学》,中国人民大学出版社 1998 年版,第 288 页。

[2] 参见马拴友:"中国公共资本与私人部门经济增长的实证分析",《经济科学》,2000 年第 6 期。

限于自身的投资收益。经济学证明,作为一种诱发性投资,政府投资通过增加基础性产业投资提高了基础性产业的产出量,使整个社会的生产可能性曲线外移,产生"乘数效应",从而提高社会总体经济效益。另一方面,虽然在市场经济中投资和经济增长主要来源于私人部门,但来自公共部门的政府投资范围与市场机制领域私人部门投资具有互补性,政府投资主要集中在为非政府部门投资提供公共服务、外部环境和上游产品,这一特征决定了政府投资具有一般投资不具备的特殊作用机制,即政府投资可以直接改善和提高欠发达地区的公共服务水平。中央政府对欠发达地区行政、公检法司等的固定资产直接投资,可以改善当地的政权运转硬件状况,保证基层政权组织的顺利运行,对科教文卫等事业单位的建设投资,可以直接提高该地区的社会事业服务水平。这是非政府部门营利性投资无法替代的。国内张海星依据改革开放以来的实际数据,进一步对公共物质资本、公共人力资本及 R&D 投资与经济增长的相关性进行了协整检验和格兰杰因果关系检验,并得出三者均具有正向经济增长效应,但在中国近二十年的经济增长中,公共物质资本投入的贡献较高,公共人力资本和科技资本投入的贡献较低,[1] 但从趋势上看政府教育投资对经济增长的拉动作用在逐渐增强。[2]

当然,经济理论非常注意政府投资对民间投资的"挤出"效应,但笔者认为,如果说政府投资存在"挤出"可能的话,这种"挤出"也可能是发生在生产性投资领域,即具有一定程度的竞争性的基础产业、基

---

[1] 张海星认为这与我国科教投入不足、人力资本存量过低、科研成果转化率不高有密切关系,说明我国尚未走上内涵式增长道路。

[2] 参见张海星:"公共投资与经济增长的相关分析——中国数据的计量检验",《财贸经济》,2004 年第 11 期。

础设施投资中,但就目前中国的教育、卫生、科技、文化等社会事业的发展,尤其是欠发达地区的社会事业发展资金供求缺口来看,政府投资任务仍相当艰巨。世界银行黄佩华等人(黄佩华、迪帕克等,2003)研究了中国教育部门的经费供给体制和地区差距问题,得出的结论是,中国的教育部门经费短缺,而且过于地方化,超过90%的教育支出是由县和乡镇承担的,平均来说,一个县要把四分之一的支出用于教育。基础教育服务责任的地方化,使得各地区教育质量的差距十分大,而且越来越大。他们认为造成这些问题的根源在于,在基础教育筹资地方化之后,在地方政府自身财政收入匮乏的情况下,没有中央政府足够的均等化转移支付相配套。而我们进一步分析还可以发现,在均等化转移支付不足的情况下,最可能的选择是先保证教育的经常性开支,而将教育办公设施经费压后。因此,在相当长的时期内,我国基础教育设施建设的资金供求都将存在缺口。这种情况同样存在于公共卫生、基础科研以及文化领域。在上述非竞争性公益领域和基础领域的投资构成政府投资支出的核心内容,不存在与民间投资的竞争问题。而政府在上述带竞争性的基础性项目投资中,一方面可以考虑将带有竞争性的基础性项目推向市场,另一方面也可以考虑通过改进财政投资项目的公共生产方式和资金使用方式来解决可能出现的问题,比如采用 BOT(建设—营运—移交)等项目融资和生产方式在工程建设中普遍推行招标制,吸收民间资本进入,既可以拉动民间投资,避免可能出现的"挤出",同时也有利于培植与地方经济联系紧密的利益主体。

总之,从理论上来说,与转移支付直接作用于地方政府财力相比,政府投资可以从两个方面直接或间接地拉动欠发达地区经济增长和发展。一方面可以直接改善和提高欠发达地区的公共服务水平,缩小欠发达地区与发达地区在公共服务、社会事业发展领域的差距,进而促进欠发达地区的经济起飞;另一方面可以通过对欠发达地区的投资,直接带动这些地区的就业,并引导社会资金向这些地区的流入(类似于财政政策的汲水功能),从而拉动这些地区的经济增长。因此,政府投资在政府调控区域非均衡发展的支持系统中,具有不可替代的作用。它既能带动地区经济增长,又能改善和提高地区公共服务水平,可以同时直接缩小地区经济差距和社会发展差距。但由于政府投资的领域和范围以弥补市场失灵为界限,而且基础性和公益性项目中有些存在一定程度的竞争性,所以政府投资手段的应用必须保持适度规模。

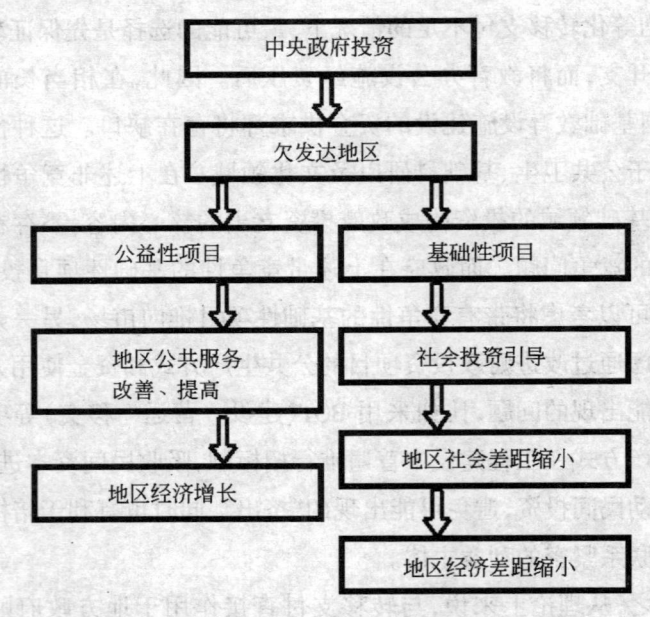

```
              ┌──────────────┐
              │  中央政府投资  │
              └──────┬───────┘
                     ↓
              ┌──────────────┐
              │   欠发达地区   │
              └──┬────────┬──┘
                 ↓        ↓
        ┌──────────┐  ┌──────────┐
        │ 公益性项目 │  │ 基础性项目 │
        └─────┬────┘  └─────┬────┘
              ↓              ↓
        ┌──────────┐  ┌──────────┐
        │ 地区公共服务│  │ 社会投资引导│
        │  改善、提高 │  │            │
        └─────┬────┘  └─────┬────┘
              ↓              ↓
        ┌──────────┐  ┌──────────────┐
        │ 地区经济增长│  │ 地区社会差距缩小│
        └──────────┘  └─────┬────────┘
                            ↓
                      ┌──────────────┐
                      │ 地区经济差距缩小│
                      └──────────────┘
```

图 6-2 中央直接投资与地区差距

上述作用机制以及政府直接投资的程度还可以用中央政府直接

投资调控模型表示。

6.1.2.2 中央政府直接投资调控模型

(1)模型

根据第 4 章的政府财政平衡模型,我们进一步建立一个关于中央政府直接投资的内生增长模型。本模型的假设条件和政府调控与平衡模型基本一致。运用 Arrow-Kurz-Barro 的新古典生产函数,把中央政府的直接投资存量和地方政府的投资存量代入生产函数,因此,产出的 Cobb-Douglas 函数可以写成如下形式:

$$y = f(k, g_s, g_c) = Ak^{1-\alpha-\beta}g_s^{\alpha}g_c^{\beta} \qquad (6.1)$$

上式中,y 代表人均产出,k 代表人均私人资本存量,g_s 代表人均地方政府资本存量,g_c 代表人均中央政府直接投资的资本存量,α 代表地方政府资本的边际产出弹性,β 代表中央政府直接投资的边际产出弹性,A 代表技术因子。

约束条件也相同。我们假定中央政府总是保持预算平衡,中央政府的收入由税收决定,假定税率是 τ。中央政府支出有两部分:一部分用于直接投资,一部分是对地方政府的转移支付,假定中央政府用于直接投资的比率为 τ_c,我们定义为直接投资因子,因此有:

$$g_c = \tau\tau_c y \qquad (6.2)$$

地方政府的收入包括两部分:一部分是地方政府的税收收入 $\tau_s y$,τ_s 是地方政府的税收收入税率;另一部分是中央政府对地方政府的转移支付 $(1-\tau_c)\tau y$。由于假定地方政府的支出全部用于生产性投资 g_s,则有:

$$g_s = \tau_s y + (1-\tau_c)\tau y = (\tau_s + \tau - \tau\tau_c)y \qquad (6.3)$$

由(6.1)式可以得出资本的边际产出：

$$y_k = f_k(k, g_s, g_c) = A(1-\alpha-\beta)k^{-\alpha-\beta}g_s^\alpha g_c^\beta$$

$$= A(1-\alpha-\beta)(\frac{g_s}{k})^\alpha(\frac{g_c}{k})^\beta \quad (6.4)$$

将约束条件(6.2)和(6.3)式代入(6.1)式，可以得到如下结果：

$$y = A^{\frac{1}{1-\alpha-\beta}}(\tau_s + \tau - \tau_c\tau)^{\frac{\alpha}{1-\alpha-\beta}}(\tau\tau_c)^{\frac{\beta}{1-\alpha-\beta}}k = bk \quad (6.5)$$

上式中令 $b = A^{\frac{1}{1-\alpha-\beta}}(\tau_s + \tau - \tau_c\tau)^{\frac{\alpha}{1-\alpha-\beta}}(\tau\tau_c)^{\frac{\beta}{1-\alpha-\beta}}$，可以看出，人均产出方程式是一个关于人均资本的线性方程。

从以上几个式子中，我们可以得出人均政府投资与人均资本的关系：

$$\frac{g_s}{k} = \frac{g_s}{y} \cdot \frac{y}{k} = (\tau_s + \tau - \tau\tau_c)b \quad (6.6)$$

$$\frac{g_c}{k} = \frac{g_c}{y} \cdot \frac{y}{k} = \tau\tau_c b \quad (6.7)$$

将(6.6)和(6.7)式代入(6.4)式，可以得到如下形式的边际资本：

$$y_k = (1-\alpha-\beta)A^{\frac{1}{1-\alpha-\beta}}(\tau_s + \tau - \tau_c\tau)^{\frac{\alpha}{1-\alpha-\beta}}(\tau\tau_c)^{\frac{\beta}{1-\alpha-\beta}} \quad (6.8)$$

我们若假定消费者的效用函数为跨期固定替代弹性效用函数，则该经济均衡问题可表述为消费者效用最大化问题：

$$\max U = \max \int_0^\infty e^{-\rho t}\frac{c^{1-\sigma}-1}{1-\sigma}dt \quad (6.9)$$

运用家庭最优化分析方法，可以得到竞争性均衡条件下人均消费的增长率为：

$$r = \frac{\dot{c}}{c} = \frac{1}{\sigma}[(1-\tau_s-\tau)y_k - \rho]$$

第6章 政府财政支持系统(Ⅱ):政府投资及激励

$$= \frac{1}{\sigma}[(1-\tau_s-\tau)(1-\alpha-\beta)A^{\frac{1}{1-\alpha-\beta}}$$

$$(\tau_s+\tau-\tau_c\tau)^{\frac{\alpha}{1-\alpha-\beta}}(\tau\tau_c)^{\frac{\beta}{1-\alpha-\beta}}-\rho] \quad (6.10)$$

若经济一直处于经济均衡路径,则该增长率也就是产出增长率。当以下三个式子满足时:

$$\frac{\partial r}{\partial \tau_c}=0, 有 \frac{\tau_s+\tau-\tau\tau_c}{\tau\tau_c}=\frac{\alpha}{\beta}$$

$$\frac{\partial r}{\partial \tau_s}=0, 有(\tau_s+\tau-\tau\tau_c)(1-\alpha-\beta)=\alpha(1-\tau_s-\tau)$$

$$\frac{\partial r}{\partial \tau}=0, 有 \alpha(1-\tau_c)\tau+\beta(\tau_s+\tau-\tau_c\tau)$$

$$=(1-\alpha-\beta)\frac{(\tau_s+\tau-\tau_c\tau)\tau}{1-\tau_s-\tau}$$

可以解得:

$$\tau_c\tau=\beta, \tau_s+\tau-\tau\tau_c=\alpha \quad (6.11)$$

即中央政府用于直接投资的比例,地方政府的收入加上中央政府对地方政府的补助,必须分别等于中央政府和地方政府资本的产出弹性。

此时经济增长率达到最大,为:

$$r_{max}=\frac{\dot{c}}{c}=\frac{1}{\sigma}[(1-\alpha-\beta)^2 A^{\frac{1}{1-\alpha-\beta}}\alpha^{\frac{\alpha}{1-\alpha-\beta}}\beta^{\frac{\beta}{1-\alpha-\beta}}-\rho]$$

$$(6.12)$$

如果我们将中央政府的干预因子 τ 视为给定的外生变量,则可以得到临界值:

$$\tau_c=\frac{\beta}{\tau} \quad (6.13)$$

也就是说,只有当中央政府直接投资因子等于中央政府直接投资的边际弹性除以中央政府的干预因子 τ 时,经济增长率才会达到最大值(前提是 $\tau_s + \tau = \alpha + \beta$)。

(2)数据模拟

同样,我们取 $\sigma = 1, A = 0.8, \alpha = 0.2, \beta = 0.2, \rho = 0.04, \tau_s = 0.1, \tau = 0.3$,讨论中央政府直接投资因子 τ_c 与经济增长率 r 之间的基本数量,我们运用计算机软件得到二者函数关系如图 6-3 所示。从图中可以看出,当中央政府直接投资因子 τ_c 低于 0.65 时,经济增长率 r 随着 τ 的增加而增加;当 τ_c 高于 0.65 时,经济增长率 r 基本保持稳定,这时再增加中央政府对地方政府的直接投资对经济增长没有太大的作用。

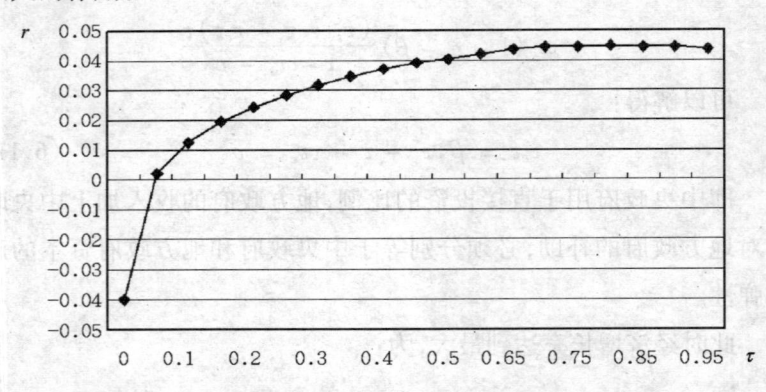

图 6-3 中央政府直接投资因子 τ 与经济增长率 r 之间的关系

政府直接投资通过两个渠道影响经济增长:第一,由于我们的模型不考虑政府的消耗性支出,政府直接投资使私人资本的税后边际产品减少,从而降低了增长率,这种负效应反应在 $(1-\tau)$ 中。第二,政府直接投资的增加提高了资本的税后边际产品,从而促进了经济增长,对增长的这种正效应反应在 $\tau^{\frac{1-\beta}{\beta}}$ 中。政府直接投资对经济增长的影响是上述两个效应综合作用的结果。当直接投资因子 τ 较低时，正效应占优势，这时经济增长率随着干预因子的提高而提高；当直接投资因子 τ 较高时，负效应占优势，这时经济增长率随着干预因子的提高而减少；当直接投资因子 τ 取得某一值时，政府直接投资对经济增长率的正效应和负效应刚好抵消，经济增长率达到最大值。此时直接投资因子 τ 所决定的政府直接投资规模为最适直接投资规模。

我们还可以进一步讨论一个国家不同地区之间经济增长的问题。如前所述，$\alpha_{发达} < \alpha_{落后}$，$\beta_{发达} < \beta_{落后}$，中央政府干预因子 τ 在每个地区都是一样的，根据(6.13)式，中央政府对经济落后地区的直接投资因子要大于对经济发达地区的直接投资因子，即中央政府的直接投资必须向落后地区倾斜，以推动经济落后地区经济适度增长。

6.2 中国政府直接投资区域效应实证考察

在研究中国的政府区域调控政策和手段时，中央投资的地区分布结构问题历来是一个关注焦点。

6.2.1 中央政府直接投资的区域分布及均衡效应分析

建国以来，作为计划经济下资源配置的主要手段，中国中央政府直接投资早已有之，且功能很强。为加快西部落后地区的发展，缩小西部与其他地区的差距，国家在西部地区曾进行了两次大规模的投资。第一次是在"一五"计划时期，在经济基础十分薄弱的情况下，政府集中有限的财力，在冶金、机电、国防、军工和水利等方面进行了大规模的重点建设。"一五"时期的156项重点工程建设中，其项目总数的3/4、投资总额的2/3都安排在内地。第二次是在"三线"建设时期。这一时期,国家在"三线"地区投资1 000多亿元,相继建成了近2 000个大中型企业和科研单位,形成了45个大型生产科研基地和30个工业城市,建成了拥有全国1/3以上固定资产原值、以国防和机械工业为主体的庞大"三线"工业。总地来说,传统体制下的投资几乎完全是政府投资,覆盖一切领域,且投资决策权高度集中于中央,并采用单一指令性计划管理。改革开放以来,中国的政府投资也逐渐从计划经济下的政府包办一切、侧重企业生产性投资的政府投资模式向市场经济下的政企分开、侧重公益性投资的政府投资模式转变。不仅政府投资的结构、方向、重点发生了变化,而且更重要的是,政府投资的管理体制和管理模式均发生了重大变化。这种变化体现了转轨经济中政府职能的重大转变,体现了计划经济下的国家财政模式向市场经济下的公共财政模式的重大转变。

中央政府投资的区域分布可以直接反映政府的区域倾向。因此,考察中央投资的区域均衡效应可以从中央政府直接投资的地区分布结构着手。衡量的角度可以有两个:看中央投资在各地区的分布结构,具体可以通过各地区获得的中央投资总量和各地区人均占有中央财政预算内投资的比重指标来反映,中央投资的地区分布直接反映中央对不同地区包括欠发达地区的投入力度。除中央投资的直接区域分布外,中央投资权限的不同倾斜,作为中央对各地的一种软投入在我国也不可忽视。换一个角度,还可以看地方投资总量的资金来源构成结构,用各地区投资总量中的中央投资所占比重来反映。比重大,对某一地区的影响力就相对较大。

6.2.1.1 中央财政投资的地区分布结构

从政府投资的区域分布来看,改革开放以来,明显表现出彼此相向的两个阶段。从1978年到20世纪90年代中后期,政府投资布局的重点明显由内地向东部沿海地带倾斜。1978—1997年,沿海地区国有单位基建投资占全国的比重由40.1%迅速提高到53.3%,而中部地区由30.6%下降到23.6%,西部地区则由20.4%下降到15.7%,中、西部地区分别下降了7.0和4.7个百分点。如果以内地国有单位基建投资为1,1970年沿海与内地投资之比为0.41,1978年该比率为0.79,1985年提高到1.08,1988年又迅速提高到1.37。在治理整顿期间曾有所下降,但之后又出现逐步上升的趋势,到1996年该比率已达到1.41,1997年下降到1.36。[1]

20世纪90年代后期,特别是新世纪初西部大开发战略实施以来,中央政府加大了对中西部重点建设投资的力度,逐步增加了中西部基础设施投资的比重。到2002年十六大召开时,中央财政性建设资金用于西部开发约2 700亿元。其中,用于基础设施的投资约2 000亿元,生态环境投资500多亿元,社会事业投资100多亿元。长期建设国债资金1/3以上用于西部开发。中央财政对西部地区转移支付约3 000亿元。西部地区金融机构各项贷款余额增加6 000多亿元。在国家财政投资和国债资金的引导下,西部12个省市区全社会固定资产投资增速明显加快。自1999年以来,西部12个省市区已连续4年全社会固定资产投资增长率高于全国平均水平,也高于东部11个省市。除2000年外,西部全社会固定资产投资增长率在三大地带中均属最高。若按当年价格计算,2000—2002年,西部12个省市区全社会固定资产投资年均增长16.80%,既高于全国13.11%的平均水

---

[1] 参见中国社会科学院课题组:"实施西部大开发的国家财政投资政策",《财贸经济》,2001年第2、3期。

平,也高于东部 11 省市(12.47%)和中部 8 省(15.93%)。[①]

表 6-1 是 1993—2003 年国家预算内基本建设投资的地区分布。由表可见,实施西部大开发以来,国家财政投资的重点已经明显西移,国家财政逐年加大了对西部地区的投资力度,表现在西部地区获得的预算内投资总量和人均占有量均有增加。从 2000 年起,西部地区人均占有国家预算内财政投资已开始超过中部地区,也超过了

表 6-1 1993—2003 年国家预算内基本建设投资的地区分布

年份	国家预算内资金(亿元)	各地区所占比重(%) 东部	中部	西部	人均占有预算内资金(元) 东部	中部	西部
1993	431.76	37.8	24.4	17.1	33.8	25.0	27.4
1994	434.57	40.7	25.8	16.9	36.2	26.3	26.8
1995	491.67	38.8	28.6	20.2	38.4	32.7	35.9
1996	524.38	42.4	28.9	16.5	44.5	35.0	30.9
1997	574.51	43.7	30.9	20.6	49.8	40.6	42.0
1998	1 021.32	36.7	24.4	19.3	73.9	56.7	69.3
1999	1 478.88	36.5	27.5	20.7	105.4	91.9	99.8
2000	1 594.07	31.5	26.5	21.4	93.7	96.1	118.8
2001	2 052.31	31.4	24.7	21.2	122.4	112.9	148.6
2002	2 533.60	23.9	24.5	27.6	114.0	137.9	237.5
2003	2 103.24	30.9	30.4	30.8	121.7	141.6	218.5

注:由于存在不分地区投资,因此各地区比重之和不等于 100%。
资料来源:转引自王洛林、魏后凯,"我国西部大开发的进展及效果评价",《财贸经济》,2003 年第 10 期。2002、2003 年数据由作者根据中经网数据中心数据整理得出。

[①] 参见王洛林、魏后凯:"我国西部大开发的进展及效果评价",《财贸经济》,2003 年第 10 期。

东部地区。这说明,若以人口分布作为参照的话,目前国家财政投资的重点已经转移到了西部地区。从三大地带所占比重来看,虽然东部预算内投资所占比重迅速下降,且幅度较大,但其相对规模仍位居第一。三大地带各自相对规模到2003年已相当接近。从沿海与内地之比(东部沿海为1)来看,中西部总体上看所占份额呈下降趋势,这是导致20世纪90年代以后中部地位下落的直接因素之一。上述两项指标反映的中部地区的变化均处于不利地位。东部地区的人均占有的中央预算内财政投资在西部开发以来虽有所增长,但位居最后,在全部预算投资中所占比重虽然居中,却起伏较大,近年来一直在下降。

6.2.1.2 各地区投资总量中的中央投资

表6-2是中央在各地区投资(包括基本建设和更新改造投资)的历年规模和所占比重。

在表中可以看到两个明显的趋势:(1)各地区中央投资占全社会固定资产投资的比重从1986年以来就一直呈现出自西向东由高到低的格局。随着投资主体的多元化,东部地区由于市场化程度高,投资渠道灵活,外资和民营投资较中西部活跃,地方政府财力较中西部雄厚,因此,东部地区中央财政投资所占比重逐年下降,近年来逐渐趋于稳定,所占份额已很小。而相反,在中西部地区,中央财政投资一直维持较高比重,反映了中西部欠发达地区市场化、工业化程度低,外资进入持观望态度,民营经济不发达,地方政府财政收入能力有限,对中央政府资金投入具有较高依赖程度。因此,从中央财政投资对各地区的作用力来讲,对中西部尤其是西部地区影响较东部要大。(2)从总体来看,中央财政投资在各地区投资中所占的比重无论是东部,还是中西部均毫无例外地表现出下降趋势。这也意味着中央财政投资对缩小各地区发展水平差距的影响力也将随之削弱。

表6-2 中央投资在各地区投资中的比重

年份	中央投资(亿元)			占全社会投资比重(%)		
	东部	中部	西部	东部	中部	西部
1986	329.2	240.3	126.3	21.0	28.8	29.1
1987	412.3	241.3	140.6	20.4	24.9	27.5
1988	488.7	269.5	168.3	18.9	23.8	27.0
1989	455.7	264.0	173.7	19.1	26.2	29.2
1990	488.7	300.0	204.4	19.4	27.1	31.6
1991	522.5	362.2	246.6	16.6	27.2	30.5
1992	679.1	443.9	323.0	14.5	24.7	29.7
1993	1 004.5	602.8	427.4	13.1	22.5	26.4
1994	1 367.1	854.0	548.8	13.2	25.0	27.9
1995	1 715.5	1 061.2	664.4	13.4	25.2	27.8
1996	1 940.0	1 273.1	766.0	13.6	25.0	26.6
1997	2 234.5	1 403.2	904.4	14.7	25.1	27.0
1998	2 457.4	1 449.2	1 071.0	14.5	22.9	25.7
1999	2 316.7	1 363.0	1 084.0	26.2	36.7	31.7
2000	2 311.8	1 578.4	1 258.6	24.8	36.9	32.2
2001	2 464.6	1 511.9	1 436.8	24.1	30.9	31.8
2002	2 213.9	1 404.9	1 418.1	18.8	24.7	25.7
2003	2 256.2	1 277.0	1 568.0	14.1	17.4	21.6

注:本表中的中央投资既包括中央基建投资,也包括中央更新改造投资。
资料来源:1986—1999年数据转引自陈家海,《中国区域经济政策的转变》,上海财经大学出版社2003年版,第54页,表5-6。其余数据根据国研网数据计算得出。

综合上述两方面考虑,首先值得肯定的是,中央政府投资布局的战略西移,加快了西部经济的迅速增长,从长期发展态势来看有利于缩小西部与全国尤其是东部地区的差距。特别是西部大开发战略实施以来,西部地区经济增长已经呈现出良好的态势。西部地区经济增长速度逐年加快。从1999—2002年,西部地区GDP增长速度连续4年逐年加快,2002年已达到8.97%,略低于各地区平均水平,但已经呈现良好的发展态势。不仅如此,西部与其他地区之间的增长速度差距也在逐步缩小。1999年,西部与东部地区间GDP增长速度差距为2.49个百分点,与各地区平均增长速度之间的差距为1.54个百分点,到2002年这一差距分别缩小到1.65个百分点和1.02个百分点。[1] 这说明,尽管我国地区经济增长仍然不平衡,但目前正在向好的方面逐步转变。

但同时也要看到,关于中央直接投资,目前也存在诸多问题。如在积极的财政政策背景下投资规模迅速增长,但各地区重复建设、盲目建设现象严重,特别是盲目发展高新技术产业的倾向值得注意。还有,政府投资规模和收益相比,效益低下,资金浪费严重,引起广泛争议。据国家审计署对部分城市基础设施、公路、水利等项目的审计和调查,发现财政投资过程中的问题非常突出:部分项目未按期建成投产。抽查的28个省(区、市)利用国债建设的526个城市基础设施项目,有136个未按期建成,占25%。工期延误的主要原因是,项目前期准备不充分,地方配套资金不落实以及项目建设管理不善等。部分已建成项目运营效果差。抽查已建成的320个城市基础设施项

---

[1] 参见王洛林、魏后凯:"我国西部大开发的进展及效果评价",《财贸经济》,2003年第10期,第5—13页。

目,有 32 个没有投入运营,18 个长期处于试运营或开开停停的状态,69 个运营水平未达到设计能力。有的工程质量存在重大隐患。审计长江堤防隐蔽工程建设情况发现,工程质量令人担忧,甚至出现有关责任人以权谋私、大肆受贿的现象;挤占挪用建设资金及损失浪费问题严重。不仅如此,与转移支付手段不同的是,中央投资手段的运用还受到一些重要因素的制约和影响。

6.2.1.3 中央投资区域均衡效应的制约因素

(1)中央投资手段的应用和规模大小受到宏观经济形势的制约。由于投资的乘数效应和可能的挤出效应,中央投资手段和投资规模的应用与否和应用程度与宏观经济形势的周期性变化相关联。当经济形势过热时,政府的公共投资尤其是中央投资规模必然压缩;而当经济处于低迷阶段时,政府投资尤其是中央投资会作为刺激经济复苏的主要手段,投资规模得以扩大。具体而言,无论是作为汲水政策还是补偿政策的载体,公共投资都与宏观经济形势紧密相关。当公共投资作为汲水政策载体时,为了诱导经济复苏,启动民间投资,就会扩大公共投资的规模,但作为应对经济萧条的手段,财政支出的规模是有限的,不能进行超额支出,并且这种扩大是短期的。而作为补偿政策的载体,政府投资的规模会随经济形势的周期变动而作反方向变动。因此,中央投资手段作为政府调控区域均衡的支持工具,其应用受到宏观经济形势波动的直接影响。这也进一步说明,政府投资手段的应用必须适度,否则可能造成宏观经济形势的过热,带动能源交通等上游产业的吃紧。1998 年以来,中央投资尤其是国债投资(后面会作专门讨论)的大幅增长就是最好的例证。虽然近几年来中央向中西部尤其是西部的投资剧增,但应该看到这与近些年积极的财政政策下国债的大规模发行的支持相关,带有短期性。随着2005年稳健的财政政策和货币政策的实施,国债的发行规模将有所回落,中央直接投资规模也将下降。

(2)来自中央财政投资总规模的制约。根据本章第一节中央直接投资模型及数据模拟的结论,中央直接投资若占到中央对地方的转移支付和直接投资之和的65%,且向欠发达地区倾斜,则最为适度,其后将趋于稳定。实践中,无论任何时期,政府可利用的财政资源总是有限的,这构成政府众多的宏观调控目标所需财力的总约束。有两个因素影响中央财政投资的总规模。首先是分税制财政体制的建立和公共财政框架逐步确立的影响。分税制财政体制的实施,从根本上扭转了中央和地方财政收入的格局,这有利于中央拿出财力来平衡地区间的差距,但这并不意味着一定采取中央投资的形式。按照公共财政框架下各级政府职责的划分要求,以及投资主体的多元化,从长期看,中央政府投资性支出在全部政府支出中所占比重必然趋于下降,因为政府的其他社会服务目标需求必须满足,这使得今后政府投资规模不可能太大。[①] 20世纪90年代以来我国中央政府投资占全部政府投资的比重呈不断下降的趋势就是实践证明。如表6-3所示。这种变化与我国经济体制改革的方向和进程相一致,具有合理性。其次,当前和今后其他的改革目标如社会保障制度改革、国有银行体制改革、农村信用社改革等资金需求的影响也将分散政府向欠发达地区投资的财力。改革开放以来,中央政府几乎承担了所有重大改革所需的成本,当前和今后还将面临一系列市场化取

---

① 这并不表示公共财政框架下不存在财政投资,而是相对于我国过去过于强调"建设型财政"、财政投资比重过高而言的。

向的改革,这种硬性资金需求必须满足。因此,上述体制和目标上的制约表明,无论从近期还是长期看,中央财政直接投资作为政府财政调控区域经济的支持手段,其地位与传统体制下相比,是趋于削弱的。但中央政府直接投资减少,意味着中央政府直接进行地区间资源再分配的余地明显缩小了。中央财政的操作空间由此更加狭窄,地方财政相对以前拥有了更高的自主权与更大的投资决策权。这直接影响中央投资调控区域差距的能力。

表6-3 1992—2000年中央政府和地方政府各年投资比例

年份	中央政府投资比例(%)	地方政府投资比例(%)
1992	28.19	71.81
1993	23.42	76.58
1994	23.87	76.13
1995	22.25	77.75
1996	20.42	79.58
1997	19.96	80.04
1998	22.25	77.75
1999	26.15	73.85
2000	24.41	75.59

资料来源:上海财经大学投资研究所,《2003中国投资发展报告——转轨经济中的政府投资研究》,上海财经大学出版社2003年版,第105页。

(3)来自西部地区的区情和目前中央财政在西部投资领域和效果的限制。西部地区市场化程度较低,国有经济所占比重较大,融资渠道比较单一,地区经济发展对国家财政投资的依赖程度较高。比如1999年,西部地区国家预算内投资占国有经济固定资产投资的比重高达10.84%,占全社会固定资产投资的比重达6.80%,不仅高于全国平均水平,更远高于东部的平均水平。分省市区看,1999年国家预算内投资占全社会固定资产投资的比重,西藏为47.34%,宁夏10.62%,青海9.74%,陕西8.6%,重庆8.56%,新疆8.47%,贵州7.51%,甘肃7.42%,而云南和四川则分别只有4.39%和2.92%。而从目前中央财政在西部投资的领域和效果来看,值得关注的是,西部地区投资的高速增长并没有带来经济的高速增长。西部地区的整体经济发展水平决定了地方政府财政自给能力也相应低下,因此,中央政府投资西部开发首选领域是基础设施和其他基础产业投资。如上所述,对西部的2 700亿元投资中,基础设施的投资占了约2 000亿元,生态环境投资500多亿元,而社会事业投资仅100多亿元,明显地向生产性投资倾斜。这种选择的合理性,R.A.马斯格雷夫和W.W.罗斯托曾在解释经济不同发展阶段公共支出增长原因时有过较经典的分析。他们认为在经济发展的早期阶段,政府投资在总投资中占有较高的比重,因为公共部门要为经济起飞提供社会基础设施,这种解释同样适用于地区发展。公共经济学关于互补性市场的阐述也能说明这种投资领域选择的合理性。尽管西部地区投资增长较快,但由于这些投资大多集中在基础设施和生态环境建设方面,加上西部地区投入产出效果较差,[①] 因此,大规模投资并没有有效遏止区域增长不平衡的趋势。2000—2002年,西部12省市区GDP年均增长率为8.73%,既低于各地区9.69%的平均增长速度,也低于东

---

① 据中国社科院课题组对从"一五"到"八五"各时期西部地区基本建设投资占全国的比重以及投资经济效益的比较研究表明,其投资效果均低于同期全国水平,西部地区投资效益较差,一直是影响全国投资效益的重要因素。

部10.29%和中部9.02%的平均水平。[①]主要原因在于：基础设施和生态环境建设投资周期长，投资形成生产能力和回收投资的时期往往需要很多年，基础设施投资拉动的产业链条短、关联度低、产业带动差；由于是中央政府在西部地区投资的一些大型项目，有的与当地经济联系不够紧密，有的通过外地（主要是沿海地区）采购和承包，其对当地经济的带动和乘数作用并没有预期的那样大；同时，财政投资将基础"瓶颈"制约所压抑的民间部门的生产潜力释放出来，并使西部地区国民收入的创造达到一个较高的水平需要一个过程；财政投资中的资金浪费也是直接原因之一。上述种种原因直接导致中央财政在西部地区的投资并未带来该地区经济的预期高速增长，另外，这种向生产性投资倾斜的做法也影响西部地区教育、卫生等社会事业需求的满足。当然，衡量政府财政投资所产生的效应也不应局限于投资自身的收益，而是应该把财政投资看成是一种诱发性投资。从一个相当长的时期来看，中央在西部地区的直接投资对于引导其他投资和平衡区域经济发展将会发挥积极作用。

6.2.2 结论与对策建议

综上所述，在政府投资占全社会固定资产投资的比重和中央政府投资占政府投资的比重日益下降的前提下，目前中央政府投资从战略布局上已经逐步西移，有利于西部开发投资的软环境也正逐步建立。因此，从中央政府预算内财政投资及其政策角度来看，总体上是有利于缩小区域差距的。但随着中央投资占全社会固定资产投资

[①] 参见王洛林、魏后凯："我国西部大开发的进展及效果评价"，《财贸经济》，2003年第10期。本书此部分参考了该文提供的资料。

的比重的显著下降,意味着财政投资作为均衡地区发展水平的手段,其地位也在下降。缩小中西部与东部之间区域差距任务的艰巨性、财政管理体制和中央投资规模的制约、资金使用浪费严重等因素也对财政投资作用的发挥产生了一定程度的制约。在此背景下,理论界对其作用及趋势的看法存在争论。有人认为政府投资与公共财政框架不相容,或强调政府投资对民间资本的"挤出"效应,政府投资应该退出等等。笔者认为,与计划经济时期沿袭下来的"建设型财政"的高比例投资相比,政府投资包括中央政府投资比重的下降是合理的。政府投资退出竞争性领域是必然的,但必须保持对公共服务领域的投资,在混合产品的提供领域引入市场机制,可以与民间资本以互补性方式共存。而且从政府对欠发达地区资本性项目的支持角度来看,中央直接投资也无可替代。因此,今后保持适当比例的中央政府财政投资,对于引导其他投资和平衡区域经济发展具有十分重要的意义。鉴于中央财力规模的有限性和资金需求的矛盾,同时考虑到目前西部开发中主要项目(基础产业和基础设施、生态环境保护投资、社会事业发展投资)的融资困难,中央政府预算内投资今后只能在投资总量一定甚至是比重进一步下降的前提下,从结构调整上做文章,并重点解决社会事业投资、基础设施基础产业、生态环境保护三大投资的资金来源问题。笔者认为,今后国家在财政投资以及相关政策方面,应采取以下对策:

(1)明确、提高中央财政用于西部地区财政投资、西部地区社会事业发展投资的比例。由于目前东部地区的投资环境已日趋完善,基本具备了自我发展的条件,投资重点西移对沿海地区的经济增长不会产生太大影响,东部地区完全可以依靠自身的力量实现较快速的增长。因此,今后中央政府应该而且可以腾出更多资金进一步加大对西部投资的力度,明确并逐步提高国家财政在西部地区的投资比重。国家在西部地区的财政投资比例应以其人口份额为最低限度,以不超过全国的40%为宜(不包括不分地区投资)。从人均占有量来看,今后国家财政投资在三大地带间的分配,应大体呈现出西高、中中、东低的格局,由此体现国家财政对中西部地区的支持。

同时,中央政府还应该进一步明确和提高中央财政用于西部地区社会事业发展投资的比例。要使其占到中央在西部投资总额的一定比例(可以参照略高于全国人均水平的比例),或就义务教育等单独确定中央投资规模,逐步建立一个规范的中央对地方教育财政拨款制度,以支持落后地区基础教育的发展,防止地区间教育经费投入出现过分悬殊的差距,也可以改善当地的人力资本等影响经济增长因子,为地区的长远发展积蓄后劲。这里涉及政府应该重新检视目前在欠发达地区实施的公共投资政策。在"九五"计划中,中央政府趋向于通过发展基础设施来促进内陆西部地区发展,同时,也希望促进竞争性的市场活动和由私有经济管理更有效的资本密集型产业的发展。西部大开发战略最显著的特点之一就是对基础设施投资的迅猛增长,这将大幅度改善交通和运输设施,降低内地的经营成本,有助于西部地区的发展。但是,仅仅依靠基础设施的"硬件"建设还不够。如果要吸引沿海企业搬迁到欠发达地区,或者发展新的企业,还需要改善这里的教育、医疗、文化、法制和公共管理等软环境,与"硬件"相匹配。虽然这些工作的许多方面都需要地方政府承担起责任,但没有中央政府的支持帮助,贫困地区无法肩负起这种责任。

(2)明确、严格限制中央直接投资的范围,改进财政现行西部基础设施、基础产业的投资方式。过去,政府投资范围存在越界,并不都集中于上述具有乘数效应的产业部门,国家财政在支持西部开发的过程中,主要是采取直接投资的形式。尤其是在能源、原材料等基础产业的发展上,国家通过财政直接投资在西部建立了一大批国有大中型企业。这种直接投资的方式带来了一系列的问题。如国有大中型企业自成体系,与地区经济联系较少;中央企业和地方企业严重脱节,形成新的二元经济结构等等。鉴于西部基础设施、基础产业投资的巨大资金需求和政府直接投资的低效率,今后应该逐步缩小国家财政直接投资的范围,增加间接投资的比重,并采取合资、控股、参股、投资补贴等多种形式,支持西部地区大开发。国家对西部地区的财政投资应重点投向全国性的重大基础设施和生态环境建设,尤其是西部地区公路和铁路网的建设,地区间和国际大通道的建设,全国重要的邮电、通信、机场和石油天然气管道建设,西部地区具有优势的国防工业与一些全国性的能源、原材料基地建设,以及一些重大的城市基础设施建设等。采取合资、控股、参股等多种形式,广泛吸引外部资金入股。根据各项目的重要性不同,国家可以采取绝对控股、一般控股、一般参股、少量参股等形式,吸引地方、企业、私人和外商等资金入股,可以通过建立产权多元化的股份制企业而形成地区经济利益共同体,避免原来直接投资所形成的西部"二元经济"。与此同时,可以考虑对西部地区企业实行适度的投资补贴,加大国家财政贴息和信贷支持的力度,并在农村基础设施建设中实行以工代赈方式。通过政府补贴将西部欠发达地区的资本利润率提高到接近发达地区或者全国的平均水平,有利于民间资本和外资的西进;国家对基本建设政策性贷款项目实行财政贴息,对引导和支持社会资金投向基础设施和基础产业发挥了重要作用。中央应加大对西部财政贴息的力度,并逐步扩大产业范围。当前,可以考虑对西部地区重大基础设施和基础产业基建项目、资源综合利用项目、"三线"军工企业和单一性资源城市的大型国有企业技改项目贷款,给予一定的财政贴息,以引导民间资本到西部发展基础设施、基础产业和高新技术产业,发挥现有资产存量的优势,加快资源性城市产业结构调整和军转民的步伐。显然,实行企业西部投资补贴和财政贴息的办法,中央可以充分发挥市场机制的作用,只要使用少量的资金,就可以吸引大量的社会民间资本来参与西部地区的开发,起到"四两拨千斤"的作用,而且有利于西部"内生"投资能力的增强。在信贷支持方面,国家开发银行、农业发展银行等政策性银行,应明确其贷款的地区投向主要是中西部地区,以支持中西部地区的基础设施建设、农业开发、基础产业发展和生态环境保护。

(3)建立稳定的生态环境保护融资机制。鉴于西部生态环境保护任务的长期性、艰巨性以及很强的外部效应,今后中央财政除进一步加大投资外,还必须考虑建立长期、稳定的生态环境保护补偿机制,以促进西部生态建设的可持续发展和投融资渠道的多元化。目前理论界提出了不同方案,如发行生态环境保护彩票,或者在地区间实行"生态转移支付"。对这两种方案,中国社会科学院课题组提出的具体设想,一是考虑在全国范围内发行生态环境建设彩票。除发行成本以外,西部各省区筹集的资金全部用于本地区生态环境建设,东部和中部筹集的资金60%上缴中央,专项用于西部生态环境建设,其余40%用于本地生态环境建设。二是考虑按人均收入水平的高低以及河流的上中下游位置,开征一种有差别的生态环境建设税。该税种可设计为中央与地方共享税,按比例分成,60%上缴中央,统一用于西部或长江上游、黄河上中游地区的生态环境建设,40%归地方,用于当地生态环境保护与建设。① 两种方案均具有可行性,目前我国福利彩票的发展已经积累了经验,并且已经建立了覆盖范围广泛的发行网络。通过征税实现生态转移支付,不仅理论上极具说服力,而且,如果决定实施的话,在新一轮税改中就可以纳入。

(4)强化财政投资评审制度。目前中央财政对西部地区的投资,无论是基础设施和生态环境建设,还是重要基础产业的发展,国家都投入了大量的财政资金。但由于受传统的吃"大锅饭"思想的影响,加之支出约束机制不健全,目前在投资资金管理方面还缺乏明确的责任制度和强有力的监督机制,政府投资资金使用中的浪费损失严重。因此,如何建立健全的国家财政投资评价和监督体系,加强对投资项目的管理,提高国家财政投资的使用效果,防止政府腐败现象滋生,就成为一个十分重要的现实经济问题。国家用于西部开发的财政和国债资金,要严格按照国务院确定的方向和重点进行安排。要结合投融资体制的改革,从前期决策、概预算审计、施工管理、财务监督等方面进一步加强政府财政投资项目的管理。政府财政资金要按项目性质,划分为有偿使用和无偿使用两类,实行区别对待、分类指导。无偿使用资金主要投向社会公益性项目和部分经济效益较差的基础性项目;而对于竞争性项目(主要是政府扶持的高新技术项目和支柱产业项目)和具有较好经营收益的基础性项目,应实行资金的有偿使用,通过有偿使用实现资金的滚动增值,从而达到强化投资主体责任和实现资金增值的目的。要建立对财政投资项目的后评价制度,研究设计一套规范科学的财政投资项目后评价指标体系,实行动

---

① 参见中国社会科学院课题组:"实施西部大开发的国家财政投资政策",《财贸经济》,2001年第2、3期。

态跟踪管理。国务院已经要求国家发改委等部门进一步研究完善政府投资的决策机制,合理划分中央与地方的投资事权,提高项目规划和决策的科学化水平;协调各职能部门合理安排投资计划,更好地履行宏观管理与调控职责;逐步建立、健全政府投资项目绩效评估制度以及建设责任追究办法,加强对项目建设的监督检查,促进提高财政资金的投资效果。

总之,中央财政的直接投资,作为政府调控区域非均衡的一大支持手段,在缩小区域差距、实现区域均衡方面作用较为明显,但综合考虑上述因素,中央财政投资的存在及其作用必须限定在一个适度的范围,在这一范围内通过提高向中西部的倾斜比重和改善投资方式,来最大限度地发挥其区域均衡影响力。

6.3 中国国债投资的区域分布及效应分析

在国债日益成为政府财政政策和货币政策的结合点、政府宏观调控的重要工具,国债支出规模随之日益扩大的背景下,要完整地考察政府投资的规模与效应,不能仅看预算内资金投资,还要考虑国债投资。国债收入除了用于到期债务的还本付息之外,基本上或大部分用于经济建设投资。因此,国债构成财政投资的一个不可或缺的资金来源,并由此构成财政政策调节经济运行的重要工具。尤其是1998年积极的财政政策实施以来,大规模的国债投入突破了政府预算约束,导致财政支出规模巨额膨胀,有力地拉动了近几年的经济增长,对我国的经济增长、社会发展以及产业结构变动还将会产生深远影响,同时大规模长期建设性国债投资的地区分布也直接影响到我国的区域格局。

6.3.1 中国国债投资简况

相对于税收作为经常性收入，主要运用于政府经常性支出项目而言，国债通常被定义为非经常性的财政收入形式，国债资金更多地运用于政府资本性项目，即财政投资。在现代经济社会，国债是政府宏观调控的重要政策工具，是政府财政政策和货币政策的结合点。在中国这样的发展中国家，也非常重视利用国债工具为经济建设项目筹资，近些年也开始利用国债为公益性资本项目融资。从理论上界定国债资金的投向问题时，明确国债资金的财政收入属性，强调国债资金作为财政收入的"一般性"和重视其非经常性的"特殊性"，具有同样重要的意义。这意味着国债资金的使用从大局上首先必须服从财政资金的使用范围，即服从于政府与市场的分工和政府经济活动的范围——提供广义的公共服务，满足社会公共需求。国债资金总体上服从于政府经济活动的目标，虽然主要考虑的是宏观经济目标，即效率目标，但国债投资也可以通过地区分布或对地区均衡的间接影响而用于公平目标，尤其是区域间的公平。

中国现行财政体制决定了中央和地方在事权和财权分配上的不对称。地方政府承担更多的事权，要负责本辖区范围的公共产品的提供，包括维持地方各级政权的基本运转；提供和改善本地区的水利、电力、公路、通讯网络等城乡基础设施状况；发展辖区内公共卫生、医疗、教育及社会保障、住宅福利、环境保护等公共事业。从各级政府财力角度来看，分税制后中央财力逐步有所增强，中央财政收入占全国财政收入的比重 2003 年已达 58%。[①] 而不同地区地方政府

[①] 根据财政部部长金人庆"关于 2003 年中央和地方预算执行情况及 2004 年中央和地方预算草案的报告"计算得出。

的财力却存在较大差异,如 2002 年全国财政收入分地区统计,最低者(西藏 7.308 2 亿元)仅为最高者(上海 708.951 8 亿元)的 1%。[①] 不仅如此,按现行《预算法》规定,地方政府没有公债发行权。虽然存在中央对地方的转移支付,但由于强调对历史上地方既得利益的保护,缺乏对地区间经济社会差异、地区间财政标准收支相关诸因素的纳入,也不利于缩小区域间的财力差距。[②] 在这种情况下,中央政府发行的国债,必然一部分用于中央政府的财政投入,另一部分则转贷地方(或原本是代地方发债)。地方政府,在预算内经常性来源(包括转移支付在内)受到既定制度设计约束的前提下,对于可以突破预算约束而又近乎是"唐僧肉"的国债资金,必然会积极争取。因此,国债资金的投资首先会在中央和地方之间按照一定比例分配,然后会按照一定的条件和标准分配到各个不同地区(具体是行政省份),进而形成国债投向的区域分布结构。而中央和地方以及地方之间国债资金的占用和分布情况,使用的性质、方式和途径,直接影响到中央和地方以及地方各级政府间的公共服务能力和社会福利的变化。在政府大量举借国债的情况下,分析和考察这种影响更有意义。

回顾 1998 年以来积极财政政策的实施历程,其主要特征是以增发国债的方式来加大对基础设施的投资力度,通过投资增长来扩张总需求、拉动国民经济的增长。扩大国债投资是积极的财政政策的重点,国债的经济建设性投资一直是主要的政策手段。表 6-4 和表 6-5 分别反映了 1998 年积极的财政政策实施以来,我国国债发行的总规模和长期建设性国债的发行规模。

[①] 参见中国财政杂志社:《中国财政年鉴》(2003 年),第 301 页。
[②] 参见陈秀山、张启春:"转轨期间财政转移支付制度的区域均衡效应",《中国人民大学学报》,2003 年第 4 期,第 69—76 页。

表 6-4 1998—2004 年国债发行规模

（单位：亿元）

年份	国债发行总额	列入当年预算的国债	其中 偿还债务本息	其中 弥补赤字（含增发国债）	未列入中央预算的国债
1998	6 592	3 311	2 351	960	2 700（国有商业银行特别国债）
					500（转贷地方）
1999	4 016	3 715	1 911	1 797	300（代地方发债）
2000	4 180	4 172	1 574	2 598	8（补充中央偿债基金）
2001	4 604	4 597	1 999	2 598	7（补充中央偿债基金）
2002	5 947	5 679	2 563	3 098	18（补充中央偿债基金）
					250（代地方发债）
2003	6 404	6 154	2 956	3 198	250（代地方发债）
2004	7 022	6 872	3 674	3 198	150（代地方发债）
2005	6 923.4	6 923.4	3 923.4	3 000	100（代地方发债）

注：①偿还债务本息部分，1998 和 1999 年的数据包括债务本息，从 2000 年开始，中央开始将国债利息支出列入经常性预算，所以 2000 年以后的债务支出数据仅指偿还本金的部分。
②国债发行额包括内债和外债。

资料来源：1998—2001 年数据转引自苏明，《财政理论与财政政策》，经济科学出版社 2002 年版，第 160—161 页；2002—2005 年数据来源于《中国财政年鉴（2003）》和 2003 年、2004 年、2005 年政府财政预算报告，其中 2003 年、2004 年、2005 年为预算数字。

表 6-5 1998—2004 年长期建设国债发行规模

（单位：亿元）

年份	国债数量	备注
1998	1 000	
1999	1 100	
2000	1 500	500 亿元为西部专项国债
2001	1 500	500 亿元为西部专项国债

年份	国债数量	备注
2002	1 500	
2003	1 400	
2004	1 100	950 亿元纳入中央预算
2005	800	700 亿元纳入中央预算
八年累计	9 800	
八年平均	1 225	

注：由作者根据相关年度政府预算报告整理得出。

1998 年由于亚洲金融危机和国内需求不足，我国果断实行财政政策转型，由过去适度紧缩的财政政策转变为积极的财政政策，这导致国债规模迅猛增加。1998 年国债发行总规模是 1997 年 2 412 亿元的 2.73 倍，2004 年达 7 022 亿元，为历史最高水平。这一时期国债发行规模增长速度远远高于同期财政收入和国民生产总值年增长速度。1998 年至 2005 年，中央政府先后发行长期建设性国债总规模达 9 800 亿元。其中，2000 年与 2001 年发行的建设性国债分别包括 500 亿元的西部专项国债，2002—2005 年总共代地方发债 850 亿元。同时，国债当年发行总额也已从 1998 年的 3 808.7 亿元增加到 2004 年的 7 022 亿元，[1] 七年增幅达 84.4%，2005 年开始回落，但仍接近 7 000 亿。

由此可见，我国国债资金除用于偿还债务本息和弥补当年赤字外，主要用于财政投资。从国债投资的资金来源看，主要来自长期建设性国债。1998 年以来国债的大规模发行和投资，主要目标是扩大总需求，拉动经济增长，但政府国债投资大幅向中西部尤其是西部地

---

[1] 1998—2004 年国债发行额分别为：3 808.7 亿，4 015 亿，4 657 亿，5 004 亿，5 679 亿，6 404 亿，7 022 亿；其中长期建设性国债分别为：1 000 亿，1 100 亿，1 500 亿，1 500 亿，1 500 亿，1 400 亿，1 100 亿。参见政府历年财政预算报告。

区倾斜,对区域格局的变化有着直接的影响。

6.3.2 中国国债投向及其区域均衡效应

笔者在此拟从国债专项投资的地区分布结构、各地国债转贷收入的差异以及国债其他目标的专项投资对区域均衡的间接影响这几个方面考察积极的财政政策实施以来国债资金的区域均衡效应。

(1)从国债专项投资的地区分布结构来看,国债投资向中西部地区尤其是西部地区倾斜明显。

从项目个数看,中西部国债项目个数占国债总项目的比重,1998、1999和2000年分别为65.4%、63.8%和67.0%,平均为65.4%。中西部国债项目计划总投资占全部国债项目的比重分别为53.5%、46.2%和48.3%,平均为49.3%。在2000年,全国基本建设施工项目个数中,中西部占59.3%;计划总投资中,中西部占41.1%。[1]

从资金比重看,1998—2000年,每年安排西部地区的国债长期建设投资占当年国债投资比例保持在1/3以上,2001年与2002年这一比重超过40%。2000年西部地区新开工10大重点建设工程,2001年又新开工12大重点建设工程。截止到2003年,新开工的西部开发重点工程达到50个,投资总规模7 000多亿元。[2] 其中,2000年和2001年分别安排西部开发特种国债各500亿元,主要投资于青藏铁路、西气东输、西电东送、南水北调等西部开发重大项目;2002年继

---

[1] 参见国家统计局投资司王宝滨:"国债投资运行状况透视",《中国投资》,2003年第3期,第27页。

[2] 参见中国拟在建项目网:"西部开发重点工程达50个 投资总规模7 000多亿元",2003年10月9日。

续安排460亿元用于青藏铁路、西部地区公路、贫困县道路、农村电网改造等项目,安排180多亿元用于中西部地区新开工项目的建设。

国债资金投资向中西部的明显倾斜,使得中西部尤其是西部地区一大批能源、交干线、水利枢纽、机场建设等关系西部地区发展全局的重大项目陆续开工,促进了一批重大在建项目的完成。西部地区生态环境综合治理工程建设全面展开,退耕还林、退牧还草、天然林保护、京津风沙源治理等生态建设工程进展顺利。国债投资安排向中西部地区倾斜,为西部大开发迈出实质性步伐作出了重要贡献。

(2)从各地国债转贷收入的差异来看,表现出不同的特征。

表6-6是1998—2002年各年国债转贷地方收入。笔者将历年数据加总,再取平均值,并按省份和三大地带整理,见图6-4与图6-5。

表6-6 1998—2002年国债转贷收入

(单位:万元)

	省市区	1998	1999	2000	2001	2002
东部	北 京	203 200	217 200	125 900	123 452	42 154
	天 津	114 126	113 066	155 720	91 814	45 948
	河 北	113 901	210 462	206 619	128 543	111 340
	辽 宁	143 977	262 721	181 264	205 527	156 562
	山 东	103 150	288 600	191 331	226 627	174 106
	上 海	170 600	243 285	126 770	80 474	68 721
	江 苏	95 716	193 949	197 269	169 240	81 348
	浙 江	83 406	257 400	247 250	165 864	90 575
	福 建	115 636	190 954	166 951	109 940	74 091
	广 东	159 921	330 149	339 952	197 192	138 417
	海 南	73 839	99 847	77 190	78 238	38 040

	省市区	1998	1999	2000	2001	2002
中部	湖 北	87 209	194 015	129 204	169 395	67 896
	湖 南	117 510	237 693	105 372	133 612	114 211
	吉 林	124 819	177 238	130 657	195 098	123 872
	黑龙江	82 770	196 716	160 078	174 200	77 862
	安 徽	73 903	189 094	162 312	142 718	97 946
	江 西	70 675	141 999	76 210	104 984	67 896
	河 南	70 293	237 132	184 649	217 796	13 080
	山 西	48 049	138 327	79 160	131 498	76 045
西部	内蒙古	95 627	186 297	62 500	110 634	25 755
	广 西	100 738	193 001	69 375	84 014	25 926
	重 庆	95 245	190 623	83 600	134 050	52 379
	四 川	160 719	249 558	96 460	112 020	62 870
	贵 州	61 632	125 845	63 100	93 391	16 850
	云 南	109 538	166 364	63 950	116 258	52 367
	西 藏	735	1 100	无	15 000	无
	陕 西	110 413	213 460	60 950	86 806	54 083
	甘 肃	66 525	132 185	49 150	101 072	38 220
	青 海	14 544	58 400	42 000	77 296	26 934
	宁 夏	27 465	69 025	46 500	61 327	36 000
	新 疆	23 030	101 406	43 790	43 240	23 676

资料来源:《中国财政统计年鉴》1999—2003各年数据整理。

256 中国区域差距与政府调控——财政平衡机制和支持系统

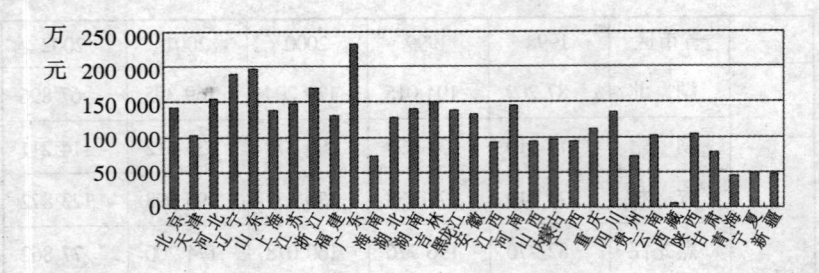

图 6-4　各地区国债转贷收入 5 年平均值

注：1998—2002 年加总，再取平均值。西藏缺少 2000 年和 2002 年的数据，为三年平均值。

资料来源：同表 6-6。

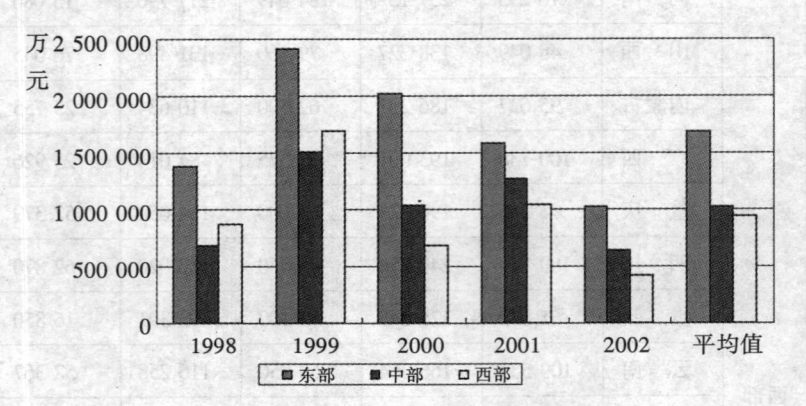

图 6-5　我国东、中、西部国债转贷收入

注：图中排列顺序从左至右依次为东、中、西部；平均值为东、中、西部五年平均值。西藏缺少 2000 年和 2002 年的数据，为三年平均值。

从个别年份来看，如 2002 年，各地国债转贷收入明显向东部省市倾斜。最高省市分别是东部的山东、辽宁、广东以及东北的吉林、中部的河南，如果将对青岛、大连、厦门和深圳的转贷收入分别合并入山东、辽宁、福建和广东考虑，则几乎是东部一边倒。除去东部的大连、青岛、厦门、深圳四个城市，西部省市区均处于后位，后十位除海南外，均为西部省区。不考虑西藏，西部 11 省区总的国债转贷收入占全年总额的 15.9%;而东部省市占到 53.5%。

以考察期各省或三大地带加总平均值看,表现出同样趋势,也明显是东部高于中西部,中部略高于西部。

综合考虑以上两个方面,这种安排格局一方面应该说存在合理性。因为,首先从国债运用的背景来看,1998 年以来政府国债投资的目标主要是拉动全国有效需求及经济增长。这决定了国债的区域布局必须重视投资项目的乘数效应和导向功能的发挥。重要的是,从国债投资的两种方式所支配的资金量的对比来看,由于中央直接安排投资的国债专项资金,加上连续两年的代西部发债 1 000 亿元,从总量上向西部倾斜,且绝对量和比例较大,因此,转贷地方的国债收入应当主要考虑中东部的投资需求。但另一方面,从国债投资的两种方式所支配的资金量的对比来看,由于以转贷方式安排的国债资金规模大于中央直拨方式安排的资金规模,所以在一定程度上存在冲抵作用。从上述对比可以看出,国债资金投资的布局总体上仍然是明显向中西部尤其是西部倾斜的。

(3) 不仅如此,国债向其他领域的投资也同样考虑到了中西部的特殊困难,或实际惠及中西部地区。

比如从 2000 年起,国家开始用国债资金支持西部地区每省重点建设一所大学。项目覆盖了西部 12 省市区以及新疆建设兵团、湘西、恩施、延边三州的 25 所地方和中央部门所属高校。重点建设了教学楼、实验楼、图书馆等基础设施项目 57 项,建设总规模达 103 万平方米,项目总投资 18.7 亿元,其中累计投入国债资金 13.66 亿元(含高校扩招资金 6 600 万元)。[1] 而且对高校教育国债的项目实行专

---

[1] 参见上海财经大学投资研究所:《2003 年中国投资发展报告——转轨经济中的政府投资研究》,上海财经大学出版社 2003 年版,第 127 页。

款专用、专户管理。还有，农村电网改造、国家储备粮库以及近两年来先后新增的对公检法司、基础义务教育事业、就业培训、社会保障等的投入，2004年起进一步增加的对农村种粮农民的直接财政补贴，2005年计划开始的中央加大对种粮大省的直接补贴和免征农业税，新型农村合作医疗的推广，以及国家西部地区"两基"攻坚计划、全国中小学危房改造工程、农村中小学现代远程教育工程等等政策措施，都会使中西部地区直接受惠，可以直接缓解中西部基层政权运转困难，改善中西部的行政能力，提高中西部的社会事业发展水平。

总之，国债投资在每年拉动经济增长1.5—2个百分点的同时，直接和间接地考虑到中西部特别是向西部的明显倾斜，有力地推动了西部大开发的进程。向大型基础设施建设的倾斜，使西部地区基础设施建设迈出了实质性步伐，为进一步改善西部地区投资环境、不断增强西部地区长期发展和自我发展的能力打下了一个良好的基础。重新改写我国区域发展版图的几大重点工程——西电东送、西气东输、青藏铁路等交通干线和西部机场、支线航空网络等工程的竣工投入使用，以及西部开发八条通道建设，实现了贫困县道路与国道的连接，将使西部基础设施水平发生实质性改观，显著缩小西部地区基础设施与全国平均水平的差距。中西部环保项目如1 526万亩的退耕还林还草、1 362万亩的宜林荒山荒地造林种草的顺利实施，将改变中西部尤其是西部脆弱的生态环境。还有防洪抗涝基础设施以及农村电网改造等基础设施建设，以及青海钾肥等项目的竣工投产，所有这些，从长远看将显著增强中西部地区经济发展的后劲。例如，据社科院工业经济研究所和西藏自治区社科院的专家共同撰写的《青藏铁路建设对西藏自治区经济社会发展的影响》调研报告指出，青藏铁路建成后,将把西藏首次纳入全国四通八达的铁路网络中,改变西藏作为中国唯一不通铁路地区的面貌,通过铁路运输解决西藏经济活动中的远距离运输问题,大幅提升进出藏货物量,促进旅游业的发展,消除西藏可持续发展中的交通"瓶颈"制约,为西藏的可持续发展创造良好的基础设施条件。

但同时也不可忽视,将巨额国债资金单一用于建设性项目,不仅造成经济拉动效应趋缓,对民间投资产生"挤出"效应,而且以下因素直接影响国债投资在区域均衡中的效应。

其一,国债投资方向的单一性与政府职能和活动范围间的偏差带来不良影响。国债投资无论是中央专项投资还是各省所上国债项目,都集中于大型硬件基础设施的建设,且有1/4以上项目是经营性项目或有经济收益的项目。过度注重"大"型投资性建设,相对忽略了与人民生活密切相关的"小"型项目的投入,过度注重对"硬件"设施的投资,相对忽视对各地"软件"设施——各项社会事业发展需求的支持。重投资、轻消费,重消耗支出、轻转移支出。虽然国债资金也有投向教育卫生等领域,尤其是2002、2003年先后增加了对相关社会事业发展的投入,但投入资金少,也只限于其基础设施的投资。如国债的教育投资1999—2001年三年累计安排的支出金额仅为108.2亿元,[1] 这一数额小于西部50个重大工程项目单位项目投资的平均值(140亿以上)。基础设施建设滞后也一直是制约我国经济增长和发展的瓶颈,选择大型基础设施投资作为国债拉动经济增长

---

[1] 参见 webmaster@china.org.cn:"三年来国家累计安排教育国债资金108.2亿元",《中国教育报》,2002年2月22日。

的突破口，利用国债投资解决基础设施对我国经济社会发展的制约，有利于增强经济发展后劲，有利于改善人民生活质量。但国债的大规模、持续数年的单一建设性方向投资与公共财政框架下政府的职能与活动范围目标不相协调，对各项社会事业发展投入的忽略，直接影响社会公平，更加剧了影响经济社会发展的深层次问题的积累，对于社会事业发展原本落后的欠发达地区来说则影响更甚。

其二，就国债的城乡区域分布而言，片面注重国债拉动经济增长也使国债投资明显向城市倾斜，而忽视了农村地区的社会福利。城乡分布不均衡直接导致区域非均衡。现有国债项目中约有1/4为城市基础设施建设项目。1998年至2002年，国家共安排967个城市基础设施建设项目，涉及全国95%的地级以上城市以及中西部地区部分县成。[①] 除此之外，经济适用住房、技改贴息、交通通信投资也主要面向城市。具体情况如表6-7所示。若考虑以上项目合计，则用于城市的国债资金比例分别高达64.5%、69.7%、64.0%，均在60%以上，使这些城市面貌明显改观，服务功能得到强化。而同期直接用于农村的国债投资仅包括农村电网建设与改造投资，三年比重分别是13.6%、10.3%和14.0%，均在15%以下。虽然还有农林水利设施、国家储备粮库建设投资，但严格说均属于城乡共享甚至更多偏向于城市资源。本来改革开放以来受地区倾斜政策影响，中部传统农业区的相对地位已经下降，国债连年大规模投资若再忽视农村农业投入，必然会对这一地区带来长远不利影响。

[①] 参见钟投："发挥国债投资在经济建设中的积极作用——访国家计委常务副主任王春正"，《中国投资》，2002年第3期，第10页。

表6-7 1998—2000年国债项目计划中投资分布情况

投资方向	1998年	比重(%)	1999年	比重(%)	2000年	比重(%)
全部	12 877.89	100.0	11 180.44	100.0	12 753.19	100.0
农林水利	2 665.75	20.7	1 627.94	14.6	2 121.61	16.6
交通通信	5 069.25	39.4	4 510.38	40.3	4 245.49	33.3
城市基础设施	2 417.11	18.8	2 500.54	22.4	2 814.43	22.1
农村电网改造	1 747.11	13.6	1 152.04	10.3	1 788.62	14.0
储备粮库	172.00	1.3	161.65	1.4	134.70	1.1
经济适用住房	805.92	6.3	623.99	5.6	388.81	3.0
技改贴息	—	—	161.77	1.4	713.95	5.6

资料来源：国家统计局投资司王宝滨，"国债投资运行状况透视"，《中国投资》，2003年第3期，第28页。

其三，现行国债资金使用的一些规定和欠发达地区本身的条件，在一定程度上会抵消国债投入倾斜带来的均衡效应。首先是欠发达地区对国债项目配套资金的承受能力及其消极影响。国债项目通常在中央国债资金投入的同时，要求地方资金和银行贷款配套。而欠发达地区政府由于自身财力限制，缺乏配套资金。银行出于对欠发达地区未来收益的预期和潜在的、巨大的坏账风险的规避，配套资金到位率低（银行即使按1∶1的比例为国债项目配套，西部国债项目的贷款规模也将达到3 600亿左右）。这导致欠发达地区在中央政府的积极财政政策背景下面临两难选择，少上项目怕错过发展机会，盲目求大求多会造成更严重的财政困难和后续负担。即使争取到项目，也有可能出现国债资金的闲置、挪用，或"半拉子工程"。其次是西部项目的效益外溢性和西部自身的区情。目前国家在西部投资开工的重大工程项目如西气东输、西电东送、青藏铁路建设以及退耕还林、退牧还草、天然林保护、京津风沙源治理等生态建设工程等都具有很强的外部效应，有些项目效益甚至是全部外溢的，具有纯公共产品的特征,不仅关系西部地区发展全局,也关系到东、中、西三大地带的协调发展。这些关系西部乃至全国的项目的最终投产可以从根本上改变整个西部的发展环境,但西部地区起点低、历史欠账多,仅有重大工程项目而没有与之配套衔接的小型项目,则对本地的生产生活不会带来直接便利和影响,其利用效率将大打折扣,甚至出现闲置浪费现象。两方面都影响国债资金在西部投资的效果。

最后,就国债发行和使用制度而言,由于缺乏对地方政府的有效约束,导致国债资金使用出现一系列问题。目前我国国债是中央发债,地方用债。地方没有独立发行公债的权利,虽然地方用债有中央直拨和中央转贷地方两种方式,但由于最终债务人还是中央政府,地方与中央的转贷协议缺乏制度保证,约束软化,甚至现在已经有地方向中央提出了豁免转贷的要求。由于对地方政府缺乏根本性约束,加上国债发行规模大,这些年地方争项目、争资金现象严重,从而导致国债资金在使用中出现"撒胡椒面"现象,如 1998 年国家共下达财政预算内专项资金和银行贷款 2 257 亿元,而这些资金涉及的项目个数却高达 7 007 个。某省将用于供水设施建设的 2 亿元国债专项资金分配到 67 个县市,多的分到几百万,少的分到几十万,哪个县都建不了自来水厂。同时各地的重复建设大有卷土重来之势,项目前期论证准备不足。据财政部驻 35 个省市的监察专员办事处对涉及 138 亿元国债资金的 72 个重点项目的监察,其中有 10 个项目从设计、规划到投资概算的制定,均未经过科学严密的论证;[①] 项目管理混乱,工程质量存在隐患,项目法人责任制、招投标制、工程监理制和合同制执行不力。这些问题的出现严重损害了国债资金使用的经济和社

---

① 参见宾建成:"国债投资存在问题及其调整的策略",《广西社会科学》,2001 年第 5 期,第 41 页。

会效益。另外,国债资金转贷的方式也给财政困难的欠发达省区带来负担。

6.3.3 结论与政策建议

从总体上而言,政府国债投资在实现拉动经济增长目标的同时,很好地兼顾了区域间的均衡,表现出明显的向西部倾斜。但也要看到,从国债发行规模的变化来看,大规模的国债资金向西部的倾斜,得益于积极的财政政策的实施,准确地说,得益于以发行国债拉动投资为主要特征的积极财政政策的实施。但到2004年,这一政策实施已达七年,宏观经济形势已出现重大好转,从2005年开始,积极的财政政策正式被稳健的财政政策所取代。① 虽然稳健的财政政策并非紧缩性财政政策,国债的发行也会考虑在建项目续建资金的需求,但国债的发行将不再独木撑天,受其发行规模和可能的财政风险的限制,国债投资的总量将逐年回落(2005年长期建设国债发行规模为800亿,比上年减少300亿,比最高年份的1 500亿减少700亿)。此外,东北老工业基地振兴的资金需求等因素也将影响今后政府投入西部的资金总量。因此,考虑到目前宏观经济政策背景的制约,笔者提出以下对策建议:

(1)改革和完善现行国债的发行与运用制度。目前的中央发债、地方用债,地方缺乏公债发行权的制度,使得地方除了向中央争项目、争资金外,缺乏主动权和制约意识,而中央国债资金要兼顾的目标和地区众多。为了加强地方政府的责任约束,避免债务风险过分

---

① 其实从2003年开始政府已经削减了国债发行规模,并提出了以"减税"和增强货币政策作用力来部分替代国债投资的多年孤军奋战。

集中在中央一级政府,提高公共投资的效益,有必要扩大地方政府的融资权限,在适当时机赋予地方政府公债发行权。在中央和地方政府均拥有公债发行权的情况下,可以考虑发达地区政府主要依靠发行公债为本地区资本性项目融资;中央政府发债除弥补赤字外,主要用于宏观调控和对中西部的支持;欠发达地区也可以通过在发达地区发行公债的方式为本地区建设项目融资。

(2)调整国债投资方向。从国债资金的财政属性出发,国债投资范围宜由经济建设领域转向公共服务领域,其使用应作如下结构调整:在保持一定比例的基础设施投资用于在建工程的续建需要的前提下,国债资金应选择国民经济和社会发展中亟待通过加大投入改善其现状的公共部门或领域。突破原有的单一建设投资范围,适当增加国债对政府转移性支出和消耗性支出的投入,以弥补政府财力不足,强化政府在公共服务领域的职能。未来的国债投资,应重视与可持续发展相关的生态建设和环境治理;要继续加大教育投入,不仅重视高等院校的基础设施建设,而且要重视与基础教育相关的基础设施投入,并选择恰当的方式发挥国债投资在促进教育事业发展中的作用;在加大城市基础设施投入的同时,努力改善与农民生活、农业生产和农村发展相关的基础设施建设;要继续重视与改善投资环境相关的基础设施建设,包括市场建设;加大在社保方面的投入力度,加强对城市失业和再就业、农村就业技能培训、城乡社会保障体系的建立和改革等的支持。

不仅如此,鉴于对中西部欠发达地区的一般性转移支付特别是过渡期转移支付规模偏小,利用国债资金可以加大中央政府对欠发达地区的转移支付力度。也可考虑将国债专项投资纳入政府专项转移支付合并使用,以增强我国转移支付的区域均衡效应。还可以考虑增加短期国债资金的政府消耗性支出项目,支持政府消耗性支出欠账的弥补,以及对新一轮税改的支持。避免国债资金使用的"消费化",是导致1998年以来我国国债资金单一用于经济建设性投资的指导思想之一,但简单武断地说国债资金不能用于政府消费,本人认为值得商榷。因为短期国债本身是可以用于政府经常性开支的,国债的最初产生就是为了弥补政府赤字。同时,我国由计划经济体制向市场经济体制的转轨曾经导致财政集中率的大幅下降,致使政府消耗性支出留有大量历史欠账,利用短期国债资金来弥补转制带来的政府消耗性支出缺口,有利于遗留问题的解决。况且,20世纪七八十年代,在西方现代财政史上也曾出现过政府公开运用公债形式为日常公共消费开支筹措资金的例子。[①] 2004年起政府将对税制实行以减税为目标的结构性调整,而无论是出口退税改革还是增值税改革、企业所得税税负的调整、农业税的减免,都需要政府支付改革的制度成本。利用短期国债资金支持政府"减税",无论从税收与国债的替代关系,还是从积极的财政政策的转型来讲都具有合理性。

(3)加强国债投资资金的使用监管,提高国债资金的使用绩效。从理论上讲,国债资金最终会形成纳税人的负担,国债资金最终要通过税收来弥补。因此,政府国债资金的使用具有机会成本,而且债务的形成既是经济资源在当代人之间的分配,更是代际之间的交换。国债投资的效率、归还的可能性以及对后代的影响从根本上说取决于国债投资的使用效率。如果当代人利用公债资金,但无效使用或

---

① 参见平新乔:《财政原理与比较财政制度》,上海三联书店、上海人民出版社1995年版,第584页。

滥用资源,则既损害当代纳税人利益,也透支下一代甚至几代的资源。目前国债投资由于很多制度和宏观经济上的原因,缺乏有效监管,使用效率低下。针对现行国债资金使用中存在的诸多具体问题,从短期来看,必须调整国债资金的运行方式,包括:第一,可根据地方的实际情况,对中西部财政困难省区的一些社会效益明显而财务效益不明显的项目,将部分地方转贷改为中央直拨;第二,对高新技术产业化、重大装备国产化以及部分经营性基础设施项目实施国债贴息,最大限度地带动和引导银行贷款和社会资金,从而真正起到国债资金"四两拨千斤"的效果;第三,建立国债项目选择与确定的社会化评价与决策体系及程序、追踪问效体系和责任追究制度。

(4)在中央统一政策前提下,有条件地逐步赋予地方政府公债发行权。从长远来看,解决国债管理和资金使用效率的关键在于,立足于制度建设,改变现行中央发债、地方转贷的变通措施,在中央统一政策前提下,有条件地逐步赋予地方政府公债发行权,从根本上健全地方政府国债使用责任约束机制,从源头上遏制地方政府盲目上项目、铺摊子、贪大求新的势头,避免地区间重复建设重新抬头,提高国债资金使用的绩效。从一些国家的经验看,在合理规范、严格秩序、限定条件的前提下,地方政府以其资信和征税能力作为还本付息的保证,发行合理限度的地方债券应该是可行的。针对我国当前局面,中央政府可以根据实施西部大开发的需要,在西部一些条件较好的地区率先进行地方政府债券的试点,其资金主要用于基础设施建设和基础产业的发展;还可以尝试发展西部地区产业投资基金,以鼓励向西部的农牧业、能源、矿业资源投资;由中央和地方财政出资,并吸收社会中介组织、企业和银行共同参与,组建股份化的西部风险投资基金,支持西部高新技术产业的发展;允许西部银行独立发行地方金融商业债券,变地方分散筹资为银行有计划集中筹资;赋予西部地方政府在国家批准的额度内审批企业债券和短期融资券的权力;由国家统一发行西部基础设施专项国债,以加强西部地区重大基础设施建设。

总之,国债是重要的调节工具,应该充分加以利用,国债投资有利于区域均衡,明显向西部倾斜。但国债手段不是万能的,首先受到宏观经济大背景、国债发行规模和财政风险的限制,即使国债可以用于区域均衡目标,也要看到国债手段孤军奋战的力量有限;而从国债的财政资金属性和短期对政府预算的突破来考虑,国债资金宜转向公益性项目,并用于转轨时期短期性项目、历史欠账的弥补。要将国债资金投资与预算内投资合并考虑,同时也有利于接受财政监督。

6.4 投资激励与区域均衡

除中央直接投资外,政府还采取各种地区发展投资激励形式,这些形式也直接影响到区域间的均衡发展状况。

6.4.1 区域税收优惠

区域税收优惠是世界上大多数市场经济国家中央政府实施的一种投资刺激政策,其核心内容是在某些特定领域,主要是在政府希望经济更快发展的区域,通过政府税收部门对在规定区域的全部企业或部分企业实行一定范围的税收减免,来影响地区投资格局进而影响区域经济的发展速度,实现对区域经济发展的宏观调控。它主要通过选择性税收措施来解决区域经济发展中所出现的某些突出问题,可以强烈地体现某一阶段政府的经济政策意图,它实际上是财政减税政策在区域经济实践中的运用。

我国改革开放以来,区域税收优惠措施使用频繁,分为两个明显不同的阶段。

6.4.1.1 对东部沿海地区的区域税收优惠

改革开放以来,适应向东部沿海地区战略倾斜的总体需要,我国相继出台实施了一系列对东部沿海地区的直接或间接税收优惠政策。这主要体现在一系列区域性税收优惠政策上对于经济特区、沿海开放城市、沿海经济开放区、经济技术开发区以及沿海开放城市的十多个保税区的直接倾斜,以及对于改革开放实践中发达地区吸引较多的三资企业和发展得较多的乡镇企业的主要税收优惠政策。表6-8列出了改革开放以来,政府对东部经济特区、沿海开放城市、沿海经济开放区和经济技术开发区的主要优惠政策和享受优惠的具体地区范围。

表6-8 对东部沿海地区的区域税收优惠政策

范围		主要优惠政策				
		国家所得税	地方所得税	工商出口税	进口关税	再投资退税
经济特区	深圳、珠海、厦门、汕头、海南	15%	减税或免税	免税	免税	40%
沿海开放城市	大连、秦皇岛、天津、烟台、青岛、连云港、南通、宁波、福州、广州、湛江、上海、温州、北海等港口城市和汕头、珠海、厦门除经济特区以外的市区、威海市的市区	24%	减税或免税	免税	免税	

范围		主要优惠政策				
		国家所得税	地方所得税	工商出口税	进口关税	再投资退税
沿海经济开放区	长江三角洲、珠江三角洲、闽南厦漳泉三角洲、辽东半岛及沿海其他地区规定范围内开放城市的市区、重点县的城关区(或经省、自治区、直辖市人民政府批准的重点工业卫星镇)以及安排以发展出口为目标的、利用外资建设的农业技术引进项目、农产品生产基地和农业技术加工厂的上述市、县所辖农村(共253个市、县、镇),三明市、南平市、龙岩市、福安市、福鼎县,湖北和四川两省所辖长江三峡工程库区(三峡经济开放区)	24%	减税或免税	免税	免税	
经济技术开发区	大连、秦皇岛、天津、烟台、青岛、连云港、南通、宁波、福州、广州、湛江、温州、北海、上海(闵行、虹桥、曹河泾)、沈阳、哈尔滨、长春、杭州、武汉、重庆、芜湖、昆山、威海、营口等城市内的经济技术开发区	15%	减税或免税	免税	免税	

资料来源:根据贾康、白景明,《财政与发展》,第183—186页,专栏20"部分区域的主要税收优惠政策"整理得出。其中,进口关税包括外资企业进口设备。

此外,对于沿海开放城市的十多个保税区、以沿海区域为主的十多个国家旅游度假区,以及上海浦东新区、海南杨浦开发区、福建台商投资区、苏州工业园区等也都规定了一系列税收优惠政策。

直接的地区税收优惠主要包括对上述地区的国家所得税、地方所得税、工商出口税、外资企业进口设备和进口关税等的减免税优惠,涉及企业主要是与外资相关的企业、外商投资企业和外国企业,优惠的主要对象是符合税法规定的生产性外商投资企业;涉及税种以企业所得税为主,还包括出口工商税、进口关税等流转税,以及再投资退税优惠。比如对经济特区和经济技术开发区的符合条件的企业所得税实行15%优惠税率,沿海开放城市以及其保税区符合条件的企业所得税实行24%的优惠税率,与标准税率33%分别相差18%和9%。从惠及地区而言,越早期,越向东部倾斜明显。虽然随着开放向纵深发展,也涉及中西部边境开放城市、内陆开放城市和经济技术开发区,但是在总体覆盖面和力度方面,沿海地区仍然明显大于内地。

除了对上述区域的外商投资企业的税收优惠外,对乡镇企业的优惠也是一个重要的方面。20世纪80年代,伴随着改革开放,除原有国有资本外,在东南沿海地区出现的两大投资主体,一是外资的大举进入,二就是乡镇企业的异军突起。虽然乡镇企业的兴起不仅局限于东部地区,但从乡镇企业的整体规模和影响力来看,其他地区无疑无法与东部地区相比。东部地区对于乡镇企业的优惠扶持,除了国家规定的若干税收优惠政策如所得税的"两免三减"之外,实际上各地又以种种方式进一步扩大优惠力度(包括在流转税方面的优惠)。1978年之后的十余年间,中国沿海地区乡镇企业优惠税率的实际水平远低于内地,使其利润率相对上升(简天伦,1996)。

除此以外,还有一些税收优惠即使不是直接针对特定地区的优惠,但其受益面主要集中于东部地区,比如,对乡镇企业的优惠、出口退税、再投资退税等政策措施,也使东部获得更多的收益。特别是主要由中央政府承担出口退税和外商投资企业的再投资退税,且规模日益增大,在某种意义上说,等于是中央政府给予东部发达地区的变相转移支付,对区域均衡的负面影响较大。东部在改革之初所享受到的决策权限倾斜导致东部地方自主性优惠程度高,以及对外资审批数和自留外汇数比例等政策,都使原本基础较好的东部地区抢占了发展的先机。因此,改革之初的区域税收优惠以及相关政策的实施总体上是明显向东部倾斜,不利于缩小地区之间业已存在的差距,而且目前这些税收优惠政策在西部开发战略实施以来仍在起作用。

6.4.1.2 对中西部欠发达地区的税收优惠

从1984年中共中央、国务院发出《关于帮助贫困地区尽快改变面貌的通知》开始,政府就先后实施过一系列以减轻农业税、免征外商在贫困地区投资以及乡镇企业、农民联办企业等企业所得税为主要内容的税收优惠措施,但变动频繁。1994年对其进行清理整顿后,也保留了对"老少边穷"地区的所得税优惠,并将中西部资源大省征收的资源税全部留给当地。同时,我国也制定了专门针对少数民族地区的优惠政策:在农业税收政策上,对少数民族地区生产、生活困难的地区,按照社会减免的办法给予照顾;对民族贫困地区的耕地占用税、能交基金,以及口岸建设、边境贸易等实行优惠照顾政策;对民族贸易企业实行"三项照顾"政策,即在民族贸易政策上,对民族贸易企业的自有资金、价格补贴和上缴利润等方面实行优惠政策,并且对民贸企业的部分工业品实行最高限价,由此而产生的亏损,由国家补贴;对民贸企业的流动资金(零售企业自有流动资金的80%、批发企业自有流动资金的50%、西藏商业企业的全部资金)国家还给予拨款。对个别特殊地区如西藏自治区,中央财政长期给予优惠,税收上实行"税制一致、适当变通、从轻从简"的政策。

对中西部地区的大规模税收优惠开始于20世纪90年代后期，特别是西部大开发战略的提出以来，政府逐步加大了对中西部特别是西部的支持力度。2000年11月，国务院发出《关于实施西部大开发若干政策措施的通知》，出台了实施西部大开发的若干政策措施，提出了四个方面的政策，即增加资金投入、改善投资环境、扩大开放、吸引人才和发展科技教育，借以吸引投资，加快西部地区的发展。其中改善投资环境政策中明确包括了有关西部地区税收优惠的政策。财政部、国家税务总局、海关总署继而出台了《关于西部大开发税收优惠政策问题的通知》，对西部12个省、市、自治区的企业所得税、农业特产税、耕地占用税、关税和进口环节增值税在一定的条件下、在一定的期限内给予减税、免税优惠。西部各省区根据上述规定精神，也先后制定和出台了各自的税收优惠政策措施。

从税收优惠实施的重点区域来看，《通知》明确规定了西部开发的政策适用范围，包括重庆市、四川省、贵州省、云南省、西藏自治区、陕西省、甘肃省、宁夏回族自治区、青海省、新疆维吾尔自治区和内蒙古自治区、广西壮族自治区。从税收优惠的对象来看，包括外商投资企业也包括内资企业，既包括外来进入企业，也包括民族地方的经认定的本地企业。从享受税收优惠的投资行业来看，主要是基础设施和基础产业、环境保护以及其他国家鼓励类产业，特别是交通、电力、电信、水利、邮政以及广播电视等。从税收优惠涉及的税种来看，与对东部外商投资企业的税收优惠相类似，包括企业所得税减免、关税和进口环节增值税、地方税如耕地占用税等优惠，具体规定为：对设在西部地区国家鼓励类产业的内资企业和外商投资企业，在一定期限内，减按15%的税率征收企业所得税；民族自治地方的企业经省级人民政府批准，可以定期减征或免征企业所得税；对在西部地区新办交通、电力、水利、邮政、广播电视等企业,企业所得税实行两年免征,三年减半征收;对为保护生态环境,退耕还生态林、草产出的农业特产品收入,在10年内免征农业特产税;对西部地区公路国道、省道建设用地比照铁路、民航用地免征耕地占用税,其他公路建设用地是否免征耕地占用税,由省、自治区和直辖市人民政府决定。对西部地区内资鼓励类产业、外商投资鼓励类产业及优势产业的项目在投资总额内进口自用先进技术设备,除国家规定不予免税的商品外,免征关税和进口环节增值税。对西部地区实行更加优惠的边境贸易政策,在出口退税、进出口商品经营范围、进出口商品配额等方面,放宽限制。与国家出台东部税收优惠政策不同的是,《通知》明确规定了对西部政策优惠(包括税收优惠)的期限,是到2010年。

上述税收优惠政策,标志着国家重点扶持区域的转变,优惠力度也是空前的,时间期限也较长,而且加上其他投资优惠如优先审批西部地区的开发项目等,无疑在一定程度上有利于西部地区投资环境的改善,增加西部在投资者区域选择上的吸引力。但是,当前西部地区的税收优惠政策有相当部分不过是将原仅适用于东部地区的税收优惠移植过来,如对设在西部地区从事国家鼓励类产业项目的企业,减按15%征收企业所得税。考虑到西部地区在其他投资环境方面存在的明显劣势,这种把东西部优惠补齐拉平的做法并不能真正起到引资西部的效果。

6.4.1.3 区域税收优惠对区域格局的双重影响

税收优惠对区域格局的影响就像一把双刃剑。一方面,区域税收优惠可以刺激地区投资,加速地区经济增长。经济学理论和国内外实证分析均证明,税收与经济增长之间有着非常密切的关联关系,尤其是税收通过影响投资直接决定着经济增长速度。如果考虑地区税收政策,那么税收还会影响投资的地区分布和企业位置的选择。克沃斯曾经计算过在中国的外国直接投资(FDI)的有效税率:合资企业中 FDI 的有效税率是 31%,合营企业中 FDI 的有效税率达 50% 以上,但享受所有税收优惠或鼓励措施的企业,FDI 的有效税率不到 5%,说明我国的税收政策在吸引外资方面有一定的作用。[①] 马拴友通过考察我国税收支出对私人投资、外商直接投资的影响,对我国的税收优惠与投资和经济增长作过实证分析,[②] 结论是政府应适当减税,积极推进税制改革。税收作为决定地区投资环境的一个重要因素,对地区投资进而对地区经济增长具有较大的影响。在地区经济发展中,经济发达地区的投资硬环境优于欠发达地区,因而即使经济发达地区包括税收在内的投资软环境同欠发达地区一致,其总体投资环境也将优于经济不发达地区。如果经济发达地区包括税收在内的投资软环境优于欠发达地区,那么其总体投资环境将大大优于欠发达地区。国际经验显示,实行投资优惠的地区经济增长普遍快于没有实行投资优惠的地区(见表 6-9)。另外,据广东省调查,1996 年全省的所得税负担率,国有企业为 23.2%,集体企业 20.79%,股份制企业 6.7%,其他企业 3.8%,外资企业 8.86%。[③] 该省各类企业税负大大低于其他地区同类型企业税负,这构成广东良好投资环境的一个重要方面。

---

① 参见 O.尤尔·克沃斯:"对在中国的外国直接投资税收的分析",《经济译文》,1991 年第 4 期。
② 参见马拴友:"税收优惠与投资的实证分析——兼论促进我国投资的税收政策选择",《税务研究》,2001 年第 10 期。
③ 参见安体富、杨文利、石恩祥:《税收负担研究》,中国财政经济出版社 1999 年版。

表6-9 1973—1985年各国(地区)经济增长率

(单位:%)

国别(地区)	投资优惠地区	投资无优惠地区	国别(地区)	投资优惠地区	投资无优惠地区
印度	8.3	5.6	新加坡	11.2	7.1
韩国	9.1	5.2	墨西哥	7.1	3.9
中国台湾(地区)	13.1	6.8	印度尼西亚	7.9	3.2
巴西	9.2	4.1	塞内加尔	4.9	2.4
泰国	9.1	5.2	加拿大	7.1	4.0
乍得	5.3	2.6	新西兰	9.2	3.9
埃及	8.1	3.6	西班牙	7.2	4.2

资料来源:联合国贸发会议跨国公司与投资司,《投资鼓励与外国直接投资》。转引自马拴友,"税收优惠与投资的实证分析——兼论促进我国投资的税收政策选择",《税务研究》,2001年第10期。

但是,另一方面,税收优惠也从多方面给区域格局尤其是欠发达地区的发展带来不良影响。

其一,税收优惠,无论是对东部沿海地区的还是对西部地区的,在减少所在地区企业税负的同时,都意味着直接减少中央或地方政府财政收入。减少中央财政收入意味着中央可支配财力的减少,间接影响政府的区域调控能力。在目前中央对地方的转移支付缺乏立法保证、其他改革目标资金需求大的背景下,也可能挤压中央的转移支付规模。据世界银行驻中国代表处1995年提交给中国财政部的一份政策评论报告提出,中国对外商投资的财税优惠政策成本很大而收效相对而言并不显著,外国企业享有比中国企业优惠的税收和关税待遇,造成了大量的政府收入损失,1995年对外国企业的财税优惠政策约占当年GDP的1.2%,损失收入约660亿元人民币。损失的财政收入所换取的利益也基本被东部沿海地区所享受了。并且由于优惠在沿海省份越来越流行,使这些省在吸引外资时有更有利的条件,从而加剧了地区间不平衡。[①] 减少地方财政收入,对欠发达地区来说,必然导致欠发达地区政府可用财力减少,意味着财政收支缺口进一步加大,直接影响欠发达地区的公共服务能力和水平。据四川省统计显示,该省从 2001 年起执行西部大开发税收优惠政策,对国家鼓励类产业的内资企业和外商投资企业,在 2001 年至 2010 年期间,减按 15% 的税率征收企业所得税。而符合该条件的内资企业和外商投资企业较多,因此,内资企业和外商投资企业所得税的实际税负将在 2000 年的基础上大致减半。2000 年度企业所得税税源调查资料显示,企业所得税减免额为 29.94 亿元,投资抵免额为 3 526.4 万元,所得税先征后返额 3.33 亿元,即征即退 196.3 万元,列收列支 3 098.05 万元。如果四川省执行西部大开发税收优惠政策,企业所得税减免将从 2001 年起在以上基础上大幅度增加,从而导致企业所得税收入相应减少。此外,四川省是农业大省,农业特产税、耕地占用税在税收收入中的比重不小,对西部退耕还林还草产出的农业特产收入,自取得收入年份起 10 年内免征农业特产税,对西部地区公路国道、省道建设用地,比照铁路、民航建设用地免征耕地占用税。[②] 2004 年起已取消农业特产税,2005 年开始免征农业税,也将相应减少其税收收入。可见,在中央财政对西部欠发达地区的转移支付不考虑税收优惠成本的情况下,税收优惠必将造成欠发达省份

[①] 转引自贾康、白景明:《财政与发展》,1995 年 8 月,第 187 页,专栏 21"中国对外商直接投资的税收政策——世行驻中国代表处经济政策评论要点"。

[②] 参见谢维勤、马佳、白明青、陈雄:"西部大开发税收优惠政策研究",《财政研究》,2003 第 7 期。

财政能力的削弱。因此,国家对西部地区减免税收的空间是有一定限度的。

其二,若综合考虑目前享受区域税收优惠的地区覆盖面,对东部和西部的税收优惠,显然不利于中部地区,后果必然是中部地位的进一步跌落,近年来中部地区相对地位的下降(第2章已有描述)已经值得关注,长此以往,必然造成新的区域非均衡局面出现。还有,目前东西部地区同时实行区域税收优惠的做法,形成两个地区的事实上的税收优惠竞争,而西部地区在投资的其他软硬环境上的劣势,使得对西部欠发达地区的税收优惠必然受东部优惠的冲击而打折扣。因此,东西部同时实行区域税收优惠的做法必须作出调整。

其三,实践操作过程的复杂性和非规范性对财政收支和预算执行造成影响,出现规范审批与单户运作的矛盾。企业享受西部大开发税收优惠,必须履行规范的报批手续,对企业是否属于国家鼓励类产业、主营业务收入是否超过企业总收入的70%等资质和条件,根据不同税种、不同行业进行分别审核。目前,税收优惠审批普遍存在"一户一批"、"一户一策"、单户运作问题,了解该税收优惠并具备条件的企业单独申请,主管部门对其进行审核后也单独审批,且批准优惠期限存在一定的主观随意性。为了规范审批程序,国家税务总局《关于落实西部大开发有关税收政策具体实施意见的通知》作出了详细的规定,确立了"企业自行申请,税务审核确认"的审批模式。但是,该办法没有将财政部门纳入审核主体,致使同级财政部门对税收优惠带来的减免税额无法掌握,对财政收入无法进行科学预测和分析,从而在一定程度上影响财政收支和预算执行情况。

鉴于税收优惠对区域均衡格局的双重影响和目前我国东西部并

存的区域税收优惠政策,笔者认为,可以从短期和长期分别着手。

在短期内,到2010年,从促进地区经济协调发展出发,我国有必要以构造欠发达地区的税收优势为目标对地区税收政策作适当调整,以促进其加快经济发展步伐。具体说来,我国应在逐步取消多层次企业所得税优惠(主要是涉外企业所得税优惠)基础上,确立以对欠发达地区的企业提供所得税优惠为主的地区税收优惠。[①] (1)清理或取消集中于东部经济发达地区的各种税收优惠政策,并在一定期限内保留或适当增加对西部地区的税收优惠。(2)地区税收优惠应同产业税收优惠紧密结合,并坚持产业优惠为主导(在全国范围内实施),兼及地区优惠(在部分地区实施)的指导思想。通过优化产业结构提高经济效率,通过促进经济不发达地区加快经济发展步伐、缩小地区经济发展的差距来求得地区经济协调发展。打破现行按照所有制差别给予税收优惠的办法,逐步实行以产业差别优惠为主的税收优惠政策,国家对西部地区的税收优惠,应把着重点放在农业、能源、交通等基础产业,以及特色产业和高新技术产业等方面。(3)注重优惠形式和税种结构的多样化,更多考虑采取如投资抵免、再投资退税、加速折旧、延期纳税、提取风险准备等间接税式支出方式。可考虑对投资西部的高新技术企业、环保企业适当提高折旧率,以加速资本回收;对西部企业用于研究、开发、实验、推广的费用进行投资抵免;允许西部企业从产品销售额中提取一定比例的风险准备金;对投资于西部基础设施建设、环境保护以及农业开发的企业,延长亏损弥补期限;对企业的再投资收入予以退税,以鼓励资本扩张;对西部地

[①] 按照 WTO 协议要求,对东部沿海地区不同企业的优惠必须作出调整,而对特定欠发达地区的税收优惠不违背相关协议。

区的公益性捐赠支出适当提高扣除比例,甚至全额扣除。(4)为提高国家对西部税收优惠政策的实施效果,今后对西部地区应坚持区别对待、分类指导的原则,对中心城市区、资源富集区、贫困地区、边境地区和生态脆弱地区等宜采取不同的优惠办法。为提高税收支出的效果,避免优势平摊、分散财力,税收优惠必须突出重点,不妨借鉴东部设立"经济特区"的做法,重点支持一部分条件比较好的地区,培育和依托中心城市,带动区域经济发展,加速西部地区的城镇化和工业化。西部大开发,要依托亚欧大陆桥、长江水道、西南出海通道等交通干线,发挥中心城市作用,以线串点,以点带面,逐步形成我国西部有特色的西陇海兰新线、长江上游、南(宁)贵(阳)昆(明)等跨行政区域的经济带,带动其他地区发展,有步骤、有重点地推进西部大开发。

从长远来看,按照公平竞争和统一税制的要求,应当实现包括税收优惠在内的所有税收政策在各地区的统一实施,因而地区税收优惠应逐步取消,代之以对投资环境的改善。世界银行驻中国代表处提交的报告也建议取消对外商直接投资的税收优惠,认为这不会使中国多损失什么。[①]

6.4.2 其他激励形式

在我国改革开放进程中,除中央财政直接投资和区域税收优惠外,中央投资权限的倾斜也是影响区域间的资本流动、各区域投资总量及其变化的重要因素。改革开放初期,中央除直接投资向东部倾

---

① 转引自贾康、白景明:《财政与发展》,1995年8月,第187页,专栏21"中国对外商直接投资的税收政策——世行驻中国代表处经济政策评论要点"。

斜外,还运用了经济计划、投资配额、项目审批等手段来影响投资的水平、结构和方向。尤其是在双轨制时期,中央政府对沿海地区的投资权限下放,规定除特大型项目需报请国家计委和国务院审批外,其他项目均可自主审批。但同一时期对其他地区却仍实行严格的审批制度。这直接构成东部沿海地区改革开放以后非国有固定资产投资迅速增长的一个体制因素,也是地区差距尤其是东西部投资差距的重要原因。就东部地区发展的成功经验而言,相比较于直接享受中央政府财政投资所带来的效果,中央政府在财政、金融、外贸等政策和体制上所给予东部地区的各种优惠政策的软投入所带来的实际成效要大得多。投资权限优先向东倾斜,加上东部较好的经济发展初始条件,使得东部率先进入经济增长的快车道,从而对中西部的后续发展也产生了深远影响。随着中央区域政策的向西倾斜,政策环境也逐步得到调整,一系列有利于西部投资的政策也相继出台,如西部投资项目优先审批,《外商投资产业指导目录》和《中西部地区外商投资优势产业目录》(尤其是后者)的发布与调整等等,对西部地区吸引外资和其他地区资本,配合中央投资的直接拉动,也将发挥合力作用。但由于市场经济体制的逐步确立,政策作用的逐步规范,西部开发虽然在某种程度上拷贝了原来对东部地区所实行的政策倾斜,但不可能再享受东部地区曾经拥有过的政策软投入。产业政策的引导将逐步取代过去的投资权限倾斜,发挥对外部资本进入中西部地区的引导作用。

　　从国际经验来看,还有其他多种经济刺激形式可供我国选择采用。包括工业投资补贴、贷款贴息、信贷担保、土地征收和抵偿、低价出租或出售厂房、运费调整和补贴、特别折旧率、技术援助、培训和信息咨询服务以及租金补贴、居住区调整补助、社会保险支付特许权、就业或工资补贴等等。① 最常使用的是投资补贴和贷款贴息。

在我国,如果采用企业西部投资补贴方式,通过政府补贴将西部欠发达地区的资本利润率提高到接近发达地区或者全国的平均水平,有利于民间资本和外资的西进;国家对基本建设政策性贷款项目实行财政贴息,对引导和支持社会资金投向基础设施和基础产业发挥了重要作用。中央应加大对西部财政贴息的力度,并逐步扩大产业范围。当前,可以考虑对西部地区重大基础设施和基础产业基建项目、资源综合利用项目、"三线"军工企业和单一性资源城市的大型国有企业技改项目贷款给予一定的财政贴息,以引导民间资本到西部发展基础设施、基础产业和高新技术产业,发挥现有资产存量的优势,加快资源性城市产业结构调整和军转民的步伐。显然,实行企业西部投资补贴和财政贴息的办法,中央可以充分发挥市场机制的作用,只要使用少量的资金,就可以吸引大量的社会民间资本来参与西部地区的开发,从而起到"四两拨千斤"的作用,而且有利于西部"内生"投资能力的增强。

另外,按照目前国家对西部地区优惠政策规定,对西部地区实行更加优惠的边境贸易政策,在出口退税、进出口商品经营范围、进出口商品配额等方面放宽限制。

6.5 小结

● 从理论上来说,与转移支付直接作用于地方政府财力相比,

---

① 参见陈耀:《国家中西部发展政策研究》,经济管理出版社 2000 年版,第 73 页,表 3-3"区域发展援助方式及工具分类"。

政府投资既能带动地区经济增长，又能改善和提高地区公共服务水平，可以同时直接缩小地区经济差距和社会发展差距。因此，政府投资在政府调控支持系统中具有不可替代的作用。但由于政府投资的领域和范围以弥补市场失灵为界限，而且基础性和公益性项目中有些存在一定程度的竞争性，所以政府投资手段的应用必须保持适度规模。中央政府直接投资模型的构建和数据模拟也证明，中央投资达到一定规模（政府调控总规模的65%）后，其作用将趋于稳定。

● 关于中国的政府直接投资，一直备受理论界争议。争议焦点在于政府投资效益不高和对民间投资是否存在"挤出"效应。应该说，无论是改革之初开始的向东南沿海倾斜，还是20世纪后期开始的向西部地区倾斜都证明，中央财政的直接投资，作为政府调控区域关系的一大手段，对区域均衡及其变动的影响力（或正或负）十分明显。目前中央政府投资从战略布局上已经逐步西移，有利于西部开发投资的软环境也正逐步建立。从中央政府预算内财政投资及其政策角度来看，总体上是有利于缩小区域差距的。但随着公共财政框架的确立和中央投资占全社会固定资产投资的比重的显著下降，财政投资作为均衡地区发展水平的手段，其操作空间和地位也在下降。在此前提下，今后中央政府宜将中央投资主要集中于公共服务，明确各地区的投资比例，并改善投资效率。

● 国债投资作为政府财政投资的一个相对独立的部分，在积极的财政政策背景下，在拉动经济增长的同时，很好地兼顾了区域间的均衡，国债投资表现出明显的向西部倾斜。但国债工具的运用受到宏观经济背景、国债发行规模及财政风险的限制。从国债的财政资金属性和短期对政府预算的突破来考虑，宜将国债资金投资与预算内投资合并考虑，同时改变目前中央发债、地方用债的方式，适当赋予地方公债发行权,并加强对国债项目的财政监督。

● 除中央直接投资外,还存在与投资相关的众多投资激励形式。从国际和我国改革开放以来的经验看,税收的地区优惠、投资权限的地区倾斜都对投资的区位选择和地区经济增长具有重要影响。其他形式如企业西部投资补贴和贷款贴息等,也可以考虑选择。

第7章 政府财政支持系统(Ⅲ)：政府财政扶贫

区域经济的非均衡发展与贫困的发生直接相关,贫困地区大多数集中在经济落后的地区。因此,扶贫对于实现区域间的均衡发展可以直接产生作用。① 中国政府制定的反贫困战略是一种政府主导型战略,财政扶贫举足轻重,以空间分布来制定扶贫战略又构成中国政府扶贫的一大主要特征。因此,本书在讨论了转移支付和中央直接投资之后,还将考虑财政扶贫。本章从作为政府区域调控财政支持系统工具的角度考察,同样主要涉及中央政府的财政扶贫行为。②

7.1 财政扶贫与欠发达地区发展

关于财政扶贫与欠发达地区发展问题,理论上必须回答的问题是非市场力量介入反贫困的理论依据和相应的反贫困主体的现实选

---

① 严格地说,扶贫(包括财政扶贫)不是政府调控区域非均衡状况的专门工具和手段,因为扶贫的指向应该是整个国家的贫困人口,而不局限于贫困地区。不仅如此,从国内外经验来看,政府的反贫困战略通常是一种包括财政扶贫在内的综合性战略措施体系。

② 作为综合性财政措施体系,财政扶贫必然涉及前面第5、6章已讨论过的政府间转移支付和财政投资及对贫困地区的税收优惠,在本章不作重点讨论。本章主要考察国家扶贫专项资金包括发展基金、以工代赈、财政贴息等对区域均衡发展的影响。从方式来看,主要涉及的是开发式扶贫。

择问题。我们可以从发展经济学和公共部门经济学理论找到依据。发展经济学有关贫困的理论,如纳克斯的贫困恶性循环理论、纳尔逊的低水平均衡陷阱理论、莱宾斯坦的临界最小努力理论等都证明,没有外部非市场力量的介入,贫困地区无法走出贫困的恶性循环。①公共部门经济学已经证明,在市场经济中,反贫困行为是一种对社会具有普遍正效应的行为,是一种公共产品。一方面,它既可以通过对贫困地区基础设施的建设及资金、政策的投入使贫困人口直接受益,同时该地区非贫困人口也可以从中获益,从而全体社会成员都可以从反贫困行动中、从贫困的缓解乃至消除中获得心理上的满足。②另一方面,随着贫困现象的减少,社会秩序将有所好转,社会动荡有所减缓,经济将更趋于繁荣。社会秩序的好转可以使人们从良好的社会秩序中获得安全感,享受稳定的生活;经济的繁荣可以进一步增进人们的社会福利。这些都是反贫困的行为给社会带来的正效应。所以,虽然在市场经济中,反贫困可能由市场和政府两个主体来承担,但市场主体是按利润最大化的市场原则对私人产品进行投资,只有政府才可能按社会利益原则提供公共产品。因而,政府对组织和实施反贫困行为具有不可推卸的责任。进一步地,政府作为反贫困的主体,政府与财政的关系、财政的职能在某种程度上又决定了政府采取财政扶贫方式解决欠发达地区发展问题的必然性。不仅如此,实践中,联合国开发计划署《1995年人类发展报告》公布的127个国家贫困状况统计资料表明,尽管一国的经济发展水平对贫困状况有重要影响,但它不是唯一的影响因素,政府的行为对贫困状况具有重

---

① 参见孟春:《中国财政扶贫研究》,经济科学出版社2000年版,第2章。
② 本书第3章所介绍的外部性的特殊类型——个人间相互依存的效用函数理论可以解释这一问题。

大影响，有时甚至是决定性的。中国始于20世纪80年代中期的反贫困行动就是对上述结论的最好验证。从中国反贫困的政府性质出发，财政部作为政府主要的综合经济职能部门之一，通过制定财政支出计划和税收政策对缓解贫困发挥了重要作用。

7.1.1 财政扶贫的区域均衡意义

我们可以从两个层面来分析财政扶贫的区域均衡意义。

首先，从一般层面而言，政府的任何反贫困措施由于存在对社会中贫困群体的瞄准机制，都毫无例外地会对区域均衡发展产生或直接或间接的积极影响。

从国际经验来看，无论政府采取何种反贫困措施，无论政府反贫困措施的客体指向是贫困区域还是贫困人口，都会或多或少地有利于提高社会整体福利水平，缩小贫富之间的差距。所得税、转移支付制度及社会保障制度等是对收入进行再分配的主要财政手段。累进的所得税和对个人的转移支付制度有利于缩小社会的收入分配差距，使贫困人口受益；面向贫困者的社会保障计划可以保障其最低生活，可以向贫困人口提供初等教育和初级医疗保健服务，增加他们的人力资本存量，提高劳动生产率。因此，政府可以有力地改变贫困群体的教育、卫生和营养状况，所有这些反贫困措施即使不是直接针对贫困地区的，但由于对贫困人口的瞄准和贫困发生的自身规律，同样会间接对区域均衡发生影响。

而政府的扶贫专款，即财政扶贫，大多都是主要面向农村地区和贫困人口集中的地区，以农村地区为主。如墨西哥联邦政府扶贫专款，印度在20世纪70年代陆续颁布的少数民族地区开发计划、山区开发计划以及农村综合开发计划，韩国的"新村运动"。泰国的第五个国民经济和社会发展计划(1982—1986)的大部分项目也直接面向农村地区和贫困人口较多的泰国北部、东北部、南部的部分地区,其第八个计划(1997—2001)重点转向农村人力资源的发展和对环境的保护。马来西亚政府在1971年制定的新经济政策计划(NEP)的重点也放在提高农民的生活水平上,特别是注重改善以马来人为主体的赤贫状况。欧盟的结构基金在目标区域的分配也主要指向欠发达的成员国。[1]

墨西哥联邦政府扶贫专款,作为联邦政府所有46项开支中最大的预算项目之一,主要通过地区发展和就业基金会以及城市社会发展基金会,直接用于贫困地区的各项投资,如基础设施的建设,对地方企业的补助和培训,扶贫款的管理、使用跟踪和控制,农村住房条件的改善,对各类生产的支持以及城市设施、上下水道、供电、交通、基础教育、教育结构改善、卫生设施等建设项目,因而,对缩小地区差距、实现地区均衡发展会产生直接影响。

印度从"五五"计划(1975年)开始的直接扶贫计划中有专门针对农村地区的一系列扶贫计划,包括农村综合开发计划、农村青年自就业培训计划、农村妇幼发展计划、国家农村就业计划、农村无地农民就业保障计划、JRY创造就业机会计划。除此以外,印度还先后实施过一系列的农村扶贫计划,如百万口井计划、区域开发计划、农村供水计划、沙漠开发计划、山区开发计划、过剩土地分配计划、易旱地区农业发展计划等。有些计划目前仍在继续实施。其中,农村综合开发计划是印度目前的骨干扶贫计划,开始于1979年,主要是扶持

---

[1] 此部分资料除注明外,其他参考了孟春《中国财政扶贫研究》相关部分,经济科学出版社2000年版。

年收入在 3 500 卢比(1978—1979 年价格)以下的贫困农户。扶持包括两个方面：一是提供利息为 10% 的银行贷款；二是给予政府津贴,根据受益人的社会和职业状况差异,津贴额度为扶持总额的 25%—50%。津贴不给现金,而是与津贴等额的资产。所需资金由中央政府和邦政府各出 50%。"七五"期间,该计划共提供信贷 537.3 亿卢比,提供政府津贴 331.6 亿卢比,扶持农户达 1 817.7 万户。农村青年自就业培训计划、妇幼发展计划等分别瞄准农村自就业(后扩展到有薪)青年、妇幼、无地农民等不同贫困层次的人群进行扶助,还实行了与中国以工代赈扶贫类似的农村就业计划等等。上述计划的实施收到了较好的减贫效果。[①]

欧盟虽然是全球最为富裕的经济体之一,但成员国之间、成员国各地区之间的经济发展与收入水平并不平衡。为解决这一问题,欧盟早自 20 世纪 70 年代便确立了地区发展政策和基金,专门用于对落后地区的扶贫开发援助。近三十年来,欧盟的结构基金在缩小欧盟内部的地区差、维持欧盟统一大市场的稳定方面发挥了重要作用。在欧盟 1994—1999 年的"六年规划"中,其结构基金总额达到了 1 550 亿欧元,占到了同期欧盟共同预算的 1/3。从欧盟结构基金的使用来看,全部用于"六类目标"："一类目标",是指人均 GDP 低于欧盟平均水平 75% 的地区,这些地区包括了欧盟 26.6% 的人口,投入金额约占基金总额的 68%；"二类目标",用于工业衰落地区的经济转型和结构调整,该目标的投入占基金总额的 11%；"三类目标"用于解决长期失业问题；"四类目标"是实行职业培训,帮助人们适应经济结构变化；"五类目标"有两个子目标,之一是促进农业和渔业地区的结

[①] 参见曾豫湘："印度政府的扶贫计划",《全球科技经济瞭望》,1997 年第 6 期。

构调整,之二是促进农村地区经济多样化和产业结构升级;"六类目标",是帮助奥地利、芬兰和瑞典的人口稀少和偏远地区。面对欧盟不断东扩所带来的经济发展不平衡问题的加剧,欧盟在其制定的2000年议程中,又提出了总金额为1 950亿欧元、使用期为2000—2006年的"七年规划",并决定大大削减给予援助的地区,即将以往的六类援助目标减少至三类,以更为集中地使用资金。调整后的"一类目标",是促进人均GDP低于欧盟平均水平75%的落后地区的经济发展和结构调整,原"六类目标"的人口偏远地区也包括在内,该类地区人口占到了欧盟总人口的22.2%,投入金额约占基金总额的69.7%;"二类目标",是支持经济转型和结构调整地区的经济和社会发展,包括城市困难地区、不景气的渔业区等,这类地区的人口占欧盟总人口的18%,所占资金比例为11.5%;"三类目标"是支持受援地区的教育、培训与就业政策,所占资金比例为12.3%。[①] 由于欧盟结构基金的使用较大比例地面向落后地区、农渔业地区和人口稀少的偏远地区,其区域均衡作用也十分明显。

马来西亚政府针对20世纪60年代经济高速增长的同时出现的城乡间、地区间和民族间的收入差距问题,在1971年制定了新经济政策计划(NEP),其目标是通过政府的积极干预,实现经济社会的均衡发展,在发展中消除贫困。政策的重点也放在提高农民的生活水平上,特别是注重改善以马来人为主体的赤贫状况。不仅如此,在新经济政策计划期间,政府预算也相应增加了扶贫支出,扶贫支出在政府预算中的比重于1971—1975年期间达到23.7%,1976—1980年期间达到22.9%。到1990年,该国的赤贫人口已经降到4%,新经济

---

① 参见田帆:"欧盟'扶贫'",《瞭望新闻周刊》,2003年7月28日,第30页。

计划取得了巨大成功。在新经济计划之后,马来西亚政府进一步制定了1990—2010年的新发展计划(NDP),将扶贫战略重点转移到:消除各民族的绝对贫困,减少相对贫困;致力于解决社会就业问题和注意解决计划生育问题;依靠民营力量调整发展结构;大力开发人才资源。经过二十多年的努力,到1993年,总贫困率降为13.5%,其中,乡村贫困率、城市贫困率分别降为18.6%、5.3%,赤贫率降到3%;而1970年马来西亚贫困人口占马来半岛全部家庭的49.7%,其中,乡村占58.6%,城市占24.6%。

其次,从中国财政扶贫的独特特征来看,其区域均衡影响是直接的。

财政扶贫对一国区域间的均衡发展到底能起到多大程度的作用,取决于该国贫困的主要特征和政府反贫困战略中财政扶贫力度的大小。关于贫困及其界定,理论界从不同角度进行了讨论,有绝对贫困和相对贫困、农村贫困和城市贫困、收入型贫困和人类贫困、区域(社区)贫困和贫困人口贫困、短期贫困和长期贫困、物质贫困和精神贫困等划分和识别。绝对贫困的概念最早由英国的朗特里(Rowntree)和布思(Booth)提出。他们认为一定数量的货物和服务对个人和家庭的生存和福利是必需的,缺乏获得这些货物和服务的经济资源或经济能力的人及家庭的生活状况,即为贫困。相对贫困是根据低收入者与其他社会成员收入差距来定义的贫困,是通过社会收入的比较来确定生活质量差距的一个概念。正是由于这种相对性的存在,此类贫困在被确定时,才表现出明显的主观性特征。贫困的衡量首先包括绝对贫困,同时也涉及相对贫困的问题。利用绝对贫困线还是相对贫困线来测量一个国家的贫困程度,在很大程度上除了取决于该国的经济发展水平和收入分配的不平等程度,还涉及测度方法的可行性。收入型贫困,类似绝对贫困,通常也是从人类一定时期的基本生活需求度的满足层次来界定。而人类贫困是包括了联合国开发计划署提出的人类指标在内的对贫困的衡量,不仅包括收入,也包括非收入福利方面。[①] 人类贫困与收入贫困的确存在着明显的关联。缺乏基本教育和医疗服务的机会,不仅阻碍了人们提高收入,而且也会威胁到收入型贫困的减贫成绩,从而不利于长期的经济增长。区别于发达国家受经济波动影响、贫困以城市贫困人口的短期贫困为主的特征不同,发展中国家包括中国,虽然也存在城市贫困人口问题,但主要以区域贫困尤其是农村地区贫困为主,且具有长期性。在区域层面上定义贫困,主要关注的是生态环境恶劣所导致的长期性贫困。对于贫困的不同界定方式直接影响贫困人口的生活状况,也影响政府的反贫困方式的选择。

从中国政府的贫困线划分和扶贫历程来看,中国的贫困特征表现为:(1)无论是在改革开放前,还是改革开放以来,我国都还处在关注绝对贫困的层次上,贫困线也是围绕着解决或缓解绝对贫困问题而设定的。直到1994年颁布的《国家八七扶贫攻坚计划》和1999年颁布的《城市居民最低生活保障条例》,都还是按照满足生存条件的最低标准划定的。这反映了现阶段的中国国情,也反映了发展中国家贫困本质的内涵。(2)与此相应地,中国政府一直运用相对狭窄的收入型贫困概念来衡量贫困,评估贫困的情况和趋势,以及采取针对性的反贫困措施(UNDP驻华代表处,2003),无法顾及精神贫困层面,以人类发展指数衡量的人类贫困更为严重。(3)与发达国家相比,改革开放以来,尽管随着国有企业改革的深入,中国也出现了城市新贫

---

① 本书第2章已有具体介绍和应用。

困群体的短期贫困,但总地来说,中国的贫困更多地表现为以农村贫困、区域性贫困为主,且属于未开发的长期性贫困。根据李实、古斯塔夫森对中国20世纪80年代末期贫困规模和程度的测算结果显示,在全部贫困人口中,农村所占的比例为99.34%,城镇为0.66%。从绝对数上看,如果按1988年的农村人口为8.236亿、城镇人口为2.866亿来计算,那么全国相对贫困人口中有1.45亿人在农村地区,103万人在城镇地区。由此我们不难作出判断,在80年代末期,中国的贫困主要发生在农村地区,与农村的贫困相比,不论从贫困规模上看,还是从贫困程度上看,城镇的贫困都微不足道。(4)贫困程度不仅在城乡之间存在着差异,在农村的不同地区之间也存在着显著的差异。他们的测度结果也显示,东部农村的贫困程度是最低的,西部农村的贫困程度则最高。两者相比,西部农村的贫困发生率比东部农村高出17个百分点。[1] 从地区分布上看,贫困人口主要集中在自然条件差、经济发展水平低的地区。中国政府20世纪90年代中期确定的592个重点贫困县,绝大多数分布在中西部的深山区、石山区、高寒山区、黄土高原区、荒漠区、地方病高发区和水库库区等自然条件恶劣的农村。另外,随着中国改革开放的深入,城镇贫困人口分布也表现出一定的地域规律特征,如东北老工业基地。可见,当前中国贫困的特征表现为绝对贫困与相对贫困、收入型贫困与人类发展指数贫困、农村与城市、欠发达地区与发达地区贫困、物质贫困与精神贫困同时并存,但以欠发达地区农村(仅以收入型贫困衡量)的绝对贫困为主。中国农村的贫困问题是历史上长期形成的,贫困面积

---

[1] 参见李实、古斯塔夫森:"八十年代末中国贫困规模和程度的估计",《中国社会科学》,1996年第6期。

大、贫困人口多、贫困程度深是过去相当长一个时期中国贫困地区的主要特征。

这种长期以来的大面积农村区域性绝对贫困特征决定了政府大规模扶贫运动表现出鲜明的区域指向特征。体现在,中国自改革开放以来的扶贫战略主要采取的是区域扶贫模式,即以区域为基本扶贫对象,通过改善社区条件,发展社区生产和经济,推动地区贫困人口脱贫致富的扶贫模式。对贫困地区的扶持在我国主要是指对贫困县的扶持,从某种意义上来说,中央政府大规模的扶贫运动主要是针对592个贫困县的减贫展开的,主要瞄准的是国家级贫困县的脱贫目标。[①] 以空间分布来制定扶贫战略是中国迄今为止走过的扶贫道路的主要特征之一。尽管这种区域指向的扶贫战略受到国内外理论界和组织的广泛批评,但这一战略必然会对区域均衡产生直接影响。

到2000年,国家"八七扶贫攻坚计划"的如期完成,标志着中国扶贫开发工作进入了一个新的历史阶段。普遍性的极端贫困状态在中国已经成为历史,取而代之的则是越来越多的城乡居民进入小康乃至富裕阶层和中西部集中连片的区域性贫困。从这个意义上讲,解决贫困地区群众的温饱,扶持他们脱贫致富,就是逐步缩小东西部发展差距的问题。为此,中央政府制定并颁布实施了《中国农村扶贫开发纲要(2001—2010)》,提出了今后扶贫工作的奋斗目标。纲要根据当前西部12个省、市、自治区目前仍属经济欠发达地区,生态环境脆弱,基础设施落后,产业结构单一,群众生活困难,经济和社会发展水平大大滞后于全国的区情和新时期扶贫开发的奋斗目标和主要任

[①] 与此同时,各省份也确立了省级贫困县。

务,明确了在新时期贫困地区的贫困人口仍将是中国政府扶贫战略的主要对象。这表明在相当长的一段时间内中西部特别是西部地区仍将是中国扶贫开发工作的重点地区,还将保持一定程度的区域指向。

除鲜明的区域性指向外,中国扶贫战略还表现出扶贫战略主体的单一性特征。20世纪80年代中期以来的大规模扶贫运动属于政府主导型,以政府财政扶贫为主体。虽然近年来出现了非政府组织扶贫(NGO扶贫),国际组织如世界银行在华参与扶贫项目,以及境外政府和民间组织扶贫,且效果十分显著,但总体上,其涉及范围、投入资金规模十分有限,相比而言中央政府的财政扶贫一直是主角。

尽管中国的上述贫困和反贫困特征引来广泛的批评(主要是因为收入型贫困定义忽略了贫困和福利的非收入特征。作为贫困指示器的收入水平,仅仅可以反映贫困变化的部分方面,但却隐藏了中国转型时期不断增加的复杂的贫困特征,扶贫指向区域而非直接的贫困户,无法应对转型时期出现的新的城市分散型贫困等),但贫困和扶贫的这种突出的区域指向,从政府意愿角度来讲,是试图通过促进贫困地区的整体发展来改变贫困地区贫困人口的贫困状况,是直接有利于区域间的均衡发展的。而以财政扶贫为主的政府主导型扶贫模式也使得财政扶贫在政府区域均衡支持系统中发挥着不可替代的作用。

7.1.2 财政扶贫的区域均衡机制

财政扶贫资金的不同性质和财政扶贫的不同方式,决定了其不同的区域均衡机制。中外政府的财政扶贫包括政府间的转移支付制度、税收优惠以及政府专项扶贫资金等综合措施体系。转移支付制度、税收优惠等在前面相关章节已经作过讨论,这里主要讨论政府专项扶贫资金及其运用方式的区域均衡机理。

7.1.2.1 政府专项扶贫资金的性质与区域均衡

政府专项扶贫资金的不同性质具有不同的作用机制。

自中国政府20世纪80年代中期开始实施具有针对性的反贫困战略以来,先后以中央财政为主设立并实施过一系列扶贫开发专项基金,主要包括以下几个部分:(1)支援经济不发达地区发展资金(简称财政发展资金)。1980年开始设置,每年安排5亿元,用于经济不发达的老少边穷地区,以后年度根据财力情况,逐步增加到占中央财政支出的2%。设立该项资金,旨在帮助经济不发达地区加速开发建设,防止地区间因实施财政包干体制、分灶吃饭而可能出现的区域发展的不平衡。分配对象是"老少边穷"地区,当时确定16个省区,但截止到1991年,除京、津、沪三大市以外,其他省区都不同程度地享受到此项专款。1980—1998年中央财政累计投入该项发展资金156.6亿元。1986年起财政设置了"预算扶贫基金",1990年起又设立了"少数民族地区温饱基金",以有偿使用为主,由此进一步扩大了支援不发达地区的发展资金。(2)以工代赈资金。以工代赈计划,始于1984年末,是针对贫困地区基础设施落后和劳动力利用不充分的情况而实施的扶贫计划。以公共投资的方式实施,旨在利用贫困地区的剩余劳动力资源兴建基础设施。在80年代以修筑道路、农田基本建设、水利工程和人畜饮水工程为主要内容。政府实施该计划是希望通过这些项目的实施,有效地改善贫困人口的生存环境,为当地的经济增长提供必要条件,并使贫困者在计划执行期间获得短期就业机会和非农收入。1985—1998年国家财政累计安排以工代赈资金299亿元。(3)财政扶贫贷款贴息。从1986年开始,中央政府开始实施针对国定贫困县的大规模贴息贷款计划,后来成为贫困地区最大和最重要的信贷扶贫计划。其主要目标是为贫困地区和贫困人口的生产活动提供信贷支持,扩大贫困地区的直接生产能力,以促进贫困地区的经济发展。贴息贷款的使用方向在各个阶段有所不同,但项目不得用于生活消费。从已经实施过的两种做法的效果来看,直接发放给农户的贷款项目,其扶贫效果好于由当地政府及其下属经济实体承贷并兴办的项目;用于农业开发的项目(包括种植业、养殖业、林业等),其扶贫效果好于工业项目。据统计,到1999年,全国投入的资金总量达30亿元,覆盖240多万贫困农户(UNDP驻华代表处,2003)。同时,中国小额信贷的试点推广初步实现了本土化和规范化,进入了扩大范围、规模的新阶段。除此之外,中央财政从1983年开始设立"三西地区发展基金"即三西地区农业建设专项资金,中央每年安排2亿元,专门投放于全国集中连片的最为贫困的地区(甘肃河西地区、定西地区和宁夏的西海固地区),用于各种基础设施、自然环境的生态工程、移民基地建设、区域经济开发以及科技推广和服务体系建设等方面。它是开发性更灵活、区域性更明显的专项资金。为加大对少数民族地区的扶持力度,中央政府不仅将扶贫资金的分配重点向西藏等五个自治区以及云南、贵州、青海等少数民族人口较多的西部省份倾斜,还专门安排"少数民族发展资金",以解决少数民族地区的特殊困难和问题。据统计,从1994到2000年,国家共向内蒙古、广西、西藏、宁夏、新疆五个自治区和贵州、云南、青海三个少数民族人口较多的省投入资金432.53亿元,占全国总投资的38.4%。其中,财政资金194.15亿元(含以工代赈资金127.22亿元),占全国的40%;信贷资金238.38亿元,占全国的37.8%。在西藏,近六年来,国家和地方政府先后投入资金12.2亿元,实施了多个扶贫开发建设项目。①

上述各类政府专项扶贫资金,从性质上讲,属于政府专项转移支付,是政府间转移支付资金的一部分。如第5章所述,专项拨款对受补地方政府主要产生替代效应。由于专项补助的突出特征在于规定了转移支付的具体用途,地方政府必须依照中央政府的要求将专项补助如数用于提供指定的公共产品,因此会扩大受补地方政府的某一特定的公共产品支出,但并不会对受补政府的其他支出产生直接影响。我国财政扶贫各类专项基金,在来源、管理方式、使用结构和政策目标上都各不相同。除财政发展资金的一部分作为维持贫困地区政府正常运转的生存补贴外,其他大多具有专门用途。贷款贴息计划的主要目标是为贫困地区和贫困人口的生产活动提供信贷支持,以工代赈资金多以实物支出的方式补偿贫困农户所投入的劳动。财政发展资金的另一部分是支持地方的支柱产业、道路、通讯和教育设施等建设项目的发展。因此,扶贫专项基金涉及对贫困地区生产发展支持、基础设施改善以及贫困人口就业的安排。

不仅如此,还应该注意到,在我国扶贫实践中,专项转移支付制度并没有容纳全部的财政扶贫资金。财政扶贫资金中的一部分是不能纳入专项转移支付制度进行统筹管理的。因为财政通过转移支付安排的资金是无偿性的,而目前中央财政每年安排的扶贫资金中还有一部分(扶贫信贷资金)是有偿使用的。随着扶贫小额信贷在贫困农村地区的推广,有偿使用的资金比例有加大趋势。按资金使用的

---

① 参见《中国的农村扶贫开发》白皮书,新华网,2001年10月15日。

性质,有偿使用的财政扶贫资金未能纳入专项转移支付制度范围之内,而这部分资金主要投向农户种养业、县级以及县级以下经济实体。虽然各阶段的具体投向不同,或农户或实体,或种养殖业或工业,但都涉及微观企业形式。因此,与转移支付等手段相比,财政扶贫对特定目标区域的影响涉及主体是多元的,不仅包括目标区域政府,也包括其范围内的企业和农户个人。

7.1.2.2 财政扶贫的不同方式与区域均衡

不同扶贫方式的选择也直接产生不同的作用机理。

《中国的农村扶贫开发》白皮书将中国的扶贫历程划分为三个阶段。第一阶段:体制改革推动扶贫阶段(1978—1985年)。这一阶段的减贫成就主要来自于自1978年开始的土地经营制度的变革,即以家庭承包经营制度取代人民公社的集体经营制度以及农产品价格的逐步放开和乡镇企业的蓬勃发展。这些改革促进了国民经济快速发展,并通过农产品价格的提升、农业产业结构向附加值更高的产业转化以及农村劳动力在非农领域就业三个渠道,将利益传递到贫困人口,使贫困农民得以脱贫致富,农村贫困现象大幅度缓解。同时,这一时期政府对贫困地区及人口的帮扶以传统的国家救济为主。据统计,这一时期,农民人均纯收入增长了2.6倍;没有解决温饱的贫困人口从2.5亿人减少到1.25亿人,占农村人口的比例下降到14.8%,贫困人口平均每年减少1 786万人。第二阶段:大规模开发式扶贫阶段(1986—1993年)。20世纪80年代中期以后,特别是从"七五"开始,为进一步加大扶贫力度,中国政府自1986年起采取了一系列重大措施:1986年6月国务院成立了贫困地区经济开发领导小组,安排专项资金,制定专门的优惠政策,并且对传统的救济式扶贫进行彻底改革,在总结建国以来把生产救助与生活救助相结合进行扶贫的经验的基础上,确定了开发式扶贫方针,开始实施以开发式扶贫为主的反贫困战略。自此,中国的扶贫工作进入了一个新的历史时期。经过八年的不懈努力,国家重点扶持贫困县农民人均纯收入从1986年的206元增加到1993年的483.7元;农村贫困人口由1.25亿人减少到8 000万人,平均每年减少640万人,年均递减6.2%;贫困人口占农村总人口的比重从14.8%下降到8.7%。第三阶段:扶贫攻坚阶段(1994—2000年)。这一阶段的开始以1994年3月《国家八七扶贫攻坚计划》的公布实施为标志。1994年3月,国务院按照农村人均收入1992年低于400元的标准,确定了592个国家重点扶持的贫困县,制定、颁布并组织落实了"国家八七扶贫攻坚计划"。作为新中国历史上第一个有明确目标、对象、措施和期限的扶贫开发行动纲领,明确提出了中国扶贫的主要奋斗目标:力争用七年左右的时间,集中人力、物力、财力,动员社会各界力量,到2000年底,基本解决农村贫困人口的温饱问题,并形成稳定解决温饱、减少贫困的基础条件。据中国官方统计,在1997年至1999年这三年中,中国每年有800万贫困人口解决了温饱问题,是进入20世纪90年代以来中国解决农村贫困人口年度数量的最高水平。到2000年底,国家"八七计划"的目标基本实现。

　　回顾中国政府二十多年扶贫开发的历程,可以发现,其最主要的特征是由传统的分散救济式扶贫向开发式扶贫的转变。新中国成立后至1986年期间,我国一直沿袭的是救济式扶贫方式,即采取对贫困地区、贫困人口的直接生活救济,其作用等同于财政对个人的转移性支出。财政理论证明,财政对个人的转移性支出,对收入分配具有直接影响,但对生产和就业影响较弱。因此,救济式扶贫只能解决贫困地区当前的生活问题,无助于贫困地区的最终脱贫。

1986年开始实施的开发式扶贫,是典型的发展援助,即通过经济开发,使贫困地区和贫困人口在生产活动中脱贫。它构成中国政府农村扶贫政策的核心和基础。开发式扶贫方针的主要精神是倡导和鼓励自力更生、艰苦奋斗,将国家的扶贫同贫困地区民众的创业参与结合起来,克服过去普遍存在的"等、靠、要"思想,调动和发挥他们的积极性、主动性。开发式扶贫模式最大的优点也是其作用机理,在于强调对贫困地区由"输血"到"造血"功能培养的转变。通过对贫困地区基础设施建设、教育卫生文化事业发展以及当地种养殖业等生产发展的扶持和培训帮助,为贫困地区和贫困人口脱贫致富打下基础、创造条件、提供支持。通过克服过去单纯依靠国家的思想,激发贫困地区和贫困人口自身的积极性和创造力,走上发展之路。通过充分发挥扶贫投入要素的功能作用,提高扶贫的效率。迄今为止,贫困地区经济增长的重要源泉还是来自于各种要素(包括资金、技术、设备、政策甚至智力)的投入,在贫困地区,这种基于要素的增长过程在短期内可能呈现一种跨越式发展。总之,开发式扶贫是通过改善贫困地区和人口的"造血"功能——自我积累、自身发展能力,从而促进贫困地区的经济发展,以此提高贫困地区及贫困地区人口收入,改善生产生活条件,从而减轻或消除贫困。

财政扶贫对区域均衡的作用是多方面、多途径的。从财政扶贫专项资金的性质、使用对象和扶贫方式来看,财政扶贫对贫困地区的倾斜补偿,涉及对贫困地区政府财政缺口的弥补,对贫困地区贫困人口的生活救济,同时更重要的是涉及对贫困地区的生产帮扶、生产生活环境的改善和脱贫能力的提升。其思路是试图通过综合性扶贫计划,提升贫困地区及人口脱贫致富的能力,帮助社会最贫困地区人口摆脱贫困。这种扶贫途径和目标的实现,客观上可以通过消除贫困、提高社会最小值来直接缩小区域绝对差距。

7.2 中国财政扶贫的区域均衡效应

1986年开始实施的开发式扶贫战略,既是为了解决日益扩大的居民收入差距,以实现社会主义社会共同富裕的目标,同时也是为了解决由经济的不平衡增长导致的地区发展差距。开发式扶贫以贫困地区而不是以贫困人口为扶贫对象,一个重要的原因在于中国的贫困类型具有突出的区域性特征,因此,扶贫战略与区域间均衡发展之间高度相关。在此,笔者拟从财政扶贫的纵向进程性和效果性指标及横向规模对比来分析财政扶贫对区域均衡的影响。

7.2.1 财政扶贫纵向进程结果考察

根据财政部农业司扶贫处课题组的统计,扶贫效果与扶贫资金投入呈较高的统计正相关性。例如,扶贫资金总投入与脱贫人数的统计相关系数为0.835,呈显著正相关;扶贫资金总投入与解决饮水人数、新增道路里程、新增基本农田也呈统计正相关,相关系数分别为0.535、0.545和0.458。[①] 我们可以选择财政扶贫资金增长情况、贫困人口缩减规模的变化趋势和国定贫困县农民人均收入的增长变化来作纵向分析。

图7-1、图7-2、图7-3分别是开发式扶贫实施以来中央财政

---

① 参见财政部农业司扶贫处课题组:"我国农村扶贫开发资金需求预测",《经济研究参考》,2004年第80期,第17页。

扶贫资金和贫困人口规模变化趋势以及国定贫困县农村人均收入增长情况。

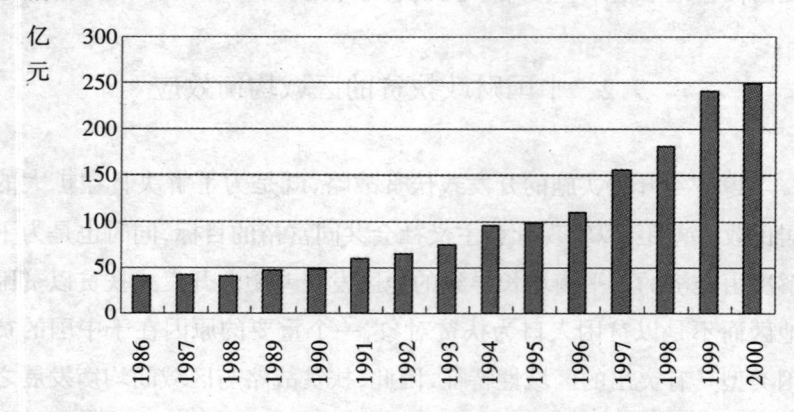

图 7-1　1986—2000 年扶贫资金增长情况

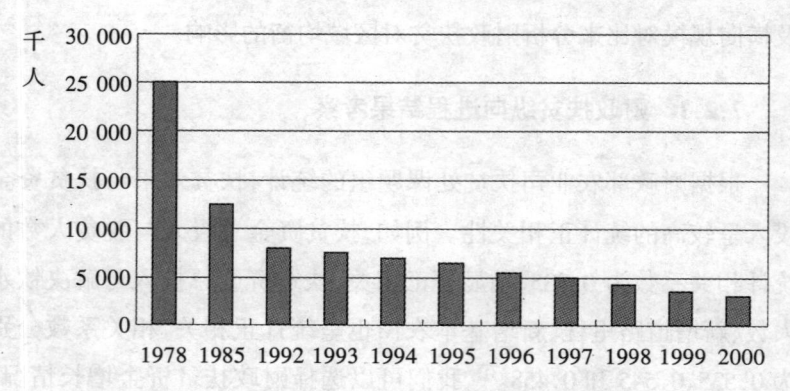

图 7-2　1978—2000 年贫困人口变化情况

(1)从中央政府扶贫资金安排情况来看。近二十年来,随着国家财力的增强,中国政府安排的专项扶贫投入不断增加,仅"八七计划"实施期间,中央政府累计投入资金 1 127 亿元,相当于 1986—1993 年 8 年投入总量的 3 倍。2000 年中央各项扶贫专项资金达到了 248 亿元,与 1980 年相比,增加了 30 倍。同时,各有关部门根据中央的要

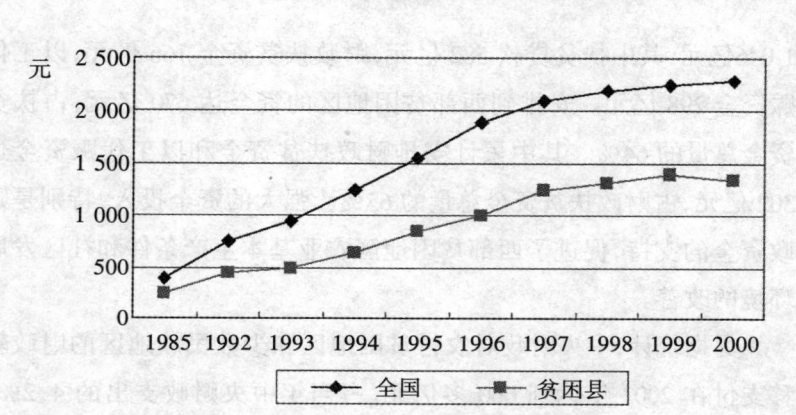

图 7-3　1985—2000 年国定贫困县农民人均收入增长情况
资料来源:http://www.cpad.gov.cn,2004 年 5 月 14 日。

求,在专项资金和重大工程的安排中积极向贫困地区倾斜,各省市区也根据中央要求的配套比例(1996 年以后为 30% 至 50%),增加了配套资金,地方政府扶贫投入的力度也相应加大。中国政府安排的扶贫专项资金累计达到了 1 680 多亿元,其中财政资金 800 多亿元(含以工代赈资金 390 多亿元),信贷扶贫资金 880 亿元。2000 年后继续呈增长趋势,到 2004 年,中央财政安排的扶贫资金规模(不含以工代赈和信贷方式扶贫资金)由最初的 1980 年的每年 5 亿元增加到了 2004 年的 122 亿元。1980—2004 年 24 年间中央财政累计安排扶贫资金 1 200 多亿元。[①]

在中央财政扶贫资金规模不断扩大的同时,中央扶贫资金明显向西部贫困县倾斜。1994 年至 2000 年,除"三北"防护林、贫困农场、康复扶贫贷款、光彩事业等专项资金外,中央政府累计安排扶贫资金

---

① 参见《农业科技通讯》,2004 年第 7 期,第 41 页,"科技要闻"栏目。

1 046亿元,其中扶贫贷款582亿元,财政扶贫资金166亿元,以工代赈资金298亿元。安排到西部贫困地区的资金达670亿元,占扶贫资金总量的64%。其中累计安排财政扶贫资金和以工代赈资金达302亿元,占财政扶贫资金总量的65%。强大的资金投入,特别是财政资金的支持,促进了西部贫困地区农业基本生产条件和社区发展环境的改善。

另据统计,中央财政对农村贫困地区和少数民族地区的财政转移支付在2003年达到660多亿元,占当年中央财政支出的4.2%。从1986年到2003年,中央财政共计安排贴息资金近50亿元,通过对扶贫贷款利息给予补贴的方式,引导金融机构发放扶贫贷款1 330亿元。

(2)从全国总体贫困人口变化趋势来看。贫困人口由改革开放之初的1978年的2.5亿人迅速下降到2000年的3 000万人,农村贫困发生率从30.7%下降到3%左右。其中,国家重点扶持贫困县的贫困人口从1994年的5 858万人减少到2000年的1 710万人。2000年后,继续呈下降趋势,到2002年绝对贫困人口减少到2 900万人,贫困人口占农村人口的比例维持在3.1%,提前实现了联合国"千年发展目标"中将极端贫困人口减半的目标。[①] 分阶段考察,据统计,1978—1985年,农民人均纯收入增长了2.6倍;没有解决温饱的贫困人口从2.5亿人减少到1.25亿人,占农村人口的比例下降到14.8%,贫困人口平均每年减少1 786万人。1986—1993年,农村贫困人口由1.25亿人减少到8 000万人,平均每年减少640万人,年均

---

① 参见曾利明:"中国绝对贫困人口减少5 000万,提前实现发展目标",中新社,2004年9月9日。

递减6.2%；贫困人口占农村总人口的比重从14.8%下降到8.7%。在1997年至1999年这3年中，中国每年有800万贫困人口解决了温饱问题，是进入20世纪90年代以来中国解决农村贫困人口年度数量最高水平。到2000年底，国家"八七计划"的目标（基本解决农村贫困人口的温饱问题）基本实现。

可见，20世纪80年代中期以来，特别是颁布《国家八七扶贫攻坚计划》以来，我国农村贫困现象明显缓解，贫困人口大幅度减少。到2000年底，除了少数社会保障对象和生活在自然环境恶劣地区的特困人口，以及部分残疾人以外，全国农村贫困人口的温饱问题已经基本解决，《国家八七扶贫攻坚计划》确定的战略目标基本实现。扶贫开发实现了贫困地区广大农民群众千百年来吃饱穿暖的愿望，为促进我国经济的发展、民族的团结、边疆的巩固和社会的稳定发挥了重要作用。短短二十多年时间里，中国政府成功解决了2亿多贫困人口的温饱问题，这在中国历史上和世界范围内都属了不起的成就。

(3) 从592个国定贫困县农民人均收入增长情况来看。表现为两个趋势：一是贫困县农民人均收入呈逐年增长趋势，总体上已脱贫。1994年中央是按照农村人均收入1992年低于400元的标准确定的592个国家重点扶持的贫困县。从图7-3来看，国定贫困县的农民人均收入已从1985年的低于400元上升到突破1 000元，接近1 500元。通过乡村改革和大规模的扶贫运动，国家确定的贫困县按照当时确定的贫困标准大多数已经脱贫，只有极少数自然条件恶劣的地区未最终摆脱贫困，这显然是一个巨大的进步。二是贫困县的农民人均收入到目前为止仍然低于全国平均水平，并存在较大差距。如何巩固扶贫与脱贫的成果、防止返贫成为今后的一项重要任务。同时也表明，即使按现行标准已经脱贫的地区还与全国尤其是东部存在较大差距,脱贫只是解决了基本生存的最低需要问题,缩小与东部地区的差距还任重道远。

根据 UNDP 驻华代表处的研究[①],中国的政府机构、国际发展机构和一些独立研究人员对于 20 世纪 90 年代中国减贫总体趋势的认识并不完全一致,对于农村绝对贫困现状的估计存在很大差异。笔者归纳理论界关于中国政府财政扶贫的争议,主要集中在两个方面:一是中国官方划定的贫困线过低,大大低于国际公认的每天 1 美元的标准(以购买力平价来计算);二是对中国目前贫困发生率和贫困人口数的实证估计。因此,以中国官方设定的贫困线来衡量贫困发生率,会与农村贫困实际水平有明显差异,高于官方估计水平 38%(1995 年)。而如果按照国际公认的每天 1 美元的标准的话,中国 1998 年贫困人口仍有 2.3 亿人,占人口总数的 18.5%,高于印尼、斯里兰卡、泰国和乌兹别克斯坦同时期的贫困水平。而城市贫困人口不再减少,反而稍有上升。有证据显示,城市贫困人口主要集中在东北地区(辽宁、黑龙江、吉林)、中西部地区的一些大省(河南、陕西、四川、湖北)和东部地区的山东。实际上,上述 7 省的城市贫困人口数占 31 个省市区城市贫困人口总数的 56%。但即使如此,其总体减贫趋势仍然是值得肯定的,即经过二十多年不懈的艰苦奋斗,中国的扶贫开发取得了巨大成就。这一点得到了国际组织和其他国家的公认。中国的扶贫开发在解决数以亿计的贫困地区农村人口的温饱问题上发挥了极为重要的作用,明显改善了贫困地区的生产生活条件。

---

① 参见 UNDP 驻华代表处:《扶贫和小额信贷》(联合国开发计划署驻华代表处政策和宣传文集),中国社会科学院社会科学文献出版社 2003 年版,第 8—12 页。

1986年到2000年的15年间,在中国农村贫困地区修建基本农田9 915万亩,解决了7 725多万人和8 398多万头牲畜的饮水困难。到2000年底,贫困地区通电、通路、通邮、通电话的行政村分别达到95.5%、89%、69%和67.7%,使得贫困地区经济发展速度明显加快。"八七计划"执行期间,国家重点扶持贫困县农业增加值增长54%,年均增长7.5%;工业增加值增长99.3%,年均增长12.2%;地方财政收入增加近1倍,年均增长12.9%;粮食产量增长12.3%,年均增长1.9%;农民人均纯收入从648元增加到1 337元,年均增长12.8%;较快发展了贫困地区各项社会事业。贫困地区人口过快增长的势头得到初步控制,人口自然增长率有所下降。办学条件得到改善,"两基"工作(即基本普及九年义务教育和基本扫除青壮年文盲)成绩显著,592个国家重点扶持贫困县中有318个实现了"两基"目标。职业教育和成人教育发展迅速,有效地提高了劳动者素质。大多数贫困地区乡镇卫生院得到改造或重新建设,缺医少药的状况得到缓解。推广了一大批农业实用技术,农民科学种田的水平明显提高。贫困地区95%的行政村能够收听、收看到广播电视节目,群众的文化生活得到改善,精神面貌发生了很大变化。解决了一些集中连片贫困地区的温饱问题。沂蒙山区、井冈山区、大别山区、闽西南地区等革命老区群众的温饱问题已经基本解决。一些偏远山区和少数民族地区的面貌也有了很大的改变。历史上"苦瘠甲天下"的甘肃定西地区和宁夏的西海固地区,经过多年开发建设,基础设施和基本生产条件明显改善,贫困状况大为缓解。[①]

[①] 本节资料除注明外,均来自《中国的农村扶贫开发》白皮书,新华网,2001年10月15日。

7.2.2 财政扶贫横向规模比较

我们还可以选择专项扶贫资金规模与转移支付、中央直接投资规模来作横向对比分析。从中国扶贫开发的三个阶段的特征可以看出，中国政府对农村贫困地区的专项财政投入是从扶贫的第二阶段——1986年开发式扶贫开始的，最初每年为5亿元，然后逐步递增，累积规模虽呈增长趋势，但对比目前中央对地方的转移支付和直接投资规模，则历年累积规模和当年拨款规模均过小。

这里我们以《国家八七扶贫攻坚计划》实施期间（1994—2000年）的专项扶贫资金总规模、中央对各地的转移支付、直接投资总规模各自占同期财政总支出的比重为例说明。从图7-4可见，"八七计划"实施期间，中央政府累计投入财政专项扶贫资金数额总共1 127亿元，仅占同期财政总支出的2%。而转移支付总规模占同期财政总支出的比重达32%（其中主体部分为税收返还和专项拨款）。仅税收返还一项，目前每年中央对地方的税收返还大致在2 000多亿。2000年中央对地方的税收返还数额达2 207亿元，同年中央各项扶贫专项资金为248亿元，仅相当于当年中央对地方税收返还总额的11.2%；2004年预算安排中央对地方的税收返还和体制性补助为4 277亿元，而同年中央的扶贫专项资金仅为122亿元，只占2.85%。"八七计划"实施七年累积规模远不抵中央对地方税收返还的一年数额（仅为2000年税收返还规模的51.1%）。

对比扶贫资金规模与中央直接投资规模也可看出同样特征。中央预算内对各地区的直接投资占同期财政支出的比重达9%，比同期扶贫专项资金高出7个百分点。从单独各个年份来看，也是如此。以国家财政预算内基本建设投资规模、国债投资规模等为例。如"八七计划"最后一年(2000年)国家预算内基本建设投资额为1 594.07亿元,同年扶贫资金相当于当年中央预算基本建设投资规模的15.6%,"八七计划"实施七年总投入也仅相当于当年中央财政预算内基本建设投资规模的70.7%,七年扶贫投入总规模同样不敌同期最后一年的财政投资规模。而2001年中央财政预算内基本建设投资规模更是突破2 000亿,达到2 052.31亿元。与国家在资本密集型产业或资源密集型产业的投入相比,扶贫资金也只是一小部分。

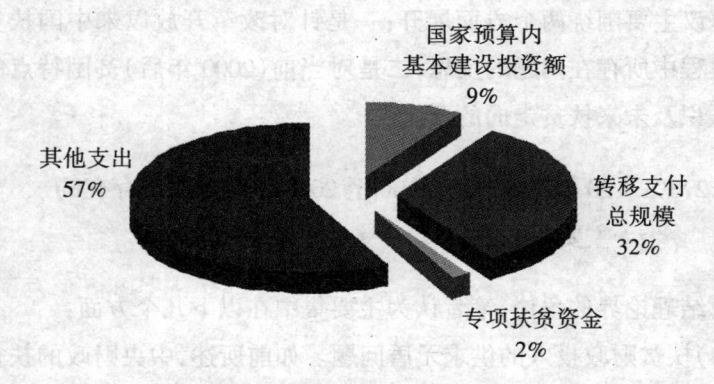

图7-4 财政扶贫横向规模比较(1994—2000"八七计划"期间)
资料来源:根据中国财政杂志社,《中国财政年鉴》(2001年、2003年)相关数据整理得出。

总之,从财政扶贫自身纵向考察,中国的财政扶贫规模增长迅速,并且由于明显向中西部农村地区倾斜,减贫成就突出,贫困人口规模迅速下降,国定贫困县人均收入呈上升趋势,因此对减少中西部地区的贫困具有明显的正效应,从而其区域均衡影响值得肯定。但从横向对比尤其是与税收返还、中央直接投资相比来看,未免规模太小。理论界也有人持同样看法。当然总体扶贫效应需要综合考虑NGO和国际组织扶贫资金的投入,甚至包括体制变革所释放的能量推动。总起来考虑,社会总体扶贫资金规模则大于现有财政扶贫投入规模,从而更有利于缓解贫困地区的贫困状况,发挥更好的减贫效应。

7.2.3　中国财政扶贫存在的主要问题

中国政府领导开展的大规模财政扶贫事业,一方面,得到了国际社会的充分肯定,另一方面,在国内外理论和实践部门也存在众多争议。争议主要围绕两个方面展开:一是针对改革开放以来中国扶贫开发过程中所存在问题的反思;二是对当前(2000年后)贫困特点的重新认识及未来扶贫走向的预测。

7.2.3.1　20世纪80年代中期至2000年财政扶贫存在的主要问题

总结理论界的争论,笔者认为主要集中在以下几个方面:

(1)扶贫财政投入的供求矛盾问题。如前所述,中央财政的扶贫投入无论是从当年规模还是从累积规模来看,都太小。从20世纪80年代中期针对性扶贫战略的提出,到1994年扶贫工程进入攻坚阶段,正是需要中央财政加大投入的时期,而财政收入占GDP的比重和中央财政收入占全国财政收入的比重却急剧下降和偏低。这极大地限制了中央政府反贫困的宏观能力。尽管"十五计划"以来,中央和地方财政收入迅速增长,中央政府调控能力得到加强,但据财政部农业司扶贫处课题组对扶贫资金需求的静态预测,到2010年,全部解决现有贫困农户脱贫问题需要政府投入各项资金累计为1 220—1 260亿元;若同时考虑将现有低收入农户的收入水平提升到低收入标准之上,共需要政府资金支持1 400—1 750亿元。以8年为期限

(以 2002 年为基期),平均每年贫困人口脱贫需要 153 亿—158 亿元,贫困人口和低收入合计需要 176—219 亿元。[①] 而越到后期,扶贫的边际成本越高,则资金投入需求将更大。

(2)有关区域指向的扶贫战略所带来的贫困群体和扶贫资金的漏出(leakage effect),或扶贫瞄准机制的偏差问题。理论界很多人认为,以空间分布来制定扶贫战略,不可避免地会漏出很多重要的贫困群体,如生活在指定贫困县以外的农村贫困人口与城市贫困人口。很多贫困人口并没有居住在指定的贫困县,无法享受到扶贫政策的扶持;不仅如此,有证据显示,即使是居住在指定贫困县的贫困人口,也不一定能直接从扶贫措施和扶贫资金中受益。中央给予国定贫困地区的扶贫资源往往被当地政府配置到地方企业,而不是贫困户。据 2001 年扶贫重点县 4 万多监测农户样本中,得到扶贫贷款的农户比例仅为 0.72%,户均贷款额仅为 17.03 元。得到贷款的农户中,贷款总额中仅有 9.67%到达贫困户,30.81%到达低收入户,59.52%到达非贫困和低收入农户。[②] 那些易于接触到资源并影响决策实施过程的非贫困人群,往往会成为扶贫项目的受益者。现行政策往往强调提高贫困县整体的平均收入水平,间接使穷人受益。政府之所以转变扶贫方式,由单纯的救济转为扶贫开发,在扶贫开发过程中不直接将资源配置到家庭水平上,主要原因是为了避免造成贫困人口对国家的长期依赖,助长贫困人口的"等、靠、要"懒惰思想,使扶贫变成永久补贴的铁饭碗;同时,这也反映出政策制定者认为贫困人口缺乏

---

① 参见财政部农业司扶贫处课题组:"我国农村扶贫开发资金需求预测",《经济研究参考》,2004 年第 80 期,第 17 页。

② 同上。

利用扶贫资源所必需的技术和管理技能。但这种政策执行的结果是扶贫项目收益不可避免地流失，主要的受益者是那些条件较好的家庭、企业或乡镇，而不是真正需要扶贫资源的贫困群体。

(3)扶贫计划与经济政策的割裂。政府的反贫困计划与有关社会部门、社会扶助体系以及反贫困的诸多措施之间，普遍缺乏协调配合。中国政府反贫困战略的一个主要局限在于其与宏观经济政策的脱节。总地说来，一方面，政府制定的一般性经济政策的效果往往是通过转移贫困人口和地区的资源来推动经济增长，另一方面，通过针对性的扶贫措施，试图将其中部分被转移的资源重新返还贫困人口和贫困地区。最为典型的例子是向东南沿海和向城市的倾斜式发展战略。改革开放以来到西部大开发战略提出之前，投资模式和优惠的财政政策均向沿海发达地区倾斜，以牺牲内陆省份为代价。目前这种倾斜式战略的政策措施和影响仍然存在并发挥着作用。政府投资偏重资本密集型而非劳动密集型的产业，大量集中于沿海地区的资本密集型投资限制了贫困人口直接从中受益。而作为保障贫困人口生活的重要支柱的社会保障体系的发展也独立于扶贫政策之外，而且与扶贫的目标有较大偏差。这种扶贫计划与宏观经济政策的割裂从根本上限制了扶贫战略的效应发挥。

(4)财税改革与地方政府对扶贫资金的投放使用偏好问题。分税制改革使得中央与地方政府间收入格局发生了重大调整，在强化中央宏观调控能力的同时，也使得贫困地区政府尤其是贫困县无法得到足够的财政收入来承担其开支。这刺激了地方政府支持能够带来收入的项目，而非减贫活动，从而进一步限制了贫困县、乡镇将可用的资源用于福利事业开支或社会部门投资，导致扶贫资金使用和投放的扭曲。地方政府为了刺激短期经济增长，在投资方面，以牺牲最贫困人群的利益为代价,更趋向于追求快速的投资回报(UNDP,1999b)。财政扶贫资金分配存在明显的重经济建设、轻社会发展(特别是对贫困地区教育投入未能引起充分重视)、重工轻农、重大轻小、重富县轻富民、重增长轻环境的倾向。此外,目前的税收和补贴分配机制加剧了城乡不平等,使贫困进一步恶化。据 UNDP 援引 1995 年进行的一次独立调查显示,尽管城镇家庭的生活水平要比农村好得多,但是中国农村平均水平的家庭通常是净税收,而城市平均水平的家庭通常表现为净补贴。而且,中国农村的净税收高度累退,相反,中国城镇的净补贴却高度累进,所以富人比穷人收益更大。这样的税收和补助体系相结合,加剧了贫困和城乡的不平等。在城镇内部,净补贴也呈高度不均等(UNDP 驻华代表处,2003)。

此外,专项扶贫资金的分配和管理也存在诸多问题。扶贫开发中的管理条块分割、机构重叠、相互掣肘,加大了资金管理的工作量,增加了实际使用过程中的混乱和随意性,直接导致扶贫成本上升;各地对扶贫资金重争取、轻管理,甚至还存在挤占、挪用、贪污等违法乱纪现象。

7.2.3.2 扶贫新阶段面临的新问题

"八七计划"完成后,扶贫工作又面临新的难点和突出问题。(1)扶贫标准偏低和返贫率高问题。虽然贫困人口的收入水平明显提高,但目前中国扶贫的标准是低水平的,与国际通用的贫困与扶贫标准相比还存在差距。由于受自然条件恶劣、社会保障系统薄弱和自身综合能力差等因素的掣肘,刚刚脱贫的人口还存在很大的脆弱性,其收入水平靠近贫困线,容易重新返回到贫困状态。李实、古斯塔夫森的实证测算也证实了这一结论。①（2）尽管扶贫开发已使广大农村贫困地区的贫穷落后状况明显改变,但贫困农户的基本生产生活条件还没有质的变化,贫困地区社会、经济、文化落后的状况还没有根本改观。尤其值得注意的方面是,贫困的总体趋势并不能详细地反映有关贫困深度和特征的信息。"八七计划"后剩下的最贫困人口的大多数居住在农村;有许多集中在西部地区,特别是在丘陵地区、偏远地区或是生态脆弱地区,而且这些地区往往又是少数民族聚居区。由于不利因素和相对孤立的状态相互作用,这些区域的扶贫任务更加艰巨。(3)单纯根据贫困发生率来进行判断,西部农村的贫困程度是最高的,也就是说贫困人口是较为集中的。但是考虑到人口的基数规模,中部农村的贫困人口的绝对数则是最大的。而且随着20世纪80年代农村制度创新所释放的生产率的逐步减弱和国家倾斜式战略的实施,整个90年代以来"三农"问题的积淀直接影响了中部地区的正常发展,导致中部地区相对地位的下降。因此,在今后全国扶贫战略的设计上,除了把扶贫的重点放在贫困地区比较集中的西部农村之外,也要对贫困发生率较低但贫困人口量大的中部农村贫困问题引起足够的重视,并且能够设计出适用于这些地区的扶贫对策。(4)由于中国人口基数庞大,受宏观经济形势波动影响,在今后相当长的一个时期将面临就业压力,这必然会影响到贫困人口的就业,使很多本来能够奏效的扶贫措施难以发挥出应有的作用。由于国企改革力度的逐步加大,在改革开放初期所占比重不大的城市贫困问题逐步凸显出来,城市贫困发生率从20世纪90年代以来呈

---

① 参见李实、古斯塔夫森:"八十年代末中国贫困规模和程度的估计",《中国社会科学》,1996年第6期。

逐步上升趋势。不仅如此，同样也存在城市贫困率高的省份和城市贫困人口多的省份的区别。一些省份的贫困发生率虽然很高，但其贫困人口数却只占全国城市贫困人口总数很小的比例，如宁夏。相反，一些大省市区，虽然贫困发生率相对较低，但贫困人口数量很大，因此在总的城市贫困人口中占的比例较高，如河南省。对于后者也应给予关注，采取相应对策。

上述新问题使得以区域减贫为目标的中国扶贫战略面临调整。

7.3 中国财政扶贫的战略调整思考

《中国农村扶贫开发纲要(2001—2010)》明确指出："我国2001—2010年扶贫开发总的奋斗目标是：尽快解决极少数贫困人口温饱问题，进一步改善贫困地区的基本生产生活条件，巩固温饱成果，提高贫困人口的生活质量和综合素质，加强贫困乡村的基础设施建设，改善生态环境，逐步改变贫困地区社会、经济、文化的落后状态，为达到小康水平创造条件。"因此，在新阶段，中国财政扶贫的目标、内容和方式等都面临战略性调整。笔者从宏观调整和扶贫模式调整两个层面提出以下思路和建议。

7.3.1 宏观调整：扶贫战略与国家综合发展规划

从宏观层面来看，政府应该将扶贫战略纳入更为宏观的国家经济社会综合发展规划之中。扶贫政策要与区域开发政策相互适应，要走向制度化和规范化。缓解贫困最高的层次、最根本的方法是制定全局的经济战略，同时考虑经济政策对经济增长、贫困和收入分配的影响。UNDP报告引用的一些研究表明，将扶贫项目独立于其他政府政策之外,可能导致它们之间的冲突,降低扶贫措施的效果。可持续的减贫战略要求更好地融入整个国家的经济发展战略之中。这要求:

一方面,保持较高的经济增长率,尤其是刺激农村经济发展。实践证明,经济增长是缓解贫困的必要基础,是解决贫困问题的关键之一。根据测算,20世纪90年代中国农村贫困人口减少与经济增长的弹性系数为 -0.8,即 GDP 每增长1个百分点,贫困人口可减少0.8%。经济的稳步增长将扩大劳动力需求,有利于贫困地区劳动力的就业,从而改善人民的生活水平。同时,随着综合国力的不断增强,国家可以投入更多的力量促进贫困地区开发建设,为贫困地区发展提供坚实的物质基础。未来经济的持续增长将加快扶贫开发的进程。值得一提的是,政府可以采取多种措施刺激农村经济发展,如改革累退的财税政策,特别是城乡不平等的财税政策;建立农村社会保障体系,改革户籍登记制度以促进就业和劳动力流动;放开农产品价格管理,进一步推向市场;鼓励农业和非农产业的多样化发展,减轻土地负荷以及继续以相对公平的土地分配为基础[①] (UNDP 驻华代表处,2003)。

另一方面,为了使经济增长能够提高扶贫政策的有效性和可持续性,需要确保贫困人口能够参与增长过程。政府应考虑采取适应反贫困战略的劳动密集型的增长模式,以提供大量就业机会,提高社会福利的补贴水平,增加贫困人口自身能力和参与发展进程的能力;以工代赈(提供现金或食物)机制为贫困地区带来了获取收入的机

---

① 现存土地的周期性再分配,维护了获取土地的最初平等权,也是农业收益比较均等的主要原因。

会,同时也发展了当地的基础设施,有利于鼓励进一步投资与增长,带动当地经济进一步发展。

与此同时,在宏观层面考虑扶贫战略,强调扶贫战略与国家整体经济社会发展战略的协调一致,尤其要注重扶贫战略与社会保障体系、地区开发政策间的配合。扶贫与社会保障体系在保障贫困人口利益上具有很强的互补性。在这方面,韩国的经验值得借鉴。韩国在1977—1981年发起"新村运动",以解决乡村中普遍存在的贫困问题。作为一个解决农业部门落后问题的综合性农村发展规划,其反贫困措施除包括农业生产计划、收入增长计划外,还包括社会福利计划,主要是在农村全面推进政府的全国生活援助计划,为失去生产能力的村民提供社会保障和卫生医疗补助(孟春,2000年)。2000年开始的西部大开发战略虽然是我国政府在新世纪初提出的独立于扶贫攻坚战略的又一大区域开发战略,但从某种意义上说,西部开发就是由政府发动的有组织、有步骤的大规模的反贫困实践运动。今后中国财政扶贫还必须考虑与西部大开发战略的协调配合。

总之,今后我国需要一种替代性的、综合性的方法来拓展经济发展目标的范围,使它不仅包括单纯的经济增长,也包括降低收入贫困和人类贫困,更好地在不同地区、不同社会群体和性别之间分配经济和社会机会,以及改善自然环境。以这样的方式制定一系列政策,将经济增长、人类发展和缓解贫困的目标融为一体。缓解贫困的战略应该成为中国全面经济战略中的一部分。西部大开发战略和《中国农村扶贫开发纲要(2001—2010)》以及十六大和十六届三中全会全面小康社会目标和科学发展观的提出,已经朝正确的发展方向迈进了一步。

7.3.2 财政扶贫模式调整

针对新的贫困特点和新的扶贫阶段及任务,从扶贫各种措施层面重新检视过去的扶贫政策,为适应新的扶贫形势,原有的扶贫模式在目标、方式选择、规模、结构以及资金管理和使用制度等多个方面面临调整。

7.3.2.1 财政扶贫目标和对象调整

根据《中国农村扶贫开发纲要(2001—2010)》确定的新时期扶贫奋斗目标要求,在此期间扶贫开发的主要任务为:首先是帮助目前尚未解决温饱问题的重点贫困人口(包括非贫困县的贫困人口)尽快解决温饱生存问题;同时,帮助初步解决温饱问题的低收入人群进一步改善生产生活条件,巩固温饱成果,提高生活质量和综合素质。政府扶贫不仅是简单地帮助贫困人口脱贫,而且要使脱贫人口具备持续发展的环境和能力,扶上马,再送一程;不仅如此,还要加强贫困乡村的基础设施建设,改善生态环境,逐步改变贫困地区社会、经济、文化的落后状态,为达到小康创造条件。

因此,新的时期,在扶贫目标上,要实现由解决极端贫困人口的生存问题即温饱问题向既解决重点贫困人口生存问题又巩固和提高贫困人口的生存和发展能力的转移。在扶贫对象上,要实现由单纯锁定尚未解决温饱的贫困人口向既锁定尚未越温人口又锁定初步解决温饱的贫困人口的转移。在扶贫范围上,要实现由国定贫困县向所有贫困村、户的转移。扶贫内容不仅要解决贫困人口的吃穿温饱问题,而且要解决贫困人口和低收入人口的生产生活条件、贫困乡村的基础设施建设、生态环境改善以及贫困地区社会、经济、文化落后状态等公共产品供给问题,扶贫要由单一的物质生活扶贫向综合性一体化扶贫转变,不仅关注收入指标、物质上的贫困,而且关注人类发展指数的改善。另外,考虑采用国际通行的贫困测算标准,适当提高政府扶贫的标准。

7.3.2.2 财政扶贫方式调整

在扶贫方式选择上总体上仍然要坚持开发式扶贫的方针。开发式扶贫作为对过去传统的分散救济式扶贫的改革与调整,是中国政府农村扶贫政策的核心和基础,也是中国自行探索出的扶贫道路。今后,可以考虑借鉴国际组织、外国资金在华扶贫的经验,积极推进参与式扶贫。这些组织通过在其他发展中国家和中国西南等贫困农村地区的扶贫项目实践,已经摸索和总结出一些成功的参与式方法:通过参与宣传,促进农民作出自我决策,取代过去直接进行项目运作的传统方法。其优点在于能更好地调动农民群众参与的积极性和主动性,实现政府扶贫财力供给与贫困人口的自我脱贫意识需求相结合。而自愿性社会组织的加入,可以成为政府开展扶贫工作的很有价值的伙伴。因此,在新时期的财政扶贫开发中,要尊重群众的首创精神,积极推进参与式扶贫,充分调动贫困地区广大干部群众的积极性,充分尊重村民的意愿,共同研究自下而上编制扶贫开发规划,不能简单地依靠国家投入,必须和农民的意愿、劳动投入紧密地结合起来。

调整扶贫方式,必须改进扶贫瞄准机制。区域性扶贫是我国扶贫初始阶段的基本举措,针对"八七计划"完成后大面积区域性贫困已基本消除,592个贫困县已基本摆脱贫困,目前贫困的特征是大分散、小集中,呈现"插花"贫困的现实,政府扶贫方式要随之跟进,使之能更好地瞄准贫困人群。改进扶贫瞄准穷人机制有两个途径：一是实施直接针对贫困人口的扶贫和保障；二是通过改善贫困群体生存的外部环境，发展教育、科技、卫生等社会事业，从而增强其自救能力。

1999年中央明确提出了扶贫到村到户，并将政府扶贫的重点从乡镇一级转到更小的单位——以重点贫困村（包括贫困户）为扶贫瞄准对象。据官方统计，政府已确定全国14.8万个重点贫困村，分期分批规划，纳入首批规划启动的有56 000个村，大体占三分之一。2003年抽样调查，这些村平均投资水平25万元，其中扶贫资金投入20万元，如果按照分年投入、分期解决的原则，首批56 000个村第一年扶贫资金投入规模应该达到50万—60万元，规划投入周期为3年，一个村投入大体在100万—150万元之间。通过集中力量一村村、一批批改造，分期分批，循序渐进，计划经过10年的艰苦努力基本完成贫困乡村改造运动。[①] 将扶贫的重点从乡镇一级转到更小的单位（包括贫困户），还需要做更多的工作。(1)首要的问题是，无论通过直接配置，还是增加贫困家庭的资产，或提高他们的能力，一定要确保经济资源能够传递到贫困人口。中外经验已经证明小额信贷（特别是将小额信贷与培训、提供信息等其他辅助手段相结合）对于引导资源直接配置给贫困户非常有效（UNDP驻华代表处，2003）。(2)扶贫措施要面向更小的单位，如家庭，还需要有准确识别贫困人口的方法。但是，也有一些精心设计的扶贫措施，如前述的一系列对于公共产品的投资，如基础设施、医疗和教育设施、信息，以及市场和

---

① 高鸿滨："新阶段扶贫开发面临的战略性调整"，《老区建设》，2004年第7期，第6页。

制度的发展,可以保证即使扶贫措施不定位在贫困家庭,不一定要通过提高家庭收入,也可以保证使贫困人口受益。在这方面,中国政府需要从缓解贫困的角度重新检视普及基础教育和医疗卫生的区域性目标。当前在中国农村地区尤其是贫困农村,基础教育支出在贫困人口的现金收入中占有极高的比重,最贫困地区的基础教育目标只是3—4年,医药费支出占其收入的比重更高,医疗服务的价格越来越贵,致使因病致贫、因贫致病在贫困的农村地区十分突出,而河南等地农村贫困村民卖血而出现爱滋村等问题,已引起人大政协和社会公众的普遍关注。政府已经着手免除国定贫困县儿童学杂费,并重建农村合作医疗制度。也可以考虑从扶贫资金中拿出一部分专门用于重点贫困村儿童基础教育学费和对合作医疗制度的支持。

7.3.2.3 财政扶贫规模调整

财政扶贫规模调整,首先要明确和提高财政扶贫支出占财政支出的比例。世界各国解决贫困的方法、途径各不相同,但不容否认的是,政府的投入对于贫困状况的缓解将起到举足轻重的作用。对中国而言,在目前地方政府财力有限、社会扶贫资金分散的情况下,中央财政扶贫资金投入规模将直接影响到扶贫任务的实现。因此,随着中央财力的增长,中央财政应根据不同时期扶贫的任务确定用于扶贫的财政支出比例,并随着中央财力的增长逐年提高中央财政安排的扶贫资金比例。

调整扶贫财力规模,必须合并考虑扶贫专项资金与其他专项转移支付及一般性转移支付之间的比例。从各国经验来看,中央政府一般都是同时采取一般性转移支付和专项转移支付,以实现不同的作用目标,即同时用于地方政府纵横缺口的弥补和外部效应的矫正及中央政府意图和偏好的贯彻。在此情况下,转移支付的区域均衡机制和效应受到上述各种形式组成的转移支付制度的综合影响,因此,扶贫方案设计的资金投入规模尤其要考虑转移支付体系内部构成的总体区域均衡效应,防止不同形式转移支付效应的相互冲突和对均等化目标的负面影响。目前专项转移支付资金包括扶贫专项资金项目繁多、用途分散,难以统计和监管,有必要归并和调整。

规模调整还必须考虑健全和完善地方财政资金配套政策。贫困地区往往财力不足,目前一些需要地区配套相当比例才能得到的上级扶贫资金,贫困地区往往由于财力不足无法配套或不能及时配套而无法获得。因此,建议中央继续保留有利于贫困地区发展的专项补助政策,取消不发达地区的地方配套资金要求或降低其配套比例。

除此之外,政府扩大扶贫资金规模除增加自身财政投入外,还可以通过充分利用财政部门良好的信誉条件和国际联系,积极争取和利用国际金融机构、外国金融组织和外国政府的低息或无息贷款支援贫困地区经济发展。世界开发银行、国际货币基金组织、亚洲开发银行等国际金融组织每年都有相当一部分资金用于支援发展中国家落后地区经济建设,这些贷款数额较大,而且利息低,是扶贫开发的较为理想的资金来源之一。我国已成功与国际组织合作开展了一些地区性扶贫项目,如1995年引进的用于西南三省区(云南省、贵州省和广西自治区)三十多个贫困县农业综合开发的2亿美元世界开发银行贷款。对外国政府和国际金融机构向中国提供的优惠贷款给予税收上的减免税照顾是现行财政政策的既成事实,今后应进一步调整政策,吸引尽可能多的外援资金用于扶贫工作。同时财政部门重视对外宣传工作,积极开展同扶贫有关的国际组织、区域组织、政府和非政府组织的交流,让国际社会及海外华人了解我国的贫困状况和扶贫工作,扩大和发展与国际社会在扶贫方面的合作,广泛争取对中国 2001—2010 年农村扶贫开发的大力支持。

7.3.2.4 财政扶贫投向结构调整

针对过去财政扶贫开发资金投向重经济建设轻社会发展,特别是对贫困地区教育投入未能引起充分重视,忽略了人力资源开发所需要的投入,重工轻农、重大轻小、重富县轻富民、重增长轻环境的问题,财政扶贫资金投向要作适当调整。要按照公共财政框架对财政支出范围的要求,进一步明确财政扶贫资金的投入重点,实现两个转变:要由以经济开发为主转向以社会公共服务投入为主;用于开发的扶贫资金也要由原来的工业等非农产业投入转向重点支持农村种养殖业发展。

财政扶贫应该大力支持改善贫困地区的基本生产生活条件,帮助改善经济环境,强化基础设施建设。以贫困乡、村为单位,加强基本农田、基础设施、环境改造和公共服务设施建设。到 2010 年,在国家重点扶持的贫困区域内,基本解决人畜饮水困难,力争做到绝大多数行政村通电、通路、通邮、通电话、通广播电视;做到大多数贫困乡有卫生院,贫困村有卫生室,基本控制影响贫困地区群众生活生产的主要地方病。注意做好移民搬迁扶贫中的基本生活条件投入。

鉴于贫困与生态恶化之间的直接联系,扶贫投入要支持贫困地区生态环境建设,矫正贫困地区的"资源近视症"。克服扶贫开发中的单纯利益驱动和短视行为,处理好扶贫开发与生态环境保护的关系,推进贫困地区的生态综合化建设。可以借鉴西方发达国家"生态农业"和兴建"农村生态区域"的经验,按照生态学的原理,应用系统科学方法,选择多种生态和经济的优势资源,加以合理组合配置,获得持续的最大生产率和生态经济效益。实践证明,生态建设是可持续发展的重要保证。我国过去的扶贫开发实践中,利益驱动导致违背自然规律、破坏生态环境的案例不是少数,后果相当严重。

更为重要的是,财政扶贫投入必须大力支持发展农村教育和培训、科技推广与应用,提高贫困地区群众的教育、科技、文化素质,注重人力资本的开发和积累。实行农科教结合,普通教育、职业教育、成人教育统筹,一方面要确保在贫困地区实现九年制义务教育,进一步提高适龄儿童入学率,同时要有针对性地通过各类职业技术学校和各种不同类型的短期培训,增强农民掌握先进实用技术的能力,培养脱贫致富带头人,形成新型农民群体,创造条件,支持贫困地区剩余劳动力的转移。一个较为典型的案例是国务院扶贫办介绍的湖南开展农民技能培训的一个与众不同的尝试。[1] 2004年湖南拿出500万元,专门用于组织湘西农村贫困地区青年农民进行专业性较强的技术培训,培训期间的生活费、学费全都由扶贫开发资金支付,每人培训费合计3 000—5 000元。据介绍,这些参加培训的青年农民现已陆续毕业,早在毕业前就与用人企业签订了合同,毕业后全部就业,没有一个待业的。组织扶贫技能培训看起来好像花钱很多,但是算大账,算长远账,这不失为一个从根本上解决问题的办法。授人以"鱼"不如授人以"渔"。湖南的做法值得探索研究。扶贫可以把劳动者培训作为一个重点,努力提高其素质,特别是培养技能,提高就业能力,增强贫困地区农民的挣钱本领。受培训者有了稳定的工作和收入,全家人的问题就解决了,还完成了从农民向工人、从村民向城

---

[1] 高鸿滨:"新阶段扶贫开发面临的战略性调整",《老区建设》,2004年第7期,第5页。

市人口的迁移。因此,搞农田基本建设固然重要,但人力资源开发现在更重要,把廉价的劳动力资源变成可增值、可发展的人力资源是当务之急。在贫困农村科技推广与应用方面,政府应承担起责任,在扶贫开发中,更应该坚持以科技为先导,依靠科技脱贫致富,提高扶贫开发项目骨干产品、支柱产业的科技含量,完善贫困地区的科研体系和技术应用推广体系,以及市场、信息等社会化服务体系,帮助建立农户与市场的联系纽带。

值得强调的是,中国扶贫开发的教训也表明,政府直接把倾斜投入的资金用于具体的产业,并不能无条件地保证取得预期的效果,在人们通常认为适合于政府进行投资的基础设施产业也是如此。以产业投资为导向的区域开发战略,是以区域发展趋同假设为隐含前提的。作为政府投资行为,应该选择需要具体的微观信息最少,而投资产生外部效应最大的产业。如前所述,可能帮助区域发展实现趋同的条件中,最重要的是人力资本禀赋水平和改善情况。中国地区间人文发展水平的差距,既是区域差距的一项内容,更是地区差距产生的原因。因此,政府区域扶贫开发不应以产业投资为开发重点,而是将这类开发活动留给民间投资去完成。而以提高和改善人力资本为目的的诸如教育、健康和人文发展的其他方面的投资,具有某种程度上的外部性,应该是政府考虑的重点。

世界银行的报告《中国:战胜贫困》清楚地阐述了诸如医疗和教育等方面的措施对于贫困家庭的重要性。报告描述了村民愿意将教育和健康内容包括在多部门的扶贫项目中,也提及当扶贫计划包括这两项内容时,村民的参与性就会提高。认识到这些因素之间的相互作用,有助于创造更多的机制,提高贫困人口在扶贫项目中的参与度,并取得更持久的扶贫效果。

7.3.2.5 财政扶贫资金管理和使用制度调整

财政扶贫受到争议的一个重要方面是资金管理混乱、使用浪费问题。政府财政扶贫资金作为专项财政支出，切实加强财政扶贫资金管理，不仅是提高财政扶贫工作质量和效益的要求，也是财政职能的本质要求。调整财政扶贫资金管理制度：(1)首先必须牢固树立依法理财、依法行政的思想，加快财政扶贫资金管理制度化、规范化、法制化进程。目前，财政扶贫资金管理制度还不健全，有些规定还存在不规范的情况，有些规定的界限还不明确，需要抓紧研究制定统一、规范的财政扶贫资金管理制度。要根据社会主义市场经济体制建设、建立公共财政框架和国家有关法律法规的要求，明确财政扶贫资金的筹集、分配、使用、管理、核算、考核、监督检查、处罚等规定，为扶贫资金的使用管理提供一个明确、规范的制度依据。(2)要摸清财政扶贫资金的家底。目前财政扶贫资金支出的类型多样、名目繁杂，实际上，无论是边境建设资金、发展资金，还是以工代赈资金等等，都是性质相同的扶贫资金，可以根据新的扶贫形势要求对现有各项扶贫专项基金进行清理、合并，统一纳入专项扶贫转移支付范围，按统一的办法分配和管理，这样既减少工作量，又能集中财力避免"撒胡椒面"，也能保证扶贫资金管理的规范性，使资金管理走上制度化轨道。(3)要积极引进、推行先进科学的资金管理办法，提高财政扶贫资金的管理水平。要彻底改变重拨款、轻管理和管理办法传统、落后的状况，在财政扶贫资金管理中积极引进新的、科学的管理办法。项目管理、报账制、政府采购等都是国际通行的一些资金管理的好办法，要在财政扶贫资金的所有项目中逐步推行项目管理办法，对一些重大的基础设施建设项目要有条件地实行政府采购，要加快实行财政扶贫资金报账制的步伐。(4)加大财政扶贫资金的监督检查力度。要把事前防范与事后监督检查结合起来,把重点监督检查与经常化监督检查结合起来,把对事与对人结合起来,把财政监督检查与社会监督检查结合起来,逐步构建财政扶贫资金使用的防范与监督之网,确保资金的安全和有效使用。在扶贫考核上,要实现以进程性指标考核为主向以效果性指标考核[①]为主的转移。考核扶贫工作,既要看投入了多少资金,做了多少工作,更要看贫困群众温饱问题是否解决,贫困农户的收入是否增加,基本生产生活条件是否改善,特别要看当地群众对扶贫效果是否满意。

而调整财政扶贫资金的使用制度,要将财政扶贫资金的无偿使用与有偿使用相结合。与前述的扶贫资金结构调整的两个转变相适应,财政扶贫用于社会公共服务包括教育培训计划资金宜采取无偿使用的方式,而经济开发资金,对农户生产、种养业的支持则采取有偿使用——小额信贷的方式,重点支持发展种养业,集中力量帮助贫困群众发展有特色、有市场的种养业项目。这符合财政资金使用的范围。进一步地,对无偿使用的扶贫资金还必须细化投向,按客观因素评估分配使用。在这方面可以学习墨西哥联邦政府扶贫专款的分配经验。墨西哥联邦政府的扶贫专款是联邦政府所有46项开支中最大的预算项目之一。1996年扶贫专款高达110亿比索,几乎占当年墨西哥联邦开支的2%。联邦政府的扶贫款主要通过地区发展和

[①] 直接反映贫困人口生活水平的指标称为效果性指标,反映扶贫工作过程或阶段性成果的指标称为进程性指标。效果性指标在经济状况方面有:农民人均纯收入、人均生活消费支出、人均粮食生产量等;在社会状况方面有:成人文盲率、儿童入学率、婴儿死亡率、孕产妇死亡率、平均预期寿命等。而年内发放扶贫贷款(扶贫物资)数额、新建学校面积(个数)、新建公路里程、架设电力线路长度等则是进程性指标。进程性指标并不直接反映贫困人口生活水平的变化。

就业基金会以及城市社会发展基金会直接用于贫困地区的各项投资。扶贫专款的分配是由城市社会发展基金会按照联邦政府制定的衡量贫困的 5 个标准综合指数对各州的贫困程度进行审定,然后按各州的贫困程度(由公式计算出的各州的系数)将扶贫款分拨给全国 31 个联邦州(首都联邦区除外)。在审定过程中,社会发展部、社会发展部驻各州代表以及各州政府的代表也参与审定全过程,审定过程民主、透明。[①]

总之,在总体扶贫战略上,宜考虑将扶贫纳入国家经济社会综合发展规划,将扶贫规划与西部开发和农村社会保障体系建设合并考虑。同时,在具体实施中,要从制度意义上明确并逐步扩大财政扶贫在财政支出中的比例,转变财政扶贫的方式和资金投向结构,改进扶贫瞄准机制,加强扶贫对贫困地区公共服务的投入,要实现由解决极端贫困人口的生存问题向既解决重点贫困人口贫困问题又巩固和提高贫困人口的生存和发展能力的转移,并建立以政府为主导,社会各方面力量共同参与、相互补充的多元扶贫体系。

7.4 小结

● 贫困与地区差距直接相关,反贫困行为是一种对社会具有普遍正效应的行为,是一种公共产品,政府对此具有不可推卸的责任。政府财政扶贫资金在性质上属于政府专项转移支付,因此,其区域均衡作用机制与第 5 章所述转移支付基本相同,但其作用范围更为广泛。作为一种综合开发计划,财政扶贫对欠发达地区的影响不仅仅

[①] 参见孟春:《中国财政扶贫研究》,经济科学出版社 2000 年版,第 146 页。

局限于改善地方政府财政能力,而且通过小额信贷、以工代赈等多种形式直接影响覆盖范围内的企业和农户。

● 正因为 20 世纪 80 年代中期以来的财政扶贫具有明显的区域指向和目的,因此,中国的财政扶贫战略对缩小贫困地区与全国平均水平尤其是东部地区的差距具有直接影响力,扶贫成就斐然,以贫困人口的减少规模和国定贫困县人均收入增长反映的指标显著。但随着新时期贫困特征和格局的演变和扶贫区域指向的逐步淡化,可以预见财政扶贫的区域均衡效应也会随之减弱。此外,非政府组织扶贫(NGO 扶贫)的逐步扩大和相应的扶贫主体的多元化,也会加强这一趋势。

● 20 世纪 80 年代中期至 2000 年区域指向的财政扶贫由于瞄准贫困人口机制的偏差,造成了一部分贫困人口的漏出。但笔者认为区域指向的扶贫不应受到过多指责。它符合中国 20 世纪 80 至 90 年代大面积连片贫困的实际情况,而且对于解决大面积连片贫困成绩显著;由此产生的漏出和新时期产生的新贫困可以通过制定相互关联的政策进行弥补;改变政策指向也不一定不产生漏出和其他问题。因此,财政扶贫作为一种探索性实践,存在问题是必然的,因为问题而全盘否定财政扶贫,试图以其他主体如 NGO 扶贫和国外组织和政府援助扶贫替代本国政府扶贫,在中国这样的发展中大国是不可能也不现实的。反贫困的公共产品性质决定了完全依赖非政府部门提供必然供给不足,实际中 NGO 扶贫和国外援助的范围和力量是有限的。但政府扶贫方式可以在实践中不断摸索,也可以借鉴国外和非政府扶贫的相关经验,以求改进,并与之形成互补。

● "八七计划"完成后,中国的扶贫进入新的阶段,面临新的形势和任务,扶贫的目标、任务、方式、规模、结构以及扶贫资金管理和使用制度的战略性调整已成必然。中央政府的扶贫适应新时期的需要，要提高扶贫标准，不仅解决极端贫困人口的温饱问题，而且解决低收入人群的持续自救能力问题；不仅关注物质贫困、收入贫困，而且关注人类发展指数上的扶贫、长期生存环境的改善。扶贫将由乡镇一级向村和贫困户转移。

总之，财政平衡和支持系统构成政府调控区域差距的最直接手段和工具。理论上说，政府间的财政转移支付、政府财政投资和区域指向的扶贫开发均具有正向的区域均衡效应。但中国目前各大支持手段的实际运行效果与理论模型的预示相距甚远，这与中国目前各支持手段的具体制度设计相关。

上述三者之间具有共同的区域均衡目标和不同的区域均衡路径和着力点，其相互协调构成政府财政平衡机制得以有效发挥作用的基础和前提。政府财政平衡机制，无论是以政府间财政转移支付形式（将财力交由欠发达地区地方政府支配），还是以直接投资形式（中央政府直接动用财力影响地区格局），抑或采取专项扶贫基金的混合形式，都表现为政府（中央政府）的支出行为。这决定了上述手段的运用受到政府总体收入的制约，且各种形式所动用财力间呈此消彼长状态。所以，不仅要求中央对不同地区的财政转移支付、中央直接投资的区域格局以及扶贫开发的目标指向必须直接有利于地区平衡发展，而且要求在三者的投入数量和比例上必须保持一定的程度。同时，虽然财政平衡机制和支持系统构成政府区域均衡的主要工具和手段，但还必须重视财政平衡和支持系统与其他支持系统的外部协调问题，这不仅涉及各支持手段之间的相互配合运行，而且关乎政府调控的总体程度和边界、政府调控的总体效应。

因此，从我国今后区域差距的政府调控方向和趋势来看，两个层次的协调运行决定今后政府调控的影响机制及最终效果。一是财政支持系统与其他政府干预系统的对接协调。这涉及如何看待政府与市场的分工、如何从整体上看待政府财政支持系统的作用。总体而言,政府财政支持系统宜收缩战线、明确范围、划定边界、规范支持方式。二是财政支持系统内部的协调整合。政府的财政调控宜构建以中央对地方(包括直接对基层政府)的转移支付为主,财政直接投资和扶贫为辅的平衡支持体系。同时,综合考虑并理顺政府的转移支付、投资与扶贫三者之间的交叉问题,通过调整和完善,确定政府财政支持系统的总体干预程度,建立各施其责、各有重点、相互补充、适度的财政平衡和支持系统。

参 考 文 献

1. [埃及]萨米尔·阿明:《不平等的发展》,北京:商务印书馆 2000 年版。
2. 安虎森:《区域经济学通论》,北京:经济科学出版社 2004 年版。
3. 蔡昉等:《制度、趋同与人文发展——区域发展和西部开发战略思考》,北京:中国人民大学出版社 2003 年版。
4. 陈共:《财政学》(第 4 版),北京:中国人民大学出版社 2003 年版。
5. 陈计旺:《地域分工与区域经济协调发展》,北京:经济管理出版社 2001 年版。
6. 陈家海:《中国区域经济政策的转变》,上海:上海财经大学出版社 2003 年版。
7. 陈述:《现代化区域进程论》,广州:广东人民出版社 2003 年版。
8. 陈秀山、孙久文:《中国区域经济问题研究》,北京:商务印书馆 2005 年版。
9. 陈秀山、张可云:《区域经济理论》,北京:商务印书馆 2003 年版。
10. 储敏伟、杨君昌:《财政学》,北京:高等教育出版社 2000 年版。
11. 丛树海:《中国宏观财政政策研究》,上海:上海财经大学出版社 1998 年版。
12. 崔满红:《区域财政理论研究》,北京:中国财政经济出版社 2002 年版。
13. 戴天柱:《中国财政投融资研究》,北京:经济管理出版社 2001 年版。
14. [德]奥古斯特·施勒:《经济空间秩序——经济财货与地理间的关系》,北京:商务印书馆 1995 年版。
15. 邓子基:《现代西方财政学》,北京:中国财政经济出版社 1994 年版。
16. 杜放:《政府间财政转移支付制度理论与实践——中国西部大开发的财政政策选择之一》,北京:经济科学出版社 2001 年版。
17. 樊刚、王小鲁、朱恒鹏:《中国分省市场化指数——各地区市场化相对进程报告(2001)》,北京:经济科学出版社 2002 年版。
18. 方福前:《公共选择理论:政治的经济学》,北京:中国人民大学出版社 2000 年版。
19. 冯健身:《公共债务》,北京:中国财政经济出版社 2000 年版。

20. 高培勇:《国债运行机制研究》,北京:商务印书馆 1999 年版。
21. 郭庆旺、赵志耘:《财政学》,北京:中国人民大学出版社 2002 年版。
22. 韩凤芹:《地区差距:政府干预与公共政策分析》,北京,中国财政经济出版社 2004 年版。
23. 侯景新、尹卫红:《区域经济分析方法》,北京:商务印书馆 2005 年版。
24. 胡鞍钢、康晓光、王绍光:《中国地区差别报告》,沈阳:辽宁人民出版社 1995 年版。
25. 胡鞍钢、邹平:《社会与发展——中国社会发展地区差距报告》,杭州:浙江人民出版社 1999 年版。
26. 胡鞍钢:《地区与发展:西部开发新战略》,北京:中国计划出版社 2001 年版。
27. 贾康、白景明:《中国发展报告:财政与发展》,杭州:浙江人民出版社 2000 年版。
28. 蒋洪:《财政学教程》,上海:上海三联书店 1996 年版。
29. 蒋青海:《中国区域经济分析》,重庆:重庆出版社 1990 年版。
30. 李克:《适度差距与系统优化:中国现代化进程中的区域经济》,北京:中国社会科学出版社 2000 年版。
31. 李齐云:《分级财政体制研究》,北京:经济科学出版社 2003 年版。
32. 李新:《中国国债市场机制及效率研究》,北京:中国人民大学出版社 2002 年版。
33. 刘溶沧、赵志耘:《中国财政理论前沿》,北京:社会科学文献出版社 1999 年版。
34. 刘溶沧、赵志耘:《中国财政理论前沿 II》,北京:社会科学文献出版社 2001 年版。
35. 刘溶沧、赵志耘:《中国财政理论前沿 III》,北京:社会科学文献出版社 2003 年版。
36. 刘小明:《财政转移支付制度研究》,北京:中国财政经济出版社 2001 年版。
37. 刘雅露:《缩小地区差距的财政政策研究》,北京:经济科学出版社 2000 年版。
38. 刘再兴:《区域经济理论与方法》,北京:中国物价出版社 1996 年版。
39. 娄洪:《公共基础设施投资与长期经济增长》,北京:中国财政经济出版社 2003 年版。
40. 卢现祥:《西方新制度经济学》(修订版),北京:中国发展出版社 2003 年版。
41. 陆大道等:《1997 中国区域发展报告》,北京:商务印书馆 1997 年版。

42. 陆大道等:《2002 中国区域发展报告》,北京:商务印书馆 2002 年版。
43. 马骏:《论转移支付——政府间财政转移支付的国际经验及对中国的借鉴意义》,北京:中国财政经济出版社 1998 年版。
44. 马拴友:《财政政策与经济增长》,北京:经济科学出版社 2003 年版。
45. [美]保罗·克鲁格曼:《地理和贸易》,北京:北京大学出版社、中国人民大学出版社 2000 年版。
46. [美]保罗·克鲁格曼:《发展、地理学与经济理论》,北京:北京大学出版社、中国人民大学出版社 2000 年版。
47. [美]彼得·尼茨坎普主编,安虎森等译:区域和城市经济学手册第一卷,《区域经济学》,北京:经济科学出版社 2001 年版。
48. [美]查尔斯·I.琼斯:《经济增长导论》,北京:北京大学出版社 2002 年版。
49. [美]戴维·罗默:《高级宏观经济学》,北京:商务印书馆 2003 年版。
50. [美] 丹尼斯·C.缪勒:《公共选择理论》,北京:中国社会科学出版社 1999 年版。
51. [美]德布拉吉·瑞:《发展经济学》,北京:北京大学出版社 2002 年版。
52. [美]费雪(Ronald C.Fisher):《州和地方财政学》(第二版),北京:中国人民大学出版社 2000 年版。
53. [美]哈维·S.罗森(Harvey S.Rosen):《财政学》(第四版),北京:中国人民大学出版社 2000 年版。
54. [美]霍利斯·钱纳里:《经济变化与发展政策》,北京:经济科学出版社 1991 年版。
55. [美]基恩·格里芬:《可供选择的经济发展战略》,北京:经济科学出版社 1992 年版。
56. [美]理查德·A.马斯格雷夫、佩吉·B.马斯格雷夫:《财政理论与实践》(第五版),北京:中国财政经济出版社 2003 年版。
57. [美]罗伯特·M.索洛等:《经济增长因素分析》,北京:商务印书馆 2003 年版。
58. [美]W.艾萨德:《区域科学导论》,北京:高等教育出版社 1991 年版。
59. [美]奥肯·阿瑟:《公平与效率——重大的抉择》,北京:华夏出版社 1987 年版。
60. [美]巴罗、萨拉伊马丁:《经济增长》,北京:中国社会科学出版社 2000 年版。
61. [美]约翰·罗尔斯:《正义论》,上海:上海译文出版社 1991 年版。
62. 蒙丽珍:《转移支付分析比较及选择》,大连:东北财经大学出版社 1996 年版。

63. 孟春:《中国财政扶贫研究》,北京:经济科学出版社 2000 年版。
64. 平新乔:《财政原理与比较财政制度》,上海:上海三联书店、上海人民出版社 1995 年版。
65. 乔宝云:《增长与均等的取舍》,北京:人民出版社 2002 年版。
66. 邱华炳:《现代财政学》,厦门:厦门大学出版社 1998 年版。
67. [日]青木昌彦、奥野正宽、冈崎哲二:《市场的作用 国家的作用》,北京:中国发展出版社 2002 年版。
68. 苏明:《财政理论与财政政策》,北京:经济科学出版社 2003 年版。
69. 王传伦、高培勇:《当代西方财政经济理论》,北京:商务印书馆 1995 年版。
70. 王建:《区域与发展》,杭州:浙江人民出版社 1998 年版。
71. 王洛林、朱玲:《后发地区的发展路径选择——云南藏区案例研究》,北京:经济管理出版社 2002 年版。
72. 王梦奎、李善同等:《中国地区社会经济发展不平衡问题研究》,北京:商务印书馆 2000 年版。
73. 王绍光、胡鞍钢:《中国:不平衡发展的政治经济学》(中文版),北京:中国计划出版社 1999 年版。
74. 王一鸣:《中国区域经济政策研究》,北京:中国计划出版社 1998 年版。
75. 韦伟:《中国经济发展中的区域差异与区域协调》,合肥:安徽人民出版社 1995 年版。
76. 魏后凯等:《中国地区发展——经济增长、制度变迁与地区差异》,北京:经济管理出版社 1997 年版。
77. 翁君奕、徐华:《非均衡增长与协调发展》,北京:中国发展出版社 1996 年版。
78. 吴俊培、许建国、杨灿明:《公共部门经济学》,北京:中国统计出版社 2001 年版。
79. 夏杰长:《经济发展与财税政策》,北京:中国城市出版社 2002 年版。
80. 徐逢贤等:《跨世纪难题:中国经济发展差距》,北京:社会科学文献出版社 1999 年版。
81. 许正中等:《财政分权:理论基础与实践》,北京:社会科学文献出版社 2002 年版。
82. 杨灿明:《政府间财政转移支付制度研究文集》,北京:经济科学出版社 2000 年版。
83. 杨大楷等:《国债风险管理》,上海:上海财经大学出版社 2001 年版。

84. 杨吾扬:《区位论原理——产业、城市和区域的区位经济分析》,兰州:甘肃人民出版社 1989 年版。
85. 姚洋:《转轨中国:审视社会公正和平等》,北京:中国人民大学出版社 2004 年版。
86. [印]阿马蒂亚·森:《伦理学与经济学》,北京:商务印书馆 2000 年版。
87. [英]海韦尔·G.琼斯:《现代经济增长理论导引》,北京:商务印书馆,1999 年版。
88. [英]加雷斯·D.迈尔斯(Garreth D. Myles):《公共经济学》,北京:中国人民大学出版社 2001 年版。
89. [英]A.P.瑟尔沃:《增长与发展》(第六版),北京:中国财政经济出版社 2001 年版。
90. [英]安东尼·B.阿特金森、[美]约瑟夫·E.斯蒂格里茨:《公共经济学》,上海:上海三联书店、上海人民出版社 1994 年版。
91. 袁东:《公共债务与经济增长》,北京:中国发展出版社 2000 年版。
92. 张敦富、覃成林:《中国区域经济差异与协调发展》,北京:中国轻工业出版社 2001 年版。
93. 张可云:《区域大战与区域经济关系》,北京:民主与建设出版社 2001 年版。
94. 张可云:《区域经济政策》,北京:商务印书馆 2005 年版。
95. 张慕津、程建国:《中国地带差距与中西部开发》,北京:清华大学出版社 2000 年版。
96. 钟晓敏:《政府间财政转移支付论》,上海:立信会计出版社 1998 年版。
97. 周国富:《中国经济发展中的地区差距问题研究》,大连:东北财经大学出版社 2001 年版。
98. 朱嘉明:《论非均衡增长》,上海:上海三联书店 1988 年版。
99. 邹继础:《中国财政制度改革之探索》,北京:社会科学文献出版社 2003 年版。
100. Albert Keidel, *China : Regional Disparities*, Washington, DC: World Bank, 1995.
101. Arrow, Kenneth J., Kurz, Mordecai, *Public Investment, the Rate of Return, and Optimal Fiscal Policy*, Baltimore: the John Hopkins Press, 1970.
102. Barro, R. J., and X. Sala-i-Matin, *Economic Growth*, New York: McGraw Hill, 1995.
103. J. Fridman, *Regional Policy: A Case Study of Venezula*, MIT Press, 1966.
104. Harry W. Richardson, *Regional and Urban Economics*, Penguin Books Ltd., 1978.

105. Harvey Armstrong and Jim Taylor, *Regional Economics and Policy*, Philip Allan Publishers Limited, 1985.
106. World Development Report, *Public Finance in Developing Countries*, Washington, D.C., 1988.
107. Armstrong H. W., "Convergence among Regions of the European Union: 1950 – 1990," *Journal of Regional Science*, 74(2), 143 – 152.
108. Arthur Benz and Burkard Eberlein, "The Europeanization of Regional Policies Patterns of Multi-Level Governance," *Journal of European Public Policy* 6(2), June, 1999, 329 – 348.
109. Avinash K. Dixit and Joseph E. Stiglitz, "Monopolistic Competition and Optimum Product Diversity," *The American Economic Review*, June 1977, 297 – 308.
110. Barro, R. J., "Government Spending in a Simple Model of Endogenous Growth," *Journal of Political Economy*, 98(5), 1990, 103 – 125.
111. Barro, R.J., "Economic Growth in a Cross Section of Countries," *Quarterly Journal of Economics*, 56(2), 1991, 407 – 443.
112. Barro and X. Sala-i-Martin, "Convergence," *Journal of Political Economy*, 100(2), 1992, 223 – 251.
113. Barro, "Public Finance in Models of Economic Growth," *Review of Economic Studies*, 59, 1992, 645 – 661.
114. Baumol, W.J., "Productivity Growth, Convergence and Welfare: What the Long-Run Data Show," *American Economic Review*, 76, 1986, 1072 – 1085.
115. Bernard F., "Equilibrium and Economic Growth: Spatial Econometric Models and Simulations," *Journal of Regional Science*, 41(1), 2002, 117 – 147.
116. Buchanan, J.M., "Federalism and Efficiency Effects of Intergovernmental Aid: the Case of Portugal," *Public Finance/ Finances Publiques*, 41(2), 1950.
117. Buchanan, J.M., "Federalism Grants and Resource Allocation," *Journal of Political Economy*, June 1952, 208 – 217.
118. Caballe, "On Endogenous Growth with Physical and Human Capital," *Journal of Political Economy*, 101(6), 1993, 1042 – 1067.
119. Chen, J. & B.M. Fleisher, "Regional Income Inequality and Economic Growth in China," *Journal of Comparative Economics*, 22, 1996, 141 – 164.
120. Dowrick, Steve & Duc-Tho Nguyen, "OECD Comparative Economic Growth 1950 –

1985: Catch-Up and Convergence," *American Economic Review*, 79(5), 1989, 1010 – 1030.
121. Durlauf, "Controversy on the Convergence and Divergence of Growth Rates," *The Economic Journal*, 106(July), 1996, 1016 – 1018.
122. Galor, "Convergence? Inferences from Theoretical Models," *The Economic Journal*, 106(July), 1996, 1056 – 1069.
123. Hamid Davoodi and Heng Fu Zou, "Fiscal Decentralization and Economic Growth: A Cross-Country Study," *Journal of Urban Economics*, 43, 1998, 244 – 257.
124. Lucas, R. E, "On the Mechanics of Economic Development," *Journal of Monetary Economics*, 1988, 22, 3 – 42.
125. John S. Pettengill, "Monopolistic Competition and Optimum Product Diversity: Comment," *The American Economic Review*, December 1979, 957 – 960.
126. Nechyba. T., "Computable General Equilibrium in Local Public Finance and Fiscal Federalism," in D. E. Wildasin(ed.), *Fiscal Aspects of Evolving Federations*, Cambridge University Press, Cambridge, 168 – 193.
127. Olson, M., "The Principle of 'Fiscal Equivalence': The Division of Responsibilities among Different Levels of Government," *American Economic Review*, 59(2), 1969.
128. Paul Krugman, "Space: The Final Frontier," *The Journal of Economic Perspectives*, 12(2), Spring 1998, 161 – 174.
129. Paul Krugman, "Scale Economies, Product Differentiation, and the Pattern of Trade," *The American Economic Review*, 70(5), December 1980.
130. Petra Behrens and Marc Smyrl, "A Conflict of Rationalities: EU Regional Policy and Single Market," *Journal of European Public Policy*, 6(3), September 1999, 419 – 435.
131. Romer, P. M., "The Origin of Endogenous Growth," *Journal of Economic Perspective*, 8(1), 1994, 3 – 32.
132. Romer, P., "Increasing Returns and Long-Run Growth," *Journal of Political Economy*, 94, 1986, 1002 – 1037.
133. Solow, Robert M., "A Contribution to the Theory of Economic Growth," *Quarterly Journal of Economics*, 70, 1956, 65 – 94.
134. T. Jian, J. D. Sachs & A. M. Warner, "Trends in Regional Inequality in China," *China Economic Review*, 7(1), 1996, 1 – 21.

135. Takao Fukuchi, "Long-Run Development of a Multi-Regional Economy," *Regional Science*, 79, 2000, 1 – 31.
136. Uwe Walz, "Long-Run Effects of Regional Policy in an Economic Union," *The Annals of Regional Science*, 30 (Spring-Verlag 1996), 165 – 183.
137. Wildasin, D. E., "Nash Equilibrium in Models of Fiscal Competition," *Journal of Public Economics*, 35(2), 229 – 240, 1988.

后　　记

本书是在我的博士学位论文基础上修改而成的。在该书出版之际，我由衷地向对本书的写作和出版提供过指导和帮助的人们表示感谢。

首先，感谢我的导师陈秀山教授。本书的顺利完稿和出版得益于导师的悉心指教。无论是选题、基本思路与结构安排，抑或是文字表述、图表规范，无不倾注了导师的心血。导师严谨的治学态度、孜孜不倦的追求精神和稳健踏实的工作作风深深地感染了我，也时刻激励着我。他的宽容和鼓励在我驻足不前、茫然无措时总能让我豁然开朗，继续前行。感谢师母朱老师在生活中给予的关心和帮助。

感谢区域经济与城市管理研究所的张可云、叶裕民、孙久文、侯景新等教授三年来的指导和帮助，尤其是在论文开题过程中的不吝赐教，为我的论文写作提供了许多宝贵建议。感谢林勇、张晓惠老师为我所做的一切。

感谢华中师范大学社科处和经济学院的领导和同事们。华中师范大学为我提供了到中国人民大学继续深造的机会，经济学院的领导(曹阳院长等人)和同事们对我三年的在外学习给予了照顾与支持，并承担了大量原本应由我承担的工作。感谢经济学院硕士生汤学兵、李京京等人对论文图表、数据处理的协助。

感谢我的亦师亦友的博士同学肖鹏、王飞、金铸、徐静、陆益美、还有三年里朝夕相伴的同室好友唐莉等人。与他们的相处使我获益匪浅，让我重新体验到美好的学生时光。

感谢我的在京工作的大学同学们。特别感谢黄桂田教授、汪小亚博士对我三年学业和本书写作修改的鼓励与支持。

感谢商务印书馆著作编辑室常绍民主任、杨宝兰编辑对本书出版所给予的支持和帮助。

感谢所有被引用的参考文献的作者和译者。

最后，感谢我的家人，尤其是我的先生徐小平和女儿徐沛对我的鼓励、理解和付出。

张启春

2005 年 7 月于

中国人民大学宜园